本书是2020年度教育部高校思想政治理论课教师研究专项一般项目“融媒体时代思政课实践教学资源谱系开发与利用研究”（项目批准号：20JDSZK124）的研究成果
本书得到了河南省教育厅本科高校大学生校外实践教育基地建设项目和黄淮学院校级规划教材立项建设计划支持

高校思政课实践教学设计：专业、校本、地方、网络

主　编　王占可
副主编　张芷婧　张迅晗　杨　娟
编　委　刘秀华　李振堂

西南交通大学出版社
·成　都·

图书在版编目（CIP）数据

高校思政课实践教学设计：专业、校本、地方、网络 / 王占可主编. —成都：西南交通大学出版社，2023.7

ISBN 978-7-5643-9327-4

Ⅰ. ①高… Ⅱ. ①王… Ⅲ. ①高等学校－思想政治教育－教学设计－中国 Ⅳ. ①G641

中国国家版本馆 CIP 数据核字（2023）第 101212 号

Gaoxiao Sizhengke Shijian Jiaoxue Sheji：Zhuanye、Xiaoben、Difang、Wangluo

高校思政课实践教学设计：专业、校本、地方、网络

王占可　主编

责任编辑	郭发仔
助理编辑	杨　倩
封面设计	墨创文化
出版发行	西南交通大学出版社 （四川省成都市金牛区二环路北一段 111 号 西南交通大学创新大厦 21 楼）
发行部电话	028-87600564　028-87600533
邮政编码	610031
网　　址	http://www.xnjdcbs.com
印　　刷	郫县犀浦印刷厂
成品尺寸	170 mm × 230 mm
印　　张	15　　字　数　238 千
版　　次	2023 年 7 月第 1 版　　印　次　2023 年 7 月第 1 次
书　　号	ISBN 978-7-5643-9327-4
定　　价	68.00 元

PREFACE 前言

高校思想政治理论课是对大学生进行思想意识、政治理论、价值观念教育的最主要途径，是高校宣传思想工作和意识形态工作的重要阵地，为全面建设社会主义现代化强国和实现中华民族伟大复兴提供强有力的政治保障和智力支持。习近平总书记强调，“思想政治理论课是落实立德树人根本任务的关键课程”[①]，而实践教学是高校思想政治理论课课程实施的重要环节，也是“给学生心灵埋下真善美的种子，引导学生扣好人生第一粒扣子”[②]的重要途径。

实践教学是指教师在理论讲授基础上，借助其他教学手段和方法，充分发挥学生主体性、注重理论知识的应用创新，以培养和提升学生发现问题、判断问题、分析问题、解决问题能力为目的的教学方式。在本书中，经典研习、专题讨论、案例分析、作品赏析、申论策论、学术锻炼等均属实践教学。只有做好实践教学，实现理论教学与实践教学、理论学习与实践学习、理论知识和实践应用的有机结合，才能提升思想政治理论课教学效果，提升大学生的社会认知能力、社会适应能力、社会服务能力，从而保证思想政治理论课“为人民服务、为中国共产党治国理政服务、为巩固和发展中国特色社会主义制度服务、为改革开放和社会主义现代化建设服务”[③]。

在党的二十大报告中，习近平总书记特别强调：“实践告诉我们，中国共产党为什么能，中国特色社会主义为什么好，归根到底是马克思主义行，

---

①《习近平主持召开学校思想政治理论课教师座谈会强调 用新时代中国特色社会主义思想铸魂育人 贯彻党的教育方针落实立德树人根本任务》，载《人民日报》2019 年 3 月 19 日，第 1 版。

②《习近平主持召开学校思想政治理论课教师座谈会强调 用新时代中国特色社会主义思想铸魂育人 贯彻党的教育方针落实立德树人根本任务》，载《人民日报》2019 年 3 月 19 日，第 1 版。

③《习近平主持召开学校思想政治理论课教师座谈会强调 用新时代中国特色社会主义思想铸魂育人 贯彻党的教育方针落实立德树人根本任务》，载《人民日报》2019 年 3 月 19 日，第 1 版。

是中国化时代化的马克思主义行。”[①]高校思想政治理论课讲授的主要内容正是马克思主义及其中国化时代化理论成果。开设高校思想政治理论课，是为了使大学生对马克思主义基本原理、马克思主义中国化时代化理论成果有更加准确的把握；对中国共产党领导中国人民进行的革命、建设、改革的历史进程、历史变革、历史成就有更加深刻的认识；对中国共产党在新时代坚持的基本理论、基本路线、基本方略有更加透彻的理解；对运用马克思主义立场、观点和方法认识问题、分析问题和解决问题能力的提升有更加切实的帮助。

针对高校思想政治理论课的特点开展实践教学，可以使大学生更好地理解并内化马克思主义理论和党的路线方针政策，提升课程学习效果和理论应用能力。任课教师在组织实践教学的过程中，也能提升自己理论联系实际的能力，更容易提炼和阐释相关理论的精髓和实质，提高教学的吸引力和说服力。

本书由王占可（黄淮学院）初拟编写大纲，刘秀华（黄淮学院）、李振堂（黄淮学院）对全书进行修改、润色和统稿。第一章、第二章由王占可撰写，约 6.7 万字；第三章、第四章、第五章、第六章由张芷婧（黄淮学院）、张迅晗（黄淮学院）、杨娟（中共宝鸡市委党校）共同撰写，其中张芷婧撰写约 6 万字，张迅晗撰写约 5.1 万字，杨娟撰写约 5.1 万字。

本书主要以“毛泽东思想和中国特色社会主义理论体系概论”和“习近平新时代中国特色社会主义思想概论”两门思想政治理论课为例，研究讨论基于学生专业、地方资源、校本特色和网络虚拟“四位一体”的高校思想政治理论课实践教学设计。

构建“四位一体”的实践教学模块体系，既能体现学生专业特色、高校校本特色、地方资源特色、网络虚拟特色，又能从课堂、校园、社会、网络等多个空间领域入手，实现思想政治理论课实践教学的全覆盖、多领域和有实效，也能助力于课程亲和力、吸引力和学生获得感的提升。

为突出高校思想政治理论课实践教学的校本特色和地方特色，本书采用了编者所在学校和学校所在地区的案例及材料，敬请各位读者根据自身实际

---

① 习近平：《高举中国特色社会主义伟大旗帜 为全面建设社会主义现代化国家而团结奋斗——在中国共产党第二十次全国代表大会上的报告》，载《人民日报》2022 年 10 月 26 日，第 1 版。

情况酌情参考。

本书主要适合高校思想政治理论课教师和大学生阅读，可以为思想政治理论课实践教学活动的开展提供一定的借鉴。同时，本书也可以作为工作参考用书，为高校“三全育人”“五育并举”工作队伍的专家、学者、同行服务。

编者

2023 年 4 月

CONTENTS **目 录**

第一章
实践教学在高校思想政治理论课中的重要地位

高校思想政治理论课是高校宣传思想工作和大学生思想政治教育的主阵地和主渠道,承担着帮助大学生形成正确的思想意识、接受崇高的政治理论、树立科学的价值观念等诸多不可替代任务。思想政治理论课的实施效应和学习效果，关系着中国特色社会主义事业的顺利发展和国家的长治久安，关系着中华民族伟大复兴和社会主义现代化强国的实现。实践教学是高校思想政治理论课非常重要的一部分，也是实现实践育人，促进理论教育与实践教育相结合的有效途径方式。《普通高校思想政治理论课建设体系创新计划》也对实践教学提出了明确要求，强调要“坚持理论与实际相结合，创新推动学生实践教学和教师实践研修”[①]。习近平总书记也强调指出:“‘大思政课’我们要善用之，一定要跟现实结合起来。”[②]

高校思想政治理论课实践教学在高校思想政治理论课教学中具有重要的地位和作用。传统思想政治理论课教学一般都比较重视其思想理论性，以理论教学为此类课程最重要、最普遍和最常用的教学模式。而且，从思想政治理论课的课程性质来看，理论教学是必不可少、十分重要的教学环节，也是最主要的教学环节。但是，随着时代的发展、社会环境的变迁、教学条件的改善以及大学生生活学习习惯和个性特征的变化，传统和单一的理论教学越来越不能满足高校思想政治理论课教学的多样化要求,也影响了教学的实施、教学的效果和学生的获得感，导致高校思想政治理论课出现了弱化、虚化和

① 《推动高校思政理论课综合改革创新》，载《中国教育报》2015 年 10 月 23 日，第 3 版。

② 《“‘大思政课’我们要善用之”》，载《人民日报·海外版》2021 年 3 月 7 日，第 1 版。

边缘化的倾向。《中共中央宣传部 教育部关于进一步加强和改进高等学校思想政治理论课的意见》实施以来，高校思想政治理论课的实践教学越来越受到重视，并在各个教学环节得到有效保证。特别是党的十八大以来，党和国家出台了一系列加强高校思想政治理论课建设的文件和要求，对高校思想政治理论课实践教学进行了进一步的规范，提出了更高和更具体的要求。中国特色社会主义进入新时代，高校思想政治理论课获得了更多的实践资源和现实支撑，高校思想政治理论课实践教学迎来了创新发展的新机遇。

实践教学作为高校思想政治理论课课程实施不可缺少的环节，在各个方面配合着理论教学，为实现高校思想政治理论课的思想引领、理论传输和价值引导功能提供了有力支撑。

一、实践教学概述

（一）实践教学的概念

习近平总书记指出："实践的观点、生活的观点是马克思主义认识论的基本观点，实践性是马克思主义理论区别于其他理论的显著特征。"[①]马克思明确提出，"全部社会生活本质上是实践的。凡是把理论引向神秘主义的神秘东西，都能在人的实践中以及对这个实践的理解中得到合理的解决"[②]。马克思主义认为，实践是人类有目的、有意识、能动的创造性社会活动，是人类能动地改造客观世界的对象性活动，体现了主客体间现实的双向对象化过程，具有对象性、目的性、现实性与普遍性等特征。实践是人类社会存在和发展的基本方式，也是人类一切认识的源泉和动力。实践是检验真理的唯一标准，是认识发展的最终目的。

实践可以实现人的主观世界和客观世界的互联互通，从而实现人对客观世界的准确认识和自然接受。毛泽东指出："无论何人要认识什么事物，除了同那个事物接触，即生活于（实践于）那个事物的环境中，是没有法子解

① 习近平：《在纪念马克思诞辰200周年大会上的讲话》，人民出版社2018年版，第13页。

② 《马克思恩格斯文集》（第一卷），人民出版社2009年版，第501页。

决的。”[①]由于对象世界的自在状态不能满足人的需求，因此，人根据对自身需求以及客体的把握与认识，通过实践使自己的本质力量转化为客体对象物，实际地改变着客体对象的直接存在性质，使对象物按照自身的需要发生结构及形式上的变化，创造出满足人类需要的产品。[②]在教育领域，实践活动也成为教育目标实现的基本途径和基本要求。一方面，实践既能实现教育主体和教育客体的教学相长和相互促进，又能实现教育客体与环境的相互适应和影响。另一方面，实践活动也体现了教育客体向教育主体的转换，从而实现教育客体对社会环境改善和促进其他人发展成长的积极作用和贡献。

关于实践教学的概念，我们可以从多个角度来理解。实践教学既是一种教学的理念，又是一种教学的方式方法，更是一种教学活动。实践教学从理念上体现了教育的本质和知识的应用及内化，强调了实践对于知识和价值传输的重要意义，体现了实践和认识的基本关系。从教学模式和方式方法上来看，实践教学配合和落实了理论教学的内容，实现了教学方式的多样化，也丰富和拓展了教学的过程，成为现代教育教学模式不可或缺的组成部分。当然，实践教学更是一种教学活动，教师主导教学过程，学生通过实际的操作和现实的体验，将理论与实际进行有机结合，从实践活动中获取知识，并将知识应用于实际生活,解决实际的问题,最终在教师的指导下完成教学任务。因此，实践教学“是相对于理论教学的各种教学活动的总称，包括实验、实习、设计、工程测绘、社会调查等。旨在使学生获得感性知识，掌握技能、技巧，养成理论联系实际的作风和独立工作能力”[③]。

国内实践教学的起源可以追溯到20世纪初。陶行知的生活教育理论可以认为是国内实践教学的发源。经过多年的学习思考和教育实践，陶行知提出了“生活即教育”“社会即学校”“教学做合一”等三个关于生活教育理论的基本观点。他所倡导的生活教育即是以生活为中心的教育，他说：“生活与教育是一个东西……是一个现象的两个名称……生活即教育，是生活便是

① 《毛泽东选集》（第一卷），人民出版社1991年版，第286-287页。

② 汪馨兰：《高校思想政治理论课实践教学研究》，电子科技大学2013年博士学位论文，第13页。

③ 顾明远：《教育大辞典》，上海教育出版社1990年版，第711页。

教育，不是生活便不是教育。”[①]陶行知认为如果教育脱离生活，只是传授文字知识，那么就不能真正培养人的能力，只能造就一个书呆子。而只有把教育从鸟笼里、从游戏场里、从陈列室里解放出来，才能使教育“发出力量而成为真正的教育”[②]。陶行知“社会即学校”“教学做合一”的教学观念，同样强调了实践在教育中的重要性。陶行知指出了教育在社会生活中的地位，即教育具有改造社会的功能。如果教育过分强调理论知识，而脱离社会生产实践，那么教育的功能与学校的职能就不能实现了。而生活教育或实践教育不仅学生要学要做，教师也要学也要教也要做，体现了教学活动中教师和学生的辩证统一关系。

2012 年 1 月，教育部颁布的《教育部等部门关于进一步加强高校实践育人工作的若干意见》明确提出，“实践教学、军事训练、社会实践活动是实践育人的主要形式。各高校要……把实践育人工作摆在人才培养的重要位置……思想政治理论课所有课程都要加强实践环节”[③]。

（二）高校思想政治理论课实践教学概述

高校思想政治理论课实践教学的根本宗旨就是引领受教育者正确认识思想政治理论课教学内容与相关实践活动之间内在的统一性关系，通过剖析教育教学内容与其所体现的相关社会实践的逻辑关联，使受教育者在理论层面上加深对思想政治理论课课程内容精神实质的理解和把握，在内心深处自觉自愿地接受马克思主义理论教育，并将其外化为自身的行为形态，外化为追求个体全面发展和社会全面进步的实际行动。[④]费尔巴哈也认为“理论所不能解决的问题，实践将为你解决”[⑤]。因此，高校思想政治理论课实践教学本身应该是课程教学的环节之一，和理论教学相辅相成，并内化为理论教学

---

① 《陶行知全集》（第一卷），湖南教育出版社 1984 年版，第 288 页。

② 《陶行知全集》（第一卷），湖南教育出版社 1984 年版，第 297 页。

③ 《教育部等部门关于进一步加强高校实践育人工作的若干意见》，载中国政府网 2012 年 1 月 10 日，http://www. moe. gov. cn/srcsite/A12/moe_1407/s6870/201201/t20120110_ 142870. html。

④ 汪馨兰：《高校思想政治理论课实践教学研究》，电子科技大学 2013 年博士学位论文，第 1 页。

⑤ 《费尔巴哈哲学著作选集》（上），商务印书馆 1984 年版，第 184 页。

内容的一个过程。同时，思想政治理论课实践教学通过理论的内化，能够提高大学生理性科学认识人类社会和中国社会历史发展的水平，提高他们认识社会、适应社会、服务社会的意识和水平，从而使大学生坚定共产主义远大理想和中国特色社会主义共同理想。

1. 高校思想政治理论课实践教学的基本内涵

实践的观点表明，马克思主义必然要和实际、和社会生活密切相关并有机结合。脱离实际、脱离实践的马克思主义不属于也不是真正的马克思主义。马克思指出："生产劳动同智育和体育相结合，它不仅是提高社会生产的一种方法，而且是造就全面发展的人的唯一方法。"①

马克思主义从产生的第一天起，就是对社会实践的反映，也是工人阶级推动社会历史发展的强大武器。因此，学习马克思主义理论必须坚持联系实际，并在实践中实现马克思主义中国化、时代化、大众化。

我们党和政府历来都非常重视理论与实践的结合，重视实践育人，重视劳动教育。1958 年，党中央就规定了教育为无产阶级的政治服务、教育与生产劳动相结合的方针。"这就使我们的教育工作有了一个更明确的马克思列宁主义的方向，接着开展了蓬蓬勃勃的教育革命，进一步从根本上改变了我国学校教育的性质和面貌。"②

高校思想政治理论课设置的初衷就是为了进行马克思主义理论和革命思想教育，帮助大学生确立科学的世界观、人生观、价值观，坚定共产主义远大理想，培养社会主义现代化事业的合格建设者和可靠接班人。因此，坚持教育与生产劳动、与社会实践相结合是党和政府长期坚持的教育方针，也是高校思想政治理论课的根本要求。同时，坚持理论学习和实践锻炼相结合，坚持理论创新为社会实践服务，坚持从群众中来到群众中去，坚持实践出真知的科学认识论，是大学生全面发展、成长成才的基本要求。高校思想政治理论课实践教学就是为了贯彻落实党和政府的教育方针，提高思想政治理论课的教育教学效果而开展的，是高校思想政治理论课教学体系中的重要组成部分。

---

① 《马克思恩格斯论教育》（上卷），人民教育出版社 1985 年版，第 406 页。

② 《中共中央文件选集（一九四九年十月～一九六六年五月）》（第四十二册），人民出版社 2013 年版，第 562 页。

关于高校思想政治理论课实践教学的内涵，学术界有不同的认识角度。总结起来，大家对高校思想政治理论课实践教学的理解主要有三个角度。一是模式论，认为实践教学是高校思想政治理论课理论教学模式的有机组成部分①，是学生通过各类实践性活动来参与并完成思想政治理论课教育的教学形式②。二是过程论，认为高校思想政治理论课实践教学就是在理论教育的基础上，使大学生达到对相关理论、原理的实践应用的教育教学过程③。三是理念论，认为高校思想政治理论课实践教学只具有教学理念和内容的意义，没有从教学场所和方法的角度去理解④。总结起来，高校思想政治理论课实践教学就是任课教师根据教学目的和教学内容，有针对性地设计和实施各类实践性的教学项目并组织学生参加，以此来巩固和提升大学生马克思主义理论应用能力的教育教学过程。

2. 高校思想政治理论课实践教学的基本特点

高校思想政治理论课实践教学同其他课程的实践教学以及专门的第二课堂实践活动既有区别又有联系。高校思想政治理论课在一定程度上可以利用和借鉴其他课程实践教学平台或学生第二课堂实践活动平台，但高校思想政治理论课实践教学在其性质、目标、内容、形式、主体等方面有着自身的特点。

（1）实践性质：首要的思想政治意识。

基于高校思想政治理论课的课程性质，其实践教学也同样体现了高校思想政治理论课的政治属性。因此，思想政治理论课实践教学的实施目的就是马克思主义理论的宣传教育和贯彻落实。思想性、政治性、理论性同样也是高校思想政治理论课实践教学的首要体现和基本特征。学习、体会、落实马克思主义基本原理以及马克思主义中国化时代化理论成果的精神实质和价值指引，是高校思想政治理论课实践教学的基本要求。在全面建设社会主义现

① 李松林、李会先：《关于高校思想政治理论课实践教学的几点思考》，载《思想教育研究》2006 年第 7 期，第 53-57 页。

② 陈钢：《高校思想政治理论课实践教学实用教程》，高等教育出版社 2018 年版，第 5 页。

③ 戴钢书等：《高校思政课实践教学论》，中国人民大学出版社 2015 年版，第 9 页。

④ 黄国俊等：《用科学发展观指导新时期思想政治理论课的实践教学》，载《江西科技师范学院学报》2009 年第 6 期，第 120-123 页。

代化国家，努力开创新时代中国特色社会主义事业新局面的今天，学习践行马克思主义中国化时代化最新成果是高校思想政治理论课实践教学的重中之重。因此，高校思想政治理论课实践教学要把学习贯彻习近平新时代中国特色社会主义思想作为首要任务，切实捍卫“两个确立”，增强“四个意识”，坚定“四个自信”，做到“两个维护”。大学生也能在高校思想政治理论课实践教学中，进一步坚定政治立场，培育社会主义核心价值观，传播正能量、弘扬主旋律，努力成为社会新风尚的引领者和践行者。

（2）实践目标：突出的理论应用能力。

同其他课程特别是专业课的实践教学环节注重培养学生的专业技能和动手操作能力不同，高校思想政治理论课在实践教学目标上更加注重大学生社会认知能力、社会适应能力和社会服务能力的培养，是要求大学生在实践教学过程中能够内化和提高马克思主义基本原理以及马克思主义中国化时代化理论成果的实践应用能力。因此，突出的马克思主义理论应用能力是高校思想政治理论课实践教学在目标上的显著特征。高校思想政治理论课要注重对学生学习马克思主义基本原理、基本观点和基本方法的教育指导，并在实践教学环节帮助大学生树立科学的世界观、人生观和价值观，帮助大学生不断增强认知、适应、服务国家和社会的意识和能力，强化家国情怀和人民意识，并培养大学生运用马克思主义的立场、观点、方法分析社会现象和解决各种问题的能力，提高服务社会和人民的本领。

（3）实践内容：扎实的社会服务能力。

在实践的具体内容方面，高校思想政治理论课除了要巩固和加深大学生对马克思主义基本原理、马克思主义中国化理论成果、党史国史、思想道德修养、法律常识等基本理论的认识和理解外，更多是要大学生走进社会、观察社会、认知社会、适应社会、服务社会。不管是课内的理论理解和初步应用，还是课外的综合训练和调研实践，都是以观察认知社会现象、总结归纳社会事实、理性适应社会发展、分析解决社会问题和积极服务国家社会为主要内容和考察指标。高校思想政治理论课教师在指导和带领大学生进行各种形式的实践教学过程中，能够加强对思想理论、革命历史、社会发展、国家复兴的理解和认知，并进一步提升思想政治理论课教育教学的信心与能力。学生则通过各种实践环节，进一步强化自己的社会服务能力，实现个人发展同民族复兴的有机结合。

（4）实践形式：多样的实现途径方式。

高校思想政治理论课涉及我国经济社会发展的方方面面，既有马克思主义基本原理、马克思主义中国化理论成果的丰富内涵，也有党史国史、思想道德修养、法律常识等各方面的诸多内容；既有革命、建设、改革各个历史时期理论与实际的联系，也有经济建设、政治建设、文化建设、社会建设和生态文明建设五位一体的总体布局。因此，高校思想政治理论课可以根据不同的内容和要求，结合教师、学生和教与学的实际情况，开展多种形式的实践教学，也可以采用多种方式来实现实践教学的目标和要求。不管是课内的时政论坛、理论宣传、模拟法庭等，还是课外的微调研、“三下乡”暑期社会实践活动等，都可以成为高校思想政治理论课实践教学的具体形式。

（5）实践主体：广大的青年学生群体。

高校思想政治理论课是党和国家对大学生进行思想政治教育的主渠道。习近平总书记在思想政治理论课教师座谈会上明确指出，“青少年是祖国的未来、民族的希望”“青少年阶段是人生的‘拔节孕穗期’，最需要精心引导和栽培”[①]。高校思想政治理论课要完成“给学生心灵埋下真善美的种子，引导学生扣好人生第一粒扣子”[②]的特殊使命和专业职责。高校思想政治理论课实践教学的对象是广大青年大学生，实践主体也是大学生群体。因此，在高校思想政治理论课实践教学实施过程中，要发挥大学生群体的主体作用，既要注意大学生的个性特征和专业特点，也要注意利用大学生的个性特征充分发挥他们在实践环节中的积极主动性，从而提高高校思想政治理论课实践教学的针对性和有效性。

3. 高校思想政治理论课实践教学的理论基础

（1）马克思主义关于实践的观点。

马克思主义认为实践是人类能动地改造世界的客观物质活动，这体现了马克思主义的基本特征，也体现了马克思主义以改造世界为己任的本质。人

---

① 习近平：《思政课是落实立德树人根本任务的关键课程》，载《求是》2020年第17期。

② 《习近平谈治国理政》（第三卷），外文出版社2020年版，第330页。

类的大部分活动都和改造世界有关系，也是体现人的本质力量的活动。因此，人类“全部社会生活在本质上是实践的”[①]。同时，马克思也认为：“人的思维是否具有客观的真理性，这并不是一个理论的问题，而是一个实践的问题。”[②]实践是检验真理的唯一标准。

从人的本质来说，马克思强调了人类的存在方式就是实践，或者说实践决定了人的本质。马克思认为，人的本质是一切社会关系的总和，是在改造世界的过程中实现了人的本质，决定了人的存在。动物在消极地适应自然界，通过生物的本能来体现自身的生存。而人类不但在适应自然界，更多的是在改造自然界，通过制造和使用工具来创造属于自己的世界，创造出人本身，创造出人的本质。因此，从人的本质的角度，也说明实践对于人类具有独一无二的作用。人类在实践活动中，促使外部世界发生深刻变化，同时也在改变着和发展着自身。

（2）马克思主义关于认识与实践关系的观点。

马克思主义认为实践是认识的来源。马克思指出：“思想、观念、意识的生产最初是直接与人们的物质活动，与人们的物质交往，与现实生活的语言交织在一起的。”[③]马克思主义认为，要理解人类对客观世界的认识和把握，就要从人类的活动、人类的实践、人类的主体性方面入手。将实践引入认识论并作为认识论的基础，马克思主义科学地解决了认识的本质及其发展规律问题，指明了实践对于人类认识发展的重要意义。毛泽东在《实践论》中也详细阐述了实践与认识的辩证关系：“通过实践而发现真理，又通过实践而证实真理和发展真理。”[④]

马克思主义对实践基本作用的阐释主要从两个角度进行。一方面，实践是检验真理的唯一标准。人的主观认识是对客观实际的反映，这种反映正确与否，既不能从人主观的认识本身来判定，也不能从客体对象本身的存在来决定。既然真理是主观对于客观的正确反映，就需要把客观世界与主观认识连接起来进行比对和衡量，这样才能判定这种认识是否正确，真理是否为真。

---

① 《马克思恩格斯选集》（第一卷），人民出版社 2012 年版，第 135 页。
② 《马克思恩格斯选集》（第一卷），人民出版社 2012 年版，第 135 页。
③ 《马克思恩格斯选集》（第一卷），人民出版社 2012 年版，第 151 页。
④ 《毛泽东选集》（第一卷），人民出版社 1991 年版，第 296 页。

从实践的特性来看，实践是主观见之于客观的活动，在人的现实活动中只有实践才能够将主观与客观联系起来。由此，只有实践才能够检验认识是否具有真理性，以及如何才能实现其真理性。另一方面，实践是认识的来源。人的任何认识都源于实践，要么是来自自身的实践，要么来自他人的实践。由于人自身的局限和客观世界的复杂性，个体人的绝大部分知识都是通过学习他人的认识成果来获取的。这一事实并不能否定实践是认识的最终来源。如若没有直接经验的积累就不可能有间接经验的掌握与学习。同时要使他人的间接经验变为自身的知识储备也必须在实践活动中加以运用。实践是人认识发展的动力，主要指人的认识在实践基础上产生的同时，又随着实践的发展而发展。实践的发展给人类提供着日益完善的认识手段，为认识的发展奠定丰富的物质条件，变化着的实践给人类提出新兴的认识课题和解决新课题的经验材料，促使人类的认识不断深化。人类在认识客观对象的同时也在改造客观对象。“由此，人类认知能力伴随着实践的深入发展而得以提高。实践是认识的目的，也是方法论运用的最终目的，基于实践而产生发展的认识，最终只有回到实践中才能满足主体人的需求及利益。”①

从马克思主义的判断来看，认识来源于实践并指导服务于实践。因此，对马克思主义理论的宣传教育必然和实践密不可分。高校思想政治理论课的教学内容就是马克思主义基本原理以及马克思主义中国化时代化的理论成果、中国共产党的革命历史等，这些都是经过实践证明的正确理论，也是实践经验原则的提炼和总结。因此，以马克思主义理论教育为目的的实践教学自然是高校思想政治理论课教学的本质要求与根本宗旨，实践教学也是该类课程贯彻马克思主义实践观的根本要求。

（3）马克思主义关于人的全面发展的观点。

马克思主义历来重视人的自由和全面发展。人的发展不仅仅要体现在自然属性的发展上，更多的要体现在社会属性的发展上；人的自由不仅仅要体现在摆脱物的支配的自由上，也要体现在思想社会领域的自由上。人的发展是在社会发展的基础上的包括知识技能、社会实践等各个领域的全面的发展。

---

① 汪馨兰：《高校思想政治理论课实践教学研究》，电子科技大学 2013 年博士学位论文，第 15 页。

因此，马克思和恩格斯不但特别强调人的全面发展，而且也赋予了人的发展更加全面、真实、科学的内涵。“每个人的全面而自由的发展……每一个社会成员都能够完全自由地发展和发挥他的全部力量和才能。”①“使社会全体成员的才能得到全面发展。”②

人的本质是一切社会关系的总和，人的全面发展也离不开社会实践和社会生活，“只有在共同体中才可能有个人自由”③。只有到了社会生活中，到了人与人的关系中，个人才能得到真正的发展和社会能力的提升，才能拓展自身的能力范围。因此，马克思也强调，“社会关系实际上决定着一个人能够发展到什么程度”“一个人的发展取决于和他直接或间接进行交往的其他一切人的发展”④。

人的发展既是社会运动和历史发展的必然要求，也是马克思主义所倡导的国家社会应该努力实现的任务和目标，同时也是个体实现自身价值、展现本质力量的基本要求。马克思在《德意志意识形态》一文中谈道：“任何人的职责、使命、任务就是全面地发展自己的一切能力。”⑤

人的需要的全面发展也是人的全面发展的重要组成部分。通过实践活动拓宽人的需要范围和促进人的需要层次的提升发展，也是马克思主义实践观的基本要求。

（4）马克思主义关于劳动教育的观点。

马克思主义认为，劳动创造了人本身。劳动是人类的本质活动，劳动是财富的源泉，也是幸福的源泉。劳动推动了人类的自由解放，推动了社会的文明进步，也推动了教育的产生发展。因此，教育与劳动的结合是马克思主义劳动观和教育观的重要主张。马克思强调指出：“未来教育是普及性的，是生产劳动与智力和体育相结合的……是造就全面发展的人的唯一方法”⑥。随着劳动能力的不断提升，人类逐渐摆脱异在力量的束缚，以全面的方式占

① 《马克思恩格斯选集》（第一卷），人民出版社 2012 年版，第 302 页。
② 《马克思恩格斯选集》（第一卷），人民出版社 2012 年版，第 308 页。
③ 《马克思恩格斯选集》（第一卷），人民出版社 2012 年版，第 199 页。
④ 《马克思恩格斯全集》（第三卷），人民出版社 2002 年版，第 295 页。
⑤ 《马克思恩格斯全集》（第三卷），人民出版社 2002 年版，第 330 页。
⑥ 《马克思恩格斯选集》（第二卷），人民出版社 2012 年版，第 230 页。

有自身的全面本质，生成为自由而自觉的存在。[①]实现人的全面发展和社会全面进步是教育的价值指向，也是教育与劳动结合的最终目的。同时，人的全面发展也包括人的劳动能力的全面发展。因此，教育与劳动结合的实践活动，是坚持立德树人理念、提高教育质量、促进人类发展的根本方法。

教育与劳动的结合是推动科技发展和知识创新的必由之路。列宁指出："无论是脱离生产劳动的教学和教育，或是没有同时进行教学和教育的生产劳动，都不能达到现代技术水平和科学知识现状所要求的高度。"[②]毛泽东也强调："几千年来，都是教育脱离劳动，现在要教育劳动相结合，这是一个基本原则。"[③]因此，中华人民共和国成立后，中国共产党就把教育与生产劳动相结合作为教育工作的基本方针。教育与劳动相结合，要求教育与实践相结合。因此，"坚持教育与生产劳动和社会实践相结合"[④]，也就成为培养社会主义建设者和接班人的基本要求。

高校思想政治理论课要从马克思主义的劳动教育理念出发，贯彻落实党的教育路线方针政策，坚持以习近平总书记关于教育的重要论述为指导，强化劳动教育，突出实践教学，不断培养提升学生的劳动素质，促进其全面发展。通过思想政治理论课实践教学，倡导劳动最光荣、劳动最崇高、劳动最伟大、劳动最美丽的理念，营造尊重劳动、尊重知识、尊重人才、尊重创造的社会环境，增强学生的劳动实践能力和社会服务能力，鼓励他们投入到建设社会主义现代化强国、实现中华民族伟大复兴的持续奋斗之中。

4. 高校思想政治理论课实践教学取得的成绩

（1）高校对思想政治理论课实践教学的认识日益成熟。

虽然党和国家一直以来特别强调认识和实践的辩证关系，强调要把劳动和教育相结合，主张理论和现实的有机结合。但是在实际的思想政治理论课教育教学过程中，学校及任课教师更多关注的是理论知识的学习和思想意识

① 曲波：《新时代劳动教育的思想意涵与实践要义》，载《光明日报》2019年5月6日，第6版。
②《列宁全集》（第二卷），人民出版社1984年版，第461页。
③《毛泽东著作专题摘编》，中央文献出版社2003年版，第1638页。
④《江泽民文选》（第三卷），人民出版社2006年版，第500页。

的灌输，对实践教学相对忽视。在党和国家及各高校的大力支持下，在广大思想政治理论课教师的共同努力下，高校思想政治理论课教育教学改革逐步推进，实践教学的重要地位和作用也日益得到了各个高校的重视。教育部门也对高校思想政治理论课实践教学的学时学分进行了明确。笔者所在的学校充分认识到了思想政治理论课在立德树人根本任务中的关键课程地位和主渠道作用，大力支持课程实践教学平台及基地建设，给予了任课教师实践教学创新足够的空间和资源。

（2）高校师生对思想政治理论课实践教学的参与度日益加深。

由于高等教育大众化的影响，在一段时间内，高校思想政治理论课在师生比、生均拨款和生均教学资源方面面临着巨大的压力。由于学生较多，教师较少和资源不足，在高校扩招之后，出现了思想政治理论课实践教学覆盖面不足，师生参与度较低的情况。一些高校要么较少开展实践教学，要么只有少部分学生和教师参加实践教学，要么就是开展最简单的实践教学活动。随着党和国家越来越重视高校思想政治理论课建设，实践教学也越来越受到高校及任课教师的重视，各高校加大了实践教学的投入力度和考核力度，思想政治理论课实践教学取得了丰硕成果。高校师生目前对思想政治理论课实践教学的参与度日益加深，实践教学的要求也日益提升，师生对实践教学的参与已经不再是蜻蜓点水式的参与了。

（3）高校思想政治理论课实践教学的广度日益拓展。

在得到大力支持和广泛认可的情况下，高校思想政治理论课实践教学的广度日益拓展。首先是高校思想政治理论课实践教学的实施基本上覆盖到各专业学生。高校思想政治理论课实践环节的作业已经成为大学生必须要认真面对和完成的任务。高校思想政治理论课实践教学也和第二课堂的实践活动实现了初步的结合，进一步拓展了课程实践教学的广度和覆盖面。其次是实践教学已经基本融入高校思想政治理论课的各个具体课程之中。虽然高校思想政治理论课实践教学学时学分的分配还不统一，但是，实践教学是高校思想政治理论课的重要组成部分已经达成共识。因此，高校思想政治理论课相关课程基本上都会涉及实践教学，有的学校还会划出专门的实践学时学分，集中统一开展单独的实践教学课程。最后是高校思想政治理论课任课教师基本上都比较注重开展实践教学。虽然，任课教师对于实践教学在思想政治理论课中的比重多少还存在一定的分歧，但是，开展实践教学有利于巩固和提升课程教学效果已经基本上达成共识。因此，任课教师基本上都在组织和创新高校思想政治理论课实践教学的内容和形式。另外，在各高校不断落实相关政策的情况下，高校思想政治理论课任课教师的社会考察和实践研修也基本上得到了保障。

（4）高校思想政治理论课实践教学的内容和活动载体日益多样。

不断创新和发展高校思想政治理论课实践教学的内容、形式和载体是多年来党和国家、高校、任课教师共同努力的方向和奋斗的目标之一。多年来，高校思想政治理论课实践教学创新发展取得了积极成效。首先在实践教学内容上，任课教师对“马工程”统编教材内容进行了充分的凝练、总结、整合和转换，实现了对实践教学内容的创新和凸显。如针对思想政治理论课的共性问题开展实践教学，包括马克思主义中国化的历史进程、社会主义核心价值观等内容；针对课程的难点重点问题开展实践教学，包括中国化时代化马克思主义为什么行、职业精神与道德等内容；针对社会热点问题开展实践教学，如“一国两制”、中美贸易摩擦等内容。其次在实践教学形式上，高校思想政治理论课采用了社会考察、志愿服务、微调研、舞台剧、辩论赛等多种实践形式，取得了较好的效果。最后是在实践教学的载体上，任课教师可以采用课内课外、校内校外、线上线下、现实虚拟等多个平台或载体开展实践教学，也可以通过第二课堂、学生社团活动、“青马工程”等开展实践教学。

（5）高校思想政治理论课实践教学的成果交流日益频繁。

实践教学成果的交流互鉴也是高校思想政治理论课实践教学改革发展水平的重要体现。近几年来，在党政部门的指导下，在各个高校特别是思想政治理论课承担单位的积极努力下，高校思想政治理论课实践教学成果的交流展示、互学互鉴越来越频繁和深入。一方面，各个高校开展了思想政治理论课实践教学成果的校内交流和展示活动，极大地促进了实践教学环节的创新发展，提升了任课教师的实践意识。另一方面，在教育部和高校思想政治理论课教学指导委员会以及各个高校的大力支持下，全国性的思想政治理论课实践教学成果展示和交流活动每年都会举行，极大地拓宽了任课教师的视野，加快了全国范围内实践教学成果典型示范作用的发挥和互学互鉴效果的提升。

如全国大学生讲思政课展演、思政课微电影评选等活动，都有力地推动了高校思想政治理论课实践教学改革创新和发展。

（6）高校思想政治理论课实践教学研究成果日益丰富。

教学和科研相辅相成、互相促进，科研转化教学是促进教育教学改革创新发展的重要依托和动力。高校思想政治理论课实践教学研究有力地推动了该类课程实践教学的顺利开展和效果提升。多年来，高校思想政治理论课教师积极开展了实践教学的教学研究和学术探讨，形成了一大批卓有成效的实践教学研究成果：发表了四千多篇学术论文，出版了数百部学术专著和指导教程，许多关于思想政治理论课实践教学的研究项目也得到立项。同时，关于高校思想政治理论课实践教学的学术研讨会和其他相关课题的研究宣传工作，也有力地推动了该类课程实践教学成果的交流。各个高校对本校实践教学类项目建设给予了支持，以推动具有校本特色的思想政治理论课实践教学的研究、开展和实施。

（7）高校实践育人的保障机制日益完善。

实践育人已经成为高校立德树人根本任务的基本要求，各个高校在实践育人问题上达成了基本共识，“三全育人”体系的构建成为各个高校人才培养的重要环节和重要保障。各个高校的实践育人保障机制在不断地补充建立，并得到了日益完善。首先，实践育人、“三全育人”、课程思政理念已经在各个高校间形成共识，得到了高度重视，并有了基本的顶层设计。其次，实践育人的制度和经费体系基本得到了保障，各高校在开展实践教学和实践育人方面有了基本的制度约束和较为充足的经费保障。最后，思想政治理论课实践教学得到了学校党委和行政的大力支持。以笔者所在学校的马克思主义学院为例，学院不但在实践教学学分、课时和经费上给予充分支持，在评优评先、绩效考核、职称推荐等方面，也给予实践教学取得优秀成果的教师同等奖励甚至是倾斜的待遇。

5. 高校思想政治理论课实践教学面临的问题及挑战

（1）高校及其师生对思想政治理论课实践教学的认识还存在一定的误区和偏差。

部分高校对于思想政治理论课实践教学的开展还不够重视，或者存在一定的市场化办学思想，对于大范围开展思想政治理论课实践教学支持力度不够。特别是对于在校外开展实践教学，还存在较大的困难。另外，思想政治理论课教师在一定程度上过于重视理论教学，对于实践教学实施力度不够。学生往往把实践当作需要应付的作业或拿到分数的凭证，并未真正理解思想政治理论课实践教学的内涵和意义。

（2）高校思想政治理论课实践教学还存在一定的形式化倾向。

在教学效果与成绩方面，高校往往更重视实践教学活动的宣传或形式创新，希望能够通过宣传提高学校和思想政治理论课的影响力，忽视了课程实施的价值取向，对于思想政治理论课实践教学的实际效果，关注不够。部分师生注重实践教学的形式和表象，只注意到了课程实践环节是否热闹和时尚、包装是否新颖，而对于思想政治理论课实践教学内涵和实质把握不够准确、深入。

（3）高校思想政治理论课教师存在压力过大和职业倦怠的情况。

由于传统教学思维根深蒂固，有些思想政治理论课教师不愿意推动实践教学改革和实践教学创新，更愿意把时间和精力放到自己比较擅长或熟悉的理论教学环节。另外，随着教育现代化和教学规范化的发展，教学评估和各种教学检查工作日益增多。而“金课”标准的落实、“双万”计划的推出、教研活动的重视，给教师带来重大机遇的同时也或多或少给教师带来了相应的压力，在一定程度上制约了实践教学的开展。个别的教师出现了职业倦怠心理，疲于应付各种工作，没有把心思放到实践教学中来，甚至产生了“不求有功但求无过”的心态。

（4）部分大学生存在一定的学习压力和偷懒心理。

针对目前部分高校本科教育质量下滑、教学管理弱化、人才培养计划虚化的情况，党和国家及时提出了加强本科教育教学，打造“金课”，淘汰“水课”，努力提高本科人才培养质量的要求。这些要求改变了以往严进宽出，忽视学生学习，过于放松学习管理的现象，教师强起来、学生忙起来、管理严起来的要求也有效提升了教育教学水平和人才培养质量。在大力推动一流专业、一流课程建设的情况下，部分学生可能会存在疲于应付学习任务的情况。另外，由于大学生非常熟悉互联网，也有一定的偷懒心理，他们往往善于从网络中寻找捷径或寻找现成的答案及学习任务材料。因此，部分学生对思想政治理论课实践教学不够重视，存在应付凑数的情况。

（5）高校思想政治理论课实践教学的学分设置有待完善。

根据中共中央办公厅、国务院办公厅《关于深化新时代学校思想政治理论课改革创新的若干意见》和教育部《新时代高校思想政治理论课教学工作基本要求》，目前绝大多数高校都按要求设置了思想政治理论课实践教学环节，并落实了实践教学学时学分。但是，在实践教学的学分设置方面，各个学校还存在一定的差异，各高校和任课教师也在不断探索实践学分和实践环节的落实模式、落实渠道。从调研的情况看，一种是单独开设“思想政治理论课实践教学”课程，设置 2 学分；一种是在除“形势与政策”课以外的其他思想政治理论课里均设置实践教学环节，不统一设置实践教学学分，但在“思想道德与法治”“毛泽东思想和中国特色社会主义理论体系概论”“习近平新时代中国特色社会主义思想概论”里均设置 1 个实践学分。这两种方案，各有优劣，是集中安排实践学分和实践教学好，还是各门课各自开展效果更好，还需要进一步探讨和尝试。

（6）高校思想政治理论课实践教学基地建设存在薄弱环节。

该类课程实践教学开展的一个难点就是配套的实践基地不足或不适合。由于思想政治理论课面向全体学生开设，实践教学也面向全体学生，大规模开展实践教学，就需要大量的实践教学基地或能够接纳大量学生的实践教学基地。虽然，适合进行思想政治理论课实践教学的校外实践基地比较多，质量也很高，但是校外实践基地面临组织、安全、时间、距离等诸多问题。因此，很多高校在该类课程实践教学方面都存在校内实践基地不充足，校外实践基地利用率不高的问题，需要进一步改进，特别是在校内建设能够容纳较多学生的实践教学基地是各高校亟须解决的问题。

（7）高校思想政治理论课实践教学的保障机制有待健全。

大多数高校对思想政治理论课实践教学都比较重视，希望能多出成果，多出新意，多出效果。但存在保障制度不健全，支持力度不够的情况。在一些高校，思想政治理论课实践教学主要靠任课教师自身的积极努力和敬业精神，配套的保障措施不到位或者基本上就没有保障机制。如果出成果了，有突出业绩了，学校就会进行奖励。但是一般性的实践教学或未能取得突出成绩的实践教学可能就没有相应的保障措施。另外，思想政治理论课实践育人的系统性和实效性不强，往往是任课教师“单打独斗”，未能形成协同互助机制。

二、实践教学在高校思想政治理论课中的重要地位

实践教学是高校思想政治理论课教学实施的重要组成部分，是坚定大学生政治立场，巩固和深化课程理论传输和价值引导的有效途径，是培养新时代具有开拓精神、创新意识和应用能力的高素质人才的重要环节。习近平总书记指出，“学习是成长进步的阶梯，实践是提高本领的途径”[①]“思政课不仅应该在课堂上讲，也应该在社会生活中来讲”[②]。

（一）高校思想政治理论课实践教学的必要性

1. 贯彻习近平总书记关于教育的重要论述和党的教育方针的要求

实现理论教育和社会实践的有机结合，强化思想政治理论课实践教学是党的一贯主张和优良传统。从参加生产实践到劳动教育，从志愿服务到社会实践，党和国家从各个方面都强调了实践育人的重要作用。因此，要“坚持政治理论教育与社会实践相结合。既重视课堂教育，又注重引导大学生深入社会、了解社会、服务社会”[③]。党的十八届三中全会明确要求要“深化教育领域综合改革……形成爱学习、爱劳动、爱祖国活动的有效形式和长效机制，增强学生社会责任感、创新精神、实践能力”[④]。因此，教育部强调指出：“坚持理论学习、创新思维与社会实践相统一，坚持向实践学习、向人

---

① 习近平：《在同各界优秀青年代表座谈时的讲话》，载《人民日报》2013 年 5 月 5 日，第 2 版。

② 《“‘大思政课’我们要善用之”》，载《人民日报·课外版》2021 年 3 月 7 日，第 1 版。

③ 中共中央文献研究室：《十六大以来重要文献选编》（中），中央文献出版社 2006 年版，第 641 页。

④ 《中共中央关于全面深化改革若干重大问题的决定》，人民出版社 2013 年版，第 42-43 页。

民群众学习，是大学生成长成才的必由之路。”①

习近平总书记历来都非常重视思想政治理论课实践教学和大学生社会实践活动。他明确指出，高校“要更加注重以文化人以文育人，广泛开展文明校园创建，开展形式多样、健康向上、格调高雅的校园文化活动，广泛开展各类社会实践。”②习近平总书记指出，思想政治理论课要“坚持理论性和实践性相统一，用科学理论培养人，重视思政课的实践性，把思政小课堂同社会大课堂结合起来，教育引导学生立鸿鹄志，做奋斗者”③。《关于深化新时代学校思想政治理论课改革创新的若干意见》也明确要求该类课程要“同生产劳动和社会实践相结合……坚持开门办思政课，推动思政课实践教学与学生社会实践活动、志愿服务活动结合，思政小课堂和社会大课堂结合，鼓励党政机关、企事业单位等就近与高校对接，挂牌建立思政课实践教学基地，完善思政课实践教学机制”④。因此，强化和突出高校思想政治理论课实践教学是贯彻习近平总书记关于教育的重要论述和党的教育方针的明确要求。

2. 落实“知行合一”教育理念的要求

“知行合一”是中华优秀传统文化的精髓之一，也是我国教育发展过程中一直践行的教育理念和要求。孔子认为“子以四教：文、行、忠、信”（《论语·述而》）。言行一致，知行合一是教育的宗旨和目的，也是仁人志士的重要体现之一，因此，“始吾于人也，听其言而信其行；今吾于人也，听其言而观其行”（《论语·公冶长》）。荀子也认为“知之不若行之”（《荀子·儒效》），只有通过行动和实践才能真正认识事物和社会。《礼记·中庸》强调的“博学之，审问之，慎思之，明辨之，笃行之”，也表达了知行合一的重要性。“知行合一”由明代的王阳明正式提出，他认为“知是行的主意，行是知的功夫，知是行之始，行是知之成”（《传习录》）。正是认

---

① 《教育部等部门关于进一步加强高校实践育人工作的若干意见》，载中国政府网2012年1月10日，http://www.moe.gov.cn/srcsite/A12/moe_1407/s6870/201201/t20120110_ 142870. html。

② 《习近平谈治国理政》（第二卷），外文出版社2017年版，第378页。

③ 《习近平主持召开学校思想政治理论课教师座谈会强调 用新时代中国特色社会主义思想铸魂育人 贯彻党的教育方针落实立德树人根本任务》，载《人民日报》2019年3月19日，第1版。

④ 《关于深化新时代学校思想政治理论课改革创新的若干意见》，人民出版社2019年版，第9、18页。

知和实践的相互统一，构成了人类认识社会和自然的动态过程。“知行合一”产生之初就成为我国教育实践活动的一个重要理念，不仅根植于中华优秀传统文化之中，也贯穿于中国共产党的教育方针和中华人民共和国的教育政策之中。坚持教育与生产劳动和社会实践相结合，就是“知行合一”在当代中国教育发展中的集中体现。因此，高校思想政治理论课要承担起“为人民服务、为中国共产党治国理政服务、为巩固和发展中国特色社会主义制度服务、为改革开放和社会主义现代化建设服务”①的任务，完成培养中国特色社会主义事业建设者和接班人的历史使命，就必须加强实践教学。通过思想政治理论课实践教学，提高大学生的理论联系实际能力，提高大学生理论服务实际的能力，提升大学生认知社会、适应社会、服务社会的能力。

3. 高校思想政治工作规律的要求

我国一直坚持的教育与生产劳动相结合以及强化实践教学的理念，体现了高校思想政治工作的基本规律，体现了高等教育的基本规律。同时，实践教学环节的要求，也符合高校教书育人的规律和大学生成长成才规律。习近平总书记指出，思想政治理论课要“同生产劳动和社会实践相结合”“坚持理论性和实践性相统一”②。思想政治工作是育人的工作，本质上是一种实践活动，是改造和塑造人的世界观、人生观、价值观的活动。理论与实践相统一、灌输和启发相结合、认知同行动相协调是思想政治工作的基本原则和要求。

4. 高校提高人才培养质量的要求

习近平总书记指出：“高等教育发展水平是一个国家发展水平和发展潜力的重要标志。”③“人才是第一资源。”④为全面建成社会主义现代化强国，实现中华民族伟大复兴，必须不断加强人才培养工作，实现由人力资源大国

① 《习近平谈治国理政》（第二卷），外文出版社 2017 年版，第 376 页。

② 《习近平主持召开学校思想政治理论课教师座谈会强调 用新时代中国特色社会主义思想铸魂育人 贯彻党的教育方针落实立德树人根本任务》，载《人民日报》2019 年 3 月 19 日，第 1 版。

③ 《习近平谈治国理政》（第二卷），外文出版社 2017 年版，第 376 页。

④ 《高举中国特色社会主义伟大旗帜 为全面建设社会主义现代化国家而团结奋斗——习近平同志代表第十九届中央委员会向大会作的报告摘登》，载《人民日报》2022 年 10 月 17 日，第 2 版。

向人力资源强国的转变。作为以人才培养为首要任务的高等学校，必须分析研究并遵循人才成长的规律和教育发展规律，提高人才培养质量。思想政治理论课实践教学以各种社会实践活动为载体，帮助大学生在参与社会实践的同时改造自己的主观世界。提高人才培养质量是高校提高竞争力和推进教育教学改革的根本要求，也是高等教育创新发展的主题主线。因此，“不断提高质量，是高等教育的生命线，必须始终贯穿于高等学校人才培养、科学研究、社会服务、文化传承创新各项工作之中”①。党的十八大报告要求深化教育领域综合改革，着力提高教育质量。习近平总书记在中央政治局集体学习时，也明确指出要“深化教育改革……提高人才培养质量”②。党的二十大再次强调，要“全面提高人才自主培养质量”③。实践教学是完善人才培养方案，健全人才培养环节，促进学生全面发展的根本要求和基本途径。强化高校思想政治理论课实践教学，可以把党和国家的指导思想、党的路线方针政策、经济社会发展规律转化为现实的体验，引导学生把理论学习、社会体验与实践实训相统一。通过强化大学生的政治意识和综合素质，全面引领并提升人才培养质量，从而增强大学生服务祖国和人民的本领。

5. 培养德智体美劳全面发展的社会主义建设者和接班人的现实需要

教育是培养人的活动。马克思主义认为教育应该注重人的全面发展，目的也是要促进人的全面发展。实践的观点是马克思主义最重要的观点之一，就是要在认识和改造世界的过程中实现人的全面发展。马克思认为：“生产劳动同智育和体育相结合，它不仅是提高社会生产的一种方法，而且是造就全面发展的人的唯一方法。”④中国共产党非常重视教育同生产劳动和社会实践有机结合，从而提高人才培养质量、保证人才培养方向的做法。因此，

① 胡锦涛：《在庆祝清华大学建校100周年大会上的讲话》，载《人民日报》2011年4月25日，第2版。

② 中共中央文献研究室：《习近平关于科技创新论述摘编》，中央文献出版社2016年版，第111页。

③ 习近平：《高举中国特色社会主义伟大旗帜 为全面建设社会主义现代化国家而团结奋斗——在中国共产党第二十次全国代表大会上的报告》，载《人民日报》2022年10月26日，第1版。

④ 《马克思恩格斯选集》（第二卷），人民出版社2012年版，第230页。

中华人民共和国成立后，党和国家就推行了劳动教育和生产实践教育活动，主张教育和生产劳动有机结合。改革开放后，党和国家也明确提出了德智体美劳全面发展的人才培养定位。

进入新时代，党和国家进一步明确了这一人才培养定位。习近平总书记指出，要办人民满意的教育，“培养德智体美劳全面发展的社会主义建设者和接班人”[①]。大学生是思想政治理论课实践教学活动的主体，大学生能在实践中受教育、长才干、作贡献，充分体现了实践育人在立德树人中的重要作用。各类实践活动对于大学生了解国情、了解社会，树立正确的“三观”，提升他们的实践能力、创新思维能力等方面有着不可替代的作用，并能有效地促进大学生全面发展。

（二）高校思想政治理论课实践教学的重要性

人的思想和意识的形成是一个复杂的过程，包括知、情、意、行等各个方面，这些因素和环节也在不断地相互影响和制约。高校思想政治理论课实践教学在强调知行合一的前提下，能够有效实现知、情、意、行的合理统一和有效协调，使大学生在动态平衡中找到自我、认识社会，从而确立正确的世界观，并掌握科学的方法论。因此，“实践在人的思想道德进步和全面发展的过程中，起着基础的、决定性作用”[②]。

高校思想政治理论课实践教学“继承了知行统一的优良传统……体现了高等教育的基本规律，对于推进高校科学发展、大学生的成长发展和社会的全面进步具有重要意义”[③]。实践教学作为高校思想政治理论课的重要环节，是理论教学的延伸和升华，也是促进大学生知行合一从而实现全面发展的根本途径。同时，在实践教学中采取参与式、体验式和互动式等教育方式和手段，充分发挥学生的主动性和主体性，可以把大学生的全面发展和个性发展有机地结合起来。

---

① 中共中央宣传部：《习近平新时代中国特色社会主义思想学习纲要》，学习出版社、人民出版社 2019 年版，第 159 页。

② 骆郁廷、史姗姗：《马克思主义实践育人的德育思想及其现实价值》，载《马克思主义研究》2013 年 10 期，第 136-145 页。

③ 甘霖：《高校实践育人研究》，武汉大学 2014 年博士学位论文，第 1 页。

1. 可以激励和引导大学生积极投入到社会主义现代化强国的建设之中

中国特色社会主义进入新时代，翻开了实现中华民族伟大复兴的新篇章，中国人民正在中国共产党的领导下踏上全面建设社会主义现代化国家新征程。新时代伟大事业离不开新时代广大青年学生的积极参与和努力奋斗，中国梦和个人梦、青年梦是紧密联系和互为前提的。因此，青年大学生只有积极投身于中国特色社会主义伟大事业，投身于社会主义现代化强国的建设，才能实现自身价值，完成自身发展并开创属于自己的事业。新时代伟大事业的实现、民族复兴伟大梦想的实现，需要包括广大青年在内的全体民众的参与和团结奋斗。大学生是国家和社会的栋梁，是推动未来经济社会发展进步的生力军。大学生通过各种活动，走进社区、走进基层、走进人民群众生产生活，参与生动活泼的社会实践，可以帮助大学生认识经济社会发展的现状，了解人民群众最关切的问题、最迫切的需求，认清自己身上所承担的社会责任和历史使命。高校思想政治理论课的中心任务就是培养一代又一代的社会主义事业的建设者和接班人。实践教学环节可以进一步激发大学生奋发进取、健康成才的积极性和主动性，引导大学生以主人翁的姿态，想时代之所想、急时代之所急，提高自身综合素质，提升自己服务他人、奉献社会、改造世界的本领，积极投身于全面建设社会主义现代化国家的火热实践。

2. 可以有效实现大学生健康成长与社会文明进步的相互促进和良性互动

立德树人是高校思想政治理论课的根本任务，其实践教学环节也要服务于这一根本任务。大学生参与思想政治理论课实践教学活动，能够对大学生的理论认知、价值判断和能力提升等方面产生积极影响。这种品质、能力可以和社会文明的进步相互促进、相得益彰，并形成良性互动状态。“人的思想品德是在社会实践的基础上主客体因素相互作用、相互协调的产物。”[①]因此，大学生在参加各种形式和内容的实践活动的过程中，会潜移默化地接受实践过程所传达的各种教育思想，达到实践育人的目标。大学生可以在思想

① 陈万柏、张耀灿：《思想政治教育学原理》（第二版），高等教育出版社 2007 年版，第 139 页。

政治理论课实践教学过程中提升自己的精神境界，涵养自己的家国情怀，从而强化站位、凝聚力量，积极投身于民族复兴伟业。

大学生投身和参加社会实践，能够了解社会发展的现实和需要，提出解决社会问题的新办法和新意见，形成适应时代要求的实践精神和符合社会发展的实践观念，在促进社会发展的同时，促进自身的健康成长。实践还是大学生磨炼意志品质、提升身心素质的基本途径。“社会实践的目标越高，遇到的干扰和困难越大，社会实践的条件与环境越艰苦，对人的意志的锻炼磨炼就越大，创造出的人的意志力量就越坚强，越强大。”[①]大学生在实践中获得的坚强意志和良好品格，能够增强大学生的实践能力，成为推动大学生成长的重要精神力量。同时，思想政治理论课实践教学活动还能巩固大学生的理论知识，提升大学生运用马克思主义的立场、观点、方法解决问题的能力，从而实现“立德”基础上的“树人”。

3. 可以提升大学生的情感认知和合作意识

除了思想认识和价值观念方面的影响外，实践还会对大学生的思维拓展、能力提升以及大局意识、合作意识、奉献意识等等产生积极的影响，并内化为大学生的良好品质和素质能力。大学生在思想政治理论课实践教学中不仅能得到思想上的教化和熏陶，而且能提升自己的情感认知。在这一过程中，大学生良好的情感认知和品格意志得以形成。在理论联系实际的过程中，大学生还可以将实践的感性经验同理性思维相结合，从而陶冶情操，塑造良好的精神风貌，最终实现实践教学的功能和目的。

同时，高校思想政治理论课实践教学是一个团队活动和集体项目，需要师生共同努力和相互协助。因此，开展高校思想政治理论课实践教学，有助于大学生形成良好的团队精神、大局意识、合作意识、纪律意识以及服从意识。在实践教学中，大学生要能够正确处理个人与集体、局部与整体的关系，不论是调查研究还是志愿服务，不论是参观学习还是走访察看，大学生只有按照一定的道德要求和社会制度规范行为，才能保证实践任务的顺利开展。“在现实生活中，人的自由发展必定是在一定的社会规范的基础上进行

① 骑郁廷：《精神动力论》，武汉大学出版社 2003 年版，第 275 页。

的。”[①]在实践活动过程中，既实现了个人的自由成长，又提升了社会大学生情感认知和团结协作意识，从而实现了对国家与社会的深刻感知。

4. 可以促进大学生的全面发展和素质提升

高校思想政治理论课实践教学为大学生提供了丰富的实践体验和精神体验，使大学生充分认识到个人价值和社会价值的有机统一，充分体会到人类改造世界的毅力和奋斗的精神。人类只有在实践中才能不断获得认识，按照主观意愿改造世界，推动客观世界的发展，为人类的生存和发展创造更好的基础条件。在实践的过程中，大学生不断获得并发展对客观世界的认识，不断改造自己的主观世界，最终实现自身的进步和发展。虽然高校思想政治理论课实践教学不是直接的生产活动，但大学生在实践教学过程中走出课堂、走向社会、走进群众，体验生活、感知社会，获得了丰富的实践体验和精神体验，促进了自身全面发展。[②]

马克思主义认为，实践是人类社会获得进步和发展的基本方式，也是人获得全面发展的基本途径。邓小平同志指出：“实践是培养理论与实际结合、学用一致、全面发展的新人的根本途径。”[③]大学生参与高校思想政治理论课实践教学，一方面，可以检验和提升平时学习的理论知识，并在实践的基础上加深理解、认识和掌握，提升自己的思想文化素质，另一方面，通过实践活动，能更好地运用马克思主义基本原理来处理解决社会和自身问题，提升自身的情感认知水平和身心健康素质,同时还能激发自己的独立思考能力。大学生在实践教学过程中，能深入了解经济社会发展对人才的需求，把个人成长与社会发展需要结合起来，投身于全面建设社会主义现代化强国的伟大事业中，实现个人与社会的相互促进、和谐发展。

① 陈万柏、张耀灿：《思想政治教育学原理》（第二版），高等教育出版社 2007 年版，第 139 页。

② 甘霖：《高校实践育人研究》，武汉大学 2014 年博士学位论文，第 134 页。

③ 《邓小平文选》（第二卷），人民出版社 1994 年版，第 107 页。

第二章
高校思想政治理论课“四位一体”实践教学体系的构建

实践教学环节是高校思想政治理论课教育教学的重要组成部分，有利于大学生更加准确地把握马克思主义基本原理及马克思主义中国化时代化理论成果，更加深刻地认识中国共产党领导人民进行的革命、建设、改革的历史进程、历史变革、历史成就，从实践的角度提升大学生的理论修养和社会认知。构建科学合理的实践教学体系，是规范高校思想政治理论课实践教学内容、形式，提升课程实践教学效果的客观需要。

一、高校思想政治理论课实践教学的总体要求

通过实践教学，大学生可以更透彻地理解马克思主义基本原理以及中国共产党在新时代坚持的基本理论、基本路线、基本方略，从而做到真学真懂、真信真用，提升自己运用马克思主义立场、观点和方法认识问题、分析问题和解决问题的能力。

（一）指导思想和目标要求

1. 高校思想政治理论课实践教学的指导思想

高校思想政治理论课实践教学要高举中国特色社会主义伟大旗帜，坚持马克思列宁主义、毛泽东思想、邓小平理论、“三个代表”重要思想、科学发展观，全面贯彻习近平新时代中国特色社会主义思想，坚持立德树人根本任务，努力实现课程教学为人民服务，为中国共产党治国理政服务，为巩固

和发展中国特色社会主义制度服务,为改革开放和社会主义现代化建设服务。

高校思想政治理论课实践教学要遵循马克思主义实践观，深入贯彻落实教育与生产劳动和社会实践相结合的教育方针，坚持理论学习、创新思维与社会实践相统一，注重发挥实践育人功能，促进实践养成，促使大学生坚定中国特色社会主义道路自信、理论自信、制度自信和文化自信，增强他们实现中华民族伟大复兴的信心和决心，并以积极的态度投身于全面建设社会主义现代化国家新征程。

高校思想政治理论课实践教学要遵循课程特点和党的创新理论成果精髓，结合学生特点和学校整体发展方向，努力做到“一个主线”“两个结合”和“三个贴近”。“一个主线”即以马克思主义中国化时代化为主线，以中国特色社会主义为重点，以马克思主义中国化时代化最新成果为核心，全面贯彻新时代党的基本理论、基本路线、基本方略，努力增强当代大学生的历史使命感和社会责任感。“两个结合”就是要做到思想政治理论教育和学生专业教育相结合；思想政治理论教育和学校办学目标相结合，努力提升课程的针对性和学生的获得感。“三个贴近”指的是课程教学内容要贴近学生、贴近生活、贴近实际，立足课程、面向学生，努力增强课程实践教学的亲和力与实效性。

2. 高校思想政治理论课实践教学的目标要求

实践教学是高校思想政治理论课教育教学体系的重要组成部分，不是单列的课程或完全独立于理论教学之外的教学活动。实践教学和理论教学共同构成了高校思想政治理论课的教育教学过程,共同完成教育教学目标。因此，实践教学的目标要求和课程总的目标要求是一致的，只不过侧重点不同。高校思想政治理论课实践教学的目标是加深大学生对马克思主义基本原理的认知和理解，学会运用马克思主义的立场、观点和方法认识问题、分析问题和解决问题，并能认识社会、适应社会、服务社会。同时，进一步认识和理解中国共产党领导人民进行的革命、建设、改革的历史进程、历史变革和历史成就，坚定“四个自信”，并以实际行动投入到新时代中国特色社会主义伟大事业中去。具体来讲，主要包括以下几个方面：

（1）知识目标。

通过课程实践教学，帮助学生掌握马克思主义基本原理以及马克思主义中国化时代化理论成果,掌握中国共产党团结带领全国各族人民的奋斗历程。系统进行中国特色社会主义和中国梦教育、社会主义核心价值观教育、法治教育、劳动教育、心理健康教育、中华优秀传统文化教育。大学生能够掌握理论精髓及其思维方法，坚持实践是检验真理的唯一标准，并通过实践活动对理论知识和思想认知进行检验和深化,在社会调查、志愿服务、互动参与、思考提升中加深对马克思主义基本原理以及马克思主义中国化时代化理论成果特别是最新理论成果的认识和认同，并巩固所学知识。同时，大学生可以更多地体察社情民意，加深和拓展对世情、国情、党情、社情、民情的认识和理解，凝练和总结知识，丰富自身知识体系。

（2）能力目标。

通过课程实践教学，培养大学生对马克思主义理论的认识能力。在提升大学生认识能力的基础上，进一步提升其对“马克思主义基本原理”“中国近现代史纲要”“思想道德与法治”“毛泽东思想和中国特色社会主义理论体系概论”“习近平新时代中国特色社会主义思想概论”等课程的学习探究能力，使其能够独立地从多角度多层面把握马克思主义基本理论的精髓。

通过多种形式的实践教学，有效培养大学生运用马克思主义的立场、观点和方法解决实际问题的能力，能够正确辨别各种社会思潮，并能够正确理解和贯彻执行党的路线、方针和政策。

（3）素质目标。

“坚持教育优先发展、科技自立自强、人才引领驱动，加快建设教育强国、科技强国、人才强国，坚持为党育人、为国育才，全面提高人才自主培养质量。”[①]通过课程实践教学，培养大学生学习马克思主义理论的兴趣，促使其人文素质的可持续发展，拓展大学生的知识面和视野，使大学生具备一定的马克思主义理论素养和良好的思想政治素质，并成长为社会主义现代化建设所需要的可靠接班人和合格建设者。同时，通过实践环节的教学与互动，大

① 习近平:《高举中国特色社会主义伟大旗帜 为全面建设社会主义现代化国家而团结奋斗——在中国共产党第二十次全国代表大会的报告》，载《人民日报》2022年10月26日，第1版。

学生能够坚定中国共产党领导和中国特色社会主义共同理想，坚决捍卫“两个确立”，牢固树立“四个意识”，坚定“四个自信”，做到“两个维护”，实现知行合一，具有为实现中华民族伟大复兴中国梦贡献力量的责任心和使命感。

（4）实践创新目标。

《中共中央关于全面深化改革若干重大问题的决定》强调要“全面贯彻党的教育方针，坚持立德树人，加强社会主义核心价值体系教育，完善中华优秀传统文化教育，形成爱学习、爱劳动、爱祖国活动的有效形式和长效机制，增强学生社会责任感、创新精神、实践能力”①。通过课程实践教学，大学生能够利用马克思主义这一“伟大的认识工具”，致力于积极“改变世界”。马克思主义自诞生以来就始终“占据着真理和道义的制高点”②，大学生要成为马克思主义及其中国化时代化成果的信仰者、传播者、践行者。同时，大学生要有创新思维和创新意识，充分认识到与时俱进这一马克思主义的理论品质，从而致力于理论创新、制度创新、文化创新和实践创新，促进探索研究能力、实践能力的提升。通过形式创新、内容丰富的实践教学，坚持用习近平新时代中国特色社会主义思想铸魂育人，大学生能真正理解“自由而全面地发展”，成为新时代中华民族实践创新、勇往直前的生力军和主力军。

（二）教学主导和教学主体

教师和学生是教育教学活动中最重要的两个要素，也是高校思想政治理论课实践教学最基本和最核心的要素。在一般的教育教学过程中，特别是在理论教学过程中，教师的角色和地位更为重要，讲授环节和“灌输”过程会更为明显，学生往往被动参与教学。当然，随着教育教学改革的推进和现代化教育教学手段的应用，思想政治理论课课堂逐渐活起来、火起来，大学生参与理论教学的情况也更加普遍。但总体上，在理论教学环节，教师地位更

---

① 《中共中央关于全面深化改革若干重大问题的决定》，人民出版社 2013 年版，第 42-43 页。

② 习近平：《在哲学社会科学工作座谈会上的讲话》，人民出版社 2016 年版，第 9-10 页。

为明显和重要。在实践教学环节，教师更多的是指导和引导、总体设计和组织实施，要让学生更多地进行操作、实践、参与、体验，充分发挥其主观能动性。因此，在高校思想政治理论课实践教学过程中，教师的主导作用依然明显，而学生的主体作用则更加突出。

1. 教师是高校思想政治理论课实践教学的主导力量

由于教师是课程标准的制定者，是教学方案的设计者，是教学活动的组织者，也是学生学习效果的直接评价者，因此在教学活动中，教师必然具有主导性的力量，发挥着关键性的作用。在高校思想政治理论课实践教学中，教师同样要起到引导、主导和教育实施者的作用。任课教师要制定实践教学标准及目标，要设计实践教学活动及环节，要组织实践教学活动的开展，要评价实践教学效果。教师在整个课程实践教学活动中，始终发挥着主导作用，是实践教学活动的驱动者、指导者、组织者、调控者，也是参与者。习近平总书记指出："教师不能只做传授书本知识的教书匠，而要成为塑造学生品格、品行、品味的'大先生'。"①只有在任课教师的指导下，大学生才能更好地认识和把握教育教学内容，理解马克思主义中国化时代化成果的理论真谛，更好地践行党的路线、方针、政策，特别是新时代党的基本理论、基本路线、基本方略，从而把外在的理论内化为自己的世界观、人生观和价值观，并把国家、民族、人民的命运与自己的成长发展融为一体，实现个人、集体、社会、国家的有机统一。

"教育者本人一定是受教育的。"②教学相长是中华优秀传统教育理念，也是现实教育活动的必然体现。教师在组织实施实践教学活动中，也在不断地提高自身的教育实践水平，加深对理论的认识和对社会的理解。同时，通过组织实践教学活动的各个环节，特别是总结反馈环节，教师也在不断地调整实践教学设计和实践教学实施，以不断提高实践教学的效果和教师的教育教学水平。

---

① 《习近平首次点评"95后"大学生》，载《人民日报》2017年1月3日，第2版。

② 《马克思恩格斯文集》（第八卷），人民出版社2009年版，第376页。

2. 大学生是高校思想政治理论课实践教学的主体力量

在课程实践教学活动中，大学生是实践活动的落实者、实践者，也是实践教学活动最终的受益者。在实践教学活动中，大学生主动参与其中，积极发挥创造性和主观能动性，是实践教学活动的主要完成者。教师要充分认识到大学生在课程实践教学中的主体地位和重要作用，尊重和发挥大学生的能动性和创造性，并采取各种途径和方法激发大学生的主观能动性，引导大学生积极主动地参与实践教学,甚至设计实践教学或创新实践教学内容和形式。教师也只有认识到大学生在实践教学活动中的主体地位，认识到大学生的全面发展和“获得感”是教学的最终目的，才会坚持以“学生为中心”设计和组织实践教学，才会坚持以学生成长成才和全面发展为目标实施实践教学，并把注意力放在学生参与和落实实践任务的过程中去。同样，大学生也要充分认识到自己在课程实践教学中的主体地位和重要作用。增强实践意识和主体意识是高校思想政治理论课实践教学的重要目标之一，也是该类课程实践教学的重要指标。大学生应该从实践的观点去学习理论知识，观察、分析、研究社会现象。大学生应该从自身全面发展和国家民族未来的角度去参与实践教学，努力强化自身综合素质。参加实践教学活动既是大学生的权利也是大学生的义务。因此，大学生要自觉主动地落实自己在实践教学中的主体地位，展示自己的主体力量。任课教师要和大学生密切配合，相互尊重、教学相长，充分发挥大学生主动参与、主动思考、主动探索和主动构建的积极性，使高校思想政治理论课实践教学成为大学生自我教育、自我发现、自我管理、自我服务、自我提升的重要平台。

（三）主要内容和主要形式

高校思想政治理论课实践教学主要是以大学生参与实践活动为主，重点在于教师要求和引导大学生在实践中加深对马克思主义理论的认识、理解和应用，使大学生能认识分析客观世界和人类社会，从而将党的创新理论内化为自身的价值认同和思想行为。同时也要充分发挥大学生的积极性和主动性，引发学生的学习兴趣，激发学生的学习动力，发挥大学生的主体作用。因此，必须实现课程实践教学内容和形式的辩证统一，既要内容翔实、全面，能客观准确地反映课程教学内容并与其契合，又要形式多样，方式创新，不断激发学生活力，使实践教学火起来、活起来。

1. 高校思想政治理论课实践教学的主要内容

本书主要以“毛泽东思想和中国特色社会主义理论体系概论”和“习近平新时代中国特色社会主义思想概论”为例，研究讨论基于学生专业、地方资源、校本特色和网络虚拟的“四位一体”高校思想政治理论课实践教学设计。其主要内容包括：

（1）关于马克思主义中国化时代化历史进程的实践教学。

理解掌握马克思主义中国化时代化的缘起和历史进程是“毛泽东思想和中国特色社会主义理论体系概论”和“习近平新时代中国特色社会主义思想概论”教学的基本要求，也是其实践教学的主要内容。结合其他思想政治理论课，通过回顾历史、重温革命、探访旧址、研习经典等途径，引导学生了解马克思主义的诞生以及列宁领导的俄国革命，了解马克思主义在中国的传播，掌握中国共产党在革命、建设、改革过程中积累的成功经验，了解中国共产党探索马克思主义中国化时代化的过程，从而掌握马克思主义中国化时代化的历史必然性和必要性。

（2）关于马克思主义中国化时代化理论成果的实践教学。

上述两门课程本身就是马克思主义中国化时代化理论成果的宣传教育，认真学习和理解掌握马克思主义中国化时代化理论成果是包括实践环节在内的思想政治理论课教学的中心任务之一。马克思主义中国化时代化理论成果包括毛泽东思想、邓小平理论、“三个代表”重要思想、科学发展观、习近平新时代中国特色社会主义思想。采取政策宣讲、理论研修、重大事件回顾、重要成就展览、红色革命之旅等方式，有助于大学生对理论学习环节所掌握的中国化时代化马克思主义的精髓进一步明确化、具体化、现实化，加深对理论本身的理解和认同。同时，通过对重大历史节点和历史事件的回顾和探访，大学生能够更深入地了解马克思主义中国化时代化理论创新的重要性和关键性，以及各个理论产生的背景和条件、要解决的主要问题等等，从而更深刻地把握中国化时代化马克思主义的内容和实质。

（3）关于马克思主义中国化时代化理论成果主要创立者的实践教学。

中国化时代化马克思主义的产生发展，除了客观的世情国情党情以及时代背景之外，中国共产党主要领导人的品质品格也是重要的因素之一。通过了解中国共产党主要领导人，特别是马克思主义中国化时代化理论成果主要创立者的奋斗史、成长史、革命史，学习他们为党、为国家、为人民所作出的贡献，学习他们心怀国家、心系人民的高尚情怀，从而引导大学生深刻理解中国共产党的家国意识和人民情怀，坚定对中国共产党人的信任和认同，从而始终捍卫“两个确立”，坚定“四个自信”，做到“两个维护”，并以饱满的精神投入到为实现中华民族伟大复兴而奋斗的伟大事业中去。

（4）关于中国共产党领导人民进行的革命、建设、改革的历史进程、历史变革、历史成就的实践教学。

马克思主义中国化时代化理论成果是经过实践检验的中国共产党领导中国人民进行的革命、建设、改革的正确理论原则和经验总结，其本身既是理论创新，又是实践经验的总结和理论升华。因此，通过学习、感悟、观察、体会中国共产党领导中国人民进行的革命、建设、改革的历史进程、历史变革和历史成就，了解中国共产党及无数先辈为了中国革命、建设、改革所作出的不可磨灭的历史贡献，从而巩固和提升当代大学生坚持党的领导、坚持中国特色社会主义制度、坚定“四个自信”的意志和决心。

（5）关于运用马克思主义立场、观点和方法认识问题、分析问题和解决问题的实践教学。

学习马克思主义基本原理以及马克思主义中国化时代化理论成果，关键是真信、真懂、真用，最终的落脚点是使大学生提高运用马克思主义立场、观点和方法认识问题、分析问题和解决问题的能力，特别是运用中国化时代化马克思主义的创新观点和方法论来分析解决社会和个人问题的能力，提高大学生认识社会、适应社会、服务社会的能力。因此，通过社会调研、志愿服务、研究讨论、分析报告、学术锻炼等途径，大学生能够提升自己运用马克思主义立场、观点、方法观察社会、分析社会、提出问题、解决问题的能力。同时也能培养大学生客观理性、实事求是的品质，为大学生的全面发展奠定基础。大学生对马克思主义的基本立场、观点和方法的理解也会在实践活动中得到深化和升华。如通过实践教学，大学生会进一步理解人民群众才是历史的创造者，更加参悟领会马克思主义的人民立场以及中国共产党全心全意为人民服务的根本宗旨。

（6）关于民族精神和时代精神的实践教学。

以爱国主义为核心的民族精神和以改革创新为核心的时代精神是社会主义核心价值体系和社会主义先进文化的重要内容，也是高校思想政治理论课程重要的教学任务和教学目标。在五千多年的发展中，中华民族形成了以爱国主义为核心的团结统一、爱好和平、勤劳勇敢、自强不息的民族精神。改革开放以来，在中国共产党的领导下，在中国特色社会主义的伟大实践中，中华民族又形成了以改革创新为核心的与时俱进、开拓进取、求真务实、奋勇争先的时代精神。没有振奋的精神、没有高尚的品格、没有坚定的志向，一个民族不可能自立于世界民族之林。因此，通过各类实践活动，如观看经典作品、品味传统文化、走红色之路等方式，大学生可以始终保持昂扬向上的精神状态，凝聚兴国之魂、强国之魂，激发与时俱进的精神力量，以自强不息的动力永远朝气蓬勃迈向未来。

（7）关于国家治理体系和治理能力现代化的实践教学。

只有社会主义才能救中国，只有改革开放才能发展中国、发展社会主义、发展马克思主义。因此，必须在坚持和完善中国特色社会主义制度的基础上，不断推进国家治理体系和治理能力现代化。推进国家治理体系和治理能力现代化，就是要使各方面制度更加科学、更加完善，为党和国家事业发展、为人民幸福安康、为社会和谐稳定、为国家长治久安提供一整套更完备、更稳定、更管用的制度体系，实现党、国家、社会各项事务治理制度化、规范化、程序化，充分发挥社会主义制度优越性。因此，通过走访调查、志愿服务等社会实践活动，特别是针对国家治理体系和治理能力开展的实践活动，能使大学生直接感受国家治理效能，感受中国特色社会主义制度的显著优势。同时也能在实践中发现存在的一些问题和短板，从而认识到推进国家治理体系和治理能力现代化的重要性，并积极投身中国特色社会主义伟大事业，为建成社会主义现代化强国而努力奋斗。

（8）关于重大事件、重大工程、重大灾难、重大活动的实践教学。

坚持全国一盘棋，调动各方面积极性，集中力量办大事是我国社会主义制度的显著优势。重大事件的处理、重大工程的建设、重大灾难的救援、重大活动的组织等集中体现了中国共产党强大的领导力、政治力、组织力和社会主义制度的巨大优势。从国民经济恢复、社会主义改造、“三线建设”、三峡水利枢纽、西气东输、南水北调、西电东送、特高压电网等重大工程到抗洪救灾、抗击非典、汶川大地震救灾、北京奥运、脱贫攻坚、全面小康、抗击新冠病毒感染疫情、防汛防灾等，都离不开集中力量办大事的制度优势。因此，在思想政治理论课的教学中，专门组织开展关于重大事件、重大工程、重大灾难、重大活动的实践教学，可以有效提高大学生对坚持党的领导和我国社会主义制度优势的认识和理解，从而引导大学生拥护中国共产党的领导，拥护社会主义制度，增强实现中华民族伟大复兴和建设社会主义现代化强国的决心和信心。

（9）关于中国特色与国际比较的实践教学。

习近平总书记指出，要教育引导学生正确认识世界和中国发展大势，正确认识中国特色和国际比较，全面客观认识当代中国、看待外部世界①。有比较才有鉴别。从国际比较的视野，可以更清晰地看出中国特色社会主义道路的鲜明特点和独特优势。②因此，有条件的学校和师生，可以有针对性地开展一些关于中国特色与国际比较的实践教学，形式可以多样，结合不同国家、不同制度、不同道路、不同文化、不同理念等方面，通过比较来展示中国特色社会主义的独特优势。如坚持适合本国国情的社会主义政治制度，不照搬西方政治制度；坚持创新、协调、绿色、开放、共享的新发展理念，不走西方工业化老路；推动构建以合作共赢为核心的新型国际关系，不走历史上一些大国的传统崛起之路；等等。

（10）关于马克思主义中国化时代化最新成果的专题实践教学。

习近平新时代中国特色社会主义思想是马克思主义中国化时代化的最新成果，是对马克思列宁主义、毛泽东思想、邓小平理论、“三个代表”重要思想、科学发展观的继承和发展，是全党全国人民为实现中华民族伟大复兴而奋斗的行动指南。高校思想政治理论课要以马克思主义中国化时代化最新

---

① 《习近平谈治国理政》（第二卷），外文出版社2017年版，第377页。

② 李景治：《中国特色社会主义优势在国际比较中彰显》，载《人民日报》2016年5月12日，第7版。

成果为重点，全面把握新时代新征程，系统阐释习近平新时代中国特色社会主义思想的主要内容和历史地位，充分反映建设社会主义现代化强国的战略部署。因此，通过马克思主义中国化时代化最新成果的专题实践教学，大学生可以充分认识到新时代呼唤并催生新思想，新思想指导并引领新时代，从而以更加热情的态度投入到新思想的学习中去。通过这些实践活动，大学生会进一步理解新时代坚持和发展什么样的中国特色社会主义、怎样坚持和发展中国特色社会主义，建设什么样的社会主义现代化强国、怎样建设社会主义现代化强国，建设什么样的长期执政的马克思主义政党、怎样建设长期执政的马克思主义政党等重大时代课题，从而在新思想的指引下以实际行动投入到全面建设社会主义现代化强国的新征程中去。

2. 高校思想政治理论课实践教学的主要形式

实践教学要实现内容和形式的统一才能取得最好的效果。实践教学形式的多样性、灵活性以及与课程教学内容的契合性，会最大程度地调动学生的积极性，提高实践教学的针对性和活力。高校思想政治理论课实践教学的形式是多样的，多年来，在教育部门、学校和任课教师的共同努力下，高校思想政治理论课实践教学积累了很多成功的经验。总结起来，该类课程实践教学按照开展活动的主要场所，可以分为课堂实践教学、校内实践教学、社会实践教学、网络虚拟实践教学等四大类。下面逐一进行探讨。

（1）课堂实践教学。

课堂实践教学是实践教学的基本组成部分和基本形式，就是充分利用课堂，在课堂上直接开展理论联系实际的实践教学活动，使课堂从单纯的理论讲授实现向实践性教学的转化，体现马克思主义理论本身和思想政治理论课教学本身的实践性和现实性。课堂实践是最直接、最简单、最方便和成本最低的实践教学形式，其教学效果反馈迅速，组织和调整方案更便捷，可以更好地实现教学相长和师生互动。课堂实践教学的形式主要有经典研习、专题讨论、案例分析、模拟情景、教学实践、调研展示、作品赏析、主题辩论、主题演讲、知识竞赛等等。

经典研习是按照课程教学进度，在任课教师的指导下，师生共同对马克思主义基本原理、马克思主义中国化时代化理论成果的主要著作或重要论述进行阅读、学习、研究，并结合典型事件事实进行分析、讨论和延伸，从而加深对相关理论和方法的认识、理解和应用。

专题讨论是针对课程的重点内容或难点问题包括马克思主义经典作家的成长史奋斗史等，学生提前收集相关资料，进行思考论证，任课教师在课堂上组织学生就相关问题展开专题讨论，以小组讨论和代表发言或自由发言、讨论跟帖等方式实现对这一内容或问题的深入探讨。同时，教师对学生错误或不恰当的观点进行引导，并结合社会实际进行总结提升。

案例分析是指任课教师根据教学内容和学生实际，将针对性和典型性的实际案例引入课堂，组织学生研究、分析、自主探究并展开讨论交流，教师做好引导和总结。通过案例分析，提高学生的积极性主动性，并加强理论教学的现实针对性，进而通过活动提高大学生运用所学理论知识提出、分析并解决问题的能力。

模拟情景是任课教师根据教学内容的需要，组织学生模拟设置一些特殊的情景，可以是历史的重现，可以是现实的模拟，也可以是某种虚拟的设想。通过角色扮演，学生能够身临其境地体验和感悟某些特定的历史进程或事实事件，从而受到启发。这种形式实现了课程理论讲授和实际感悟的有机结合，提高了课程的实践性和活力，也在有效的时间内提高了学生感性和理性认识水平及理论联系实际的能力。

教学实践在高校思想政治理论课实践教学中特指大学生讲思想政治理论课。通过大学生讲授相关学习内容，特别是大学生立足自身专业背景，讲述所学专业所在领域的发展动向和自身专业为社会进步、国家发展所能带来的贡献，提升课程感染力和说服力。大学生讲思想政治理论课，不仅实现了教学相长，使课程教学可亲、可感、可传，而且促进了大学生的自主性学习、探究性学习和创新性学习，此外，这种教学方式有利于学生进行自我教育，有利于“三全育人”体系的构建。

调研展示是教师根据课程教学内容，设计合适的社会调查或考察题目，安排学生利用课余时间进行调研，并形成调研报告、考察作品或作业成果，通过课堂，利用课件等方式进行汇报展示。当然，调研活动更多的是校外的社会实践，在课堂上的展示只是社会实践活动的组成部分或延伸。但课堂展示本身就是一种实践性活动，不但可以保证社会调研活动的效果，也能提升课堂教学的活力和学生的综合发展能力。

作品赏析是根据教学需要、结合教学内容，任课教师遴选一些经典的、质量较高的、学生较少接触的有关革命历史、红色文化、改革创新、中国梦、奋斗新时代以及其他积极传播正能量的影视艺术作品和其他专业作品，带领大学生集中欣赏与探究，使大学生能更加透彻地理解教学内容。教师通过组织讨论交流、感悟思考和总结提升，加强理论的渗透力、提升课程的吸引力、强化理论的直观性。

主题辩论是任课教师针对课程教学过程中产生的有争议但又没有明显正误或是非，同时又有利于增强学生对基本原理的理解的问题，组织学生分组进行辩论。一方面，辩论可以加深对理论要点、社会焦点和舆论热点的理解和把握，提高大学生运用理论知识分析、判断、解决疑难问题的能力。另一方面，辩论也可以提升大学生的逻辑思辨能力和语言表达能力，促进大学生全面发展，提升课程效果。

主题演讲是在课程教学过程中，根据课程教学目标和内容，结合学生特点和专业实际，选取部分贴近生活、贴近实际、贴近学生的题目，组织学生开展主题演讲。主题演讲可以采取自由报名、指定演讲、随机演讲等方式，也可以采用比赛竞争、小组小班推荐、分层举行的方式。在准备阶段，学生可以更加全面和深入地理解和把握教学内容。在演讲阶段，学生可以进行自我教育。在点评总结阶段，学生可以在总结经验的基础上提高自己的演讲技巧、优化演讲内容，以便在下一次演讲中更好地表现自己。

知识竞赛是课程进行到某一阶段，或某部分教学内容完成阶段，任课教师整理制作一定数量的且有确切答案的试题，组织学生进行竞争式回答的一种课堂实践教学活动。知识竞赛可以通过一定的信息技术进行，也可以通过屏幕投放或教师直接朗读的方式进行。知识竞赛是一种实践教学活动，它直接涉及理论知识的学习和应用。为了获得正确的答案，大学生往往需要掌握教材内容并阅读有关文章，这有助于提高课程教育教学效果。

（2）校内实践教学。

校内实践教学是课程实践教学的重要组成部分，主要指在校园内开展的实践教学活动。校内实践教学充分利用了学校本身资源和校本文化，使课程教学走出课堂，融入校园生活，体现出思想政治理论课的校本特色。相较于其他实践教学形式，校内实践教学具有直接、方便、成本低、组织难度小等特点。此外，校内实践教学也能突破课堂和参与人数的限制，激发学生活力，延伸课堂教学内容，从而提升教学效果。校内实践教学的形式主要包括分组研讨、举办“青马工程”、校内调研、申论策论、学术锻炼、微视频、情景剧、专业作品创作、主题教育、校园文化建设等等。

分组研讨是由任课教师根据课程需要，结合教学内容重难点、社会热点或学生兴趣，将学生分成若干小组，针对一个或多个问题进行研究分析和探讨交流，并形成小组观点或研讨报告。通过资料收集、小组研讨和总结交流，学生可以全面了解相关问题的来龙去脉或问题面貌，进而深入探讨或交流不同的立场、观点和看法，最终达到自我教育的效果，提升学生逻辑思维能力。此外，分组研讨也可以和课堂汇报展示相结合，小组的选题可以一样，也可以不一样。

“青马工程”的全称是“青年马克思主义者培养工程”，旨在通过教育培训和实践锻炼等行之有效的方式，不断提高大学生骨干、团干部、青年知识分子等青年群体的思想政治素质、政策理论水平、创新能力、实践能力和组织协调能力，使他们进一步坚定跟党走的信念，成长为中国特色社会主义事业的合格建设者和可靠接班人。这里的“青马工程”主要指校级或二级学院举办的“青马工程”。通过选拔优秀学习代表和有宣讲特长的学生参加青马工程，全面提升他们的理论能力和宣讲水平，在他们坚定“四个自信”的同时，影响和感染更多的大学生积极投入到新时代中国特色社会主义伟大事业中来。“青马工程”的优势是理论学习和实践考察较为深入和全面，相对不足的就是参与人数较少，而且是定期举行。因此，“青马工程”也可以和一些兴趣小组、研讨会、周末讲堂、学习沙龙等形式结合起来。

校内调研是指围绕课程、学生、学院、学校或校园的其他问题所进行的局限于校园内的微型社会调研活动。校内调研的主题一般和课程相关，由教师指定，也可以由学生结合自己专业和兴趣确定。校内调研要在任课教师的指导下，以个体或小组为单位，以观察走访、问卷调查、资料收集等方式展开，并形成调研报告。任课教师最后进行批阅，择优进行展示和交流。校内调研是对课程所学知识的综合应用和学生综合能力的训练，可以有效地提升课程的实践应用效果。同时校内调研也是大学生了解自我、了解同伴、了解专业、了解校园和促进自身全面发展的重要途径。

申论策论是指大学生根据课程所学内容，针对校内外重要问题或社会热点事件，提出有针对性的思想见解或对策建议，形成申论或策论文章，提交给任课教师进行批阅并指导交流。申论策论主要考察大学生搜集处理与课程相关的各种时政信息的能力和发现、分析、解决问题的能力。在这一实践教学过程中，任课教师需要结合学生专业和特点选择合适的典型事例或问题。大学生可以通过申论策论，提高自己运用所学理论知识和方法分析和解决问题的能力，同时也能提高自身的贯彻执行能力、逻辑分析能力、语言表达能力，为以后的成长发展奠定坚实的基础。

学术锻炼是任课教师根据自身研究领域、学术研究前沿、社会发展需要，以及学生专业兴趣特点等，结合思想政治理论课教学内容，指导学生进行研究训练和学术锻炼的实践教学活动。学术锻炼可以以学生个体为单位进行学术创作，也可以以小组或团队为单位开展项目研究，成果以论文、研究报告以及其他学术作品为主。学生在教师的指导下，既可以加深对课程内容的理解，拓宽自己的理论视野，也可以获得基本的学术研究技能。

微视频是任课教师根据教学需要，结合学生特点和兴趣，组织学生以小组为单位拍摄与课程内容相关、主题积极向上、思想理性客观、有针对性和艺术性的视频短片的实践教学形式。微视频凭借其时长短、存储小、传播快、内容精、制作简易等特点在大学生生活中应用非常广泛。大学生也容易接受这一实践教学形式。因此，微视频已经成为高校思想政治理论课实践教学形式之一。微视频实践教学最重要的是选题，要实现校内外热点焦点问题与课程知识点以及学生特点之间的有机统一，从而最大限度地发挥微视频启发和教育功能。

情景剧是根据课程需要和教学内容特点，组织学生排练主题积极的室内戏剧。情景剧实践教学活动是对思想政治理论课理论教学的有益补充和扩展，学生在创作剧本和进行表演的过程中能够加深对相关理论的了解和认识，极大地丰富了大学生的课余生活。情景剧实践教学要求任课教师做好选题指导和过程把控，并及时总结提升，进而加强学生的团队合作能力，实现理论学习和实践锻炼的有机结合。

专业作品创作不是脱离课程的其他作品，而是实现思想政治理论课教学和学生所学专业相结合的实践教学形式。这一实践教学形式是指在任课教师的指导下，学生结合自身兴趣，发挥专业所学，创作以中国化时代化马克思主义为主题的、与学生所学专业相关的作品，从而在提升课程教学效果的同时促进大学生的专业发展。如艺术类专业可以创作以教学内容为主题的平面设计作品或图画作品，动画专业可以创作以教学内容为主题的动画作品，中文编导专业可以创作相关的剧本或文学作品，等等。当然，由于该实践形式需要一定的专业基础，在选题方面需要多加斟酌，在不同专业的学生中开展时也要考虑不同学生专业的特殊性，并不是所有专业都适合开展专业作品创作这一实践活动。

主题宣讲是指在任课教师的指导下，动员课程优秀学生组成理论宣讲团或实践汇报团,围绕教学内容和时政热点,就理论要点或实践活动经验感悟，利用二级学院或学校相关平台开展主题宣讲教育活动。主题宣讲是提升大学生课程学习效果，检验学生学习成效，扩大学生学习正面影响的有效途径。在这一过程中，任课教师除了要做好指导和辅导，加强学生对理论精髓和实践总结的凝练提升外，也要积极联系相关单位，为学生开展主题宣讲提供合适的平台和渠道，以充分调动学生的积极性，发挥他们的特点和优势。

校园文化建设是依托各高校的校园文化建设所开展的课程实践教学活动。校园文化对大学生个体的影响是潜移默化的，并且与大学生生活学习长期互动，因此，可以充分利用高校校园文化建设的平台和途径，推动大学生积极融入校园文化建设，自觉成为校园文化建设的参与者、改造者和共享者。如文明校园的创建、班风院风校风的共建、与课程相关的重大纪念日及主题教育活动的举办、第二课堂等的开展等，都可以成为课程实践教学的重要载体和途径。

（3）社会实践教学。

社会实践教学是高校思想政治理论课实践教学最重要的形式之一，也是最能体现课程社会属性的实践教学形式。理论联系实际是党的优良传统和作风，教育与生产劳动和社会实践相结合是党的教育方针的重要内容，理论教育和实践教育相结合是开展大学生思想政治教育的根本原则。社会实践是组织大学生走出校园，走入社会，使其观察社会、了解社会、认识社会，在充分把握我国的国情特征、时代特点、地方特色的基础上，坚持实事求是，发现、分析、解决社会问题的教学活动。在社会实践中，大学生增长才干、奉献社会，锻炼毅力、培养品格，不仅能加深对中国化时代化马克思主义的理解认识，提高理论应用能力，也能坚定“四个自信”、自觉服务社会，增强历史使命感和社会责任感。社会实践的形式主要有志愿服务、社会调查、创新创业、勤工助学、参观考察、宣讲宣传、红色研学、文化传承、重大专题、访谈咨询等等。

志愿服务是一种社会实践形式，旨在根据课程需要，结合学生自身实际和特长兴趣，任课教师动员学生积极服务社会，开展公益服务活动。志愿服务不仅可以发挥和锻炼学生的专业特长和兴趣技能，还能提升大学生的政治意识、道德意识、服务意识和责任意识，同时志愿服务能使课程知识在实践中得到检验和升华，实现课程目标和社会效益、个人价值和社会价值的有机统一。志愿服务可以以个体或团体为单位，也可以依托学团组织和社区组织开展，任课教师要做好指导对接和配合工作。

社会调查又称社会调研，是大学生在理论知识的指导下，根据课程目标和任课教师的要求，深入社会实际，就某一问题展开调查研究，掌握这一问题的现状和影响,并结合自身认识提出科学合理的对策建议或完善发展思路。社会调查实践教学形式,是坚持马克思主义认识论和方法论的生动体现。“没有调查就没有发言权”，调查研究是我们党一贯坚持的工作方法，高校思想政治理论课坚持社会调查，是课程实现实践育人的重要体现。社会调查与该类课程的内容契合度非常高，更容易实现理论创新和实践发展的有机结合。社会调查也有利于大学生掌握调查研究的基本方法，促进政治理论学习和专业发展的有机统一。

创新创业是比较特殊的社会实践活动形式。创新是引领发展的第一动力，是建设现代化经济体系的战略支撑。近年来，大众创业万众创新持续向更大范围、更高层次和更深程度推进。创新创业与经济社会发展的深度融合，对于开辟发展新领域、塑造发展新动能、推动经济结构升级、扩大就业和改善民生、实现机会公平和社会纵向流动等具有重要意义，为促进经济增长提供了有力支撑。因此，创新创业也是和课程内容特别是习近平新时代中国特色社会主义思想联系非常密切的一种实践教学形式。当然，创新创业需要具备特定的条件和基础，也需要配套政策的支持。因此，这一实践形式并不适合所有的学生，教师在组织这一实践活动时，需要慎重考虑。

勤工俭学指学生利用课余时间，通过劳动取得合法报酬，用于改善学习和生活条件的实践活动。虽然勤工俭学活动本身是针对经济困难学生开展的资助类活动或兼职类活动，似乎和思想政治理论课关系不大。但我们这里提到的勤工俭学不是指各高校统一组织的校内提供岗位的勤工助学活动，而是指大学生走进社会、服务社会的实践活动。勤工俭学是大学生认识社会、锻炼自我、发展能力的重要途径。因此，勤工俭学也可以成为社会实践教学活动的重要组成部分，是提高学生综合素质和改善生活学习条件的有效途径。当然，在实施勤工俭学过程中要特别注意人身安全、能力发展、时间协调等问题。

参观考察是最常见的社会实践活动之一，在思想政治理论课实践教学体系中具有重要的地位和作用。参观考察就是在任课教师的指导下，大学生根据课程内容和目标需要，到纪念场馆、改革开放前沿阵地、乡镇农村、企事业单位、高质量发展典型市县等亲自参观体验和观察访问，从而获得直接的感悟，使自己深刻体会到中国共产党人为中国人民谋幸福、为中华民族谋复兴的初心和使命，深刻体会到中国人民不屈不挠、艰苦奋斗、勇往直前的革命斗争精神和创新发展精神。参观考察受到规模、安全、成本、时间等多方面因素的影响，因此要注意挖掘学校所在地的历史和文化资源。参观考察可以通过采取集中和分散、骨干和普遍相结合的方式进行。

宣讲宣传是大学生利用自身优势，熟练掌握和运用所学习的理论知识，在任课教师的指导下，经过审核、模拟和训练等环节，到当地的企事业单位、基层社区、中小学校等地方开展理论宣讲、政策宣传、文化传播的社会实践活动。宣讲宣传活动既是对课程内容的拓展、延伸和思考，也是宣传贯彻落实新时代党的基本理论、基本路线、基本方略以及具体方针政策的重要途径。宣讲宣传活动的主题要以课程相关内容为主，同时要结合学生所学专业和兴趣特长，并结合宣传宣讲对象的实际情况组织宣讲宣传内容。宣讲宣传内容要有深度、接地气、有高度、见实事，从而使宣讲宣传取得积极效果。

红色研学以立德树人为根本任务，倡导把学习理论知识与革命历史走访实践相结合，强调学思结合，突出知行合一，让学生通过走访考察等实践体验，进一步巩固和理解马克思主义中国化时代化理论成果，坚定“四个自信”，做到“两个维护”，实现身体和心灵的共同成长。红色研学之旅的各个地点和环节需要任课教师进行认真地遴选和组合，同时任课教师要对学生进行现场教学和指导，实现理论学习研究和红色实践考察相统一，提高研学效果。红色研学作为一种特殊的教育形态和实践教学活动，需要大量的人力物力财力和相关资源的配合，在本课程中难以实现全员覆盖，只能针对课程学习骨干分子开展或采用选拔推荐的方式开展。

文化传承是高校的基本功能之一。高校不仅是知识的殿堂，也是文化的堡垒，承担着文化传承和创新、促进社会可持续发展的重要职能和使命。而且，中国化时代化马克思主义所强调的中国特色社会主义文化自信、建设文化强国等内容也要求开展关于文化传承的实践教学活动。习近平总书记在党的二十大上更是明确指出，要“发展社会主义先进文化，弘扬革命文化，传承中华优秀传统文化……不断提升国家文化软实力和中华文化影响力”[①]。文化传承社会实践活动要求学生在任课教师的指导下，结合课程内容和教学目标，通过研读经典著作、参观文化场所、开展文化创新、推广文化产品的方式，去体验、品味、感悟、发展中华优秀传统文化、革命文化和社会主义先进文化的过程。

重大专题是指围绕国内外的重大事件、重大工程、重大灾难、重大活动开展的专题性的实践教学活动。重大事件、重大工程、重大灾难、重大活动在经济社会发展和内政国防外交等方面影响较大，是马克思主义中国化时代化理论成果重要的形成背景。因此，开展重大专题实践教学是在一些重要的时间节点或现实背景下实现课程教学目标的重要途径。这一实践教学形式需要任课教师围绕某个重大事件、重大工程、重大灾难、重大活动，拟定合适的活动主题。

访谈咨询是指任课教师组织学生对相关人物或专家学者进行访谈和咨询的社会实践活动。比如和某些重要历史事件或理论要点相关的人物，学生可以进行采访、调查或访谈，从而获取和课程相关的第一手资料，进而加深和

① 习近平：《高举中国特色社会主义伟大旗帜 为全面建设社会主义现代化国家而团结奋斗——在中国共产党第二十次全国代表大会上的报告》，载《人民日报》2022 年 10 月 26 日，第 1 版。

拓展对相关内容的理解。当然，这种访谈咨询可以是多方面的，多层次的和体验式的，不能要求太复杂或难度太高。比如，针对改革开放，学生可以访谈自己家里或比较熟悉的年长者；针对新时代新征程，可以直接访谈学生熟悉的各行各业的人员；针对需要解释的理论要点问题，可以咨询校内外的一些教师。

（4）网络虚拟实践教学。

随着经济社会和信息技术的发展，网络已经成为大多数人生活中必不可少的一部分。网络无处不在，已经深刻地影响和改变了大学生的学习、交流方式。因此，网络虚拟实践教学就成了一种新的也是非常重要的一种实践教学形式。当然，虚拟还是以现实为蓝本，是现实的特殊体现。网络化、虚拟化社会是现实社会在网络虚拟平台上的反映。因此，网络虚拟实践教学也是课程实践教学在网络虚拟平台上的特殊使用或反映。网络虚拟实践教学是该类课程实践教学最重要的形式之一，是任课教师和学生借助信息网络技术，以网络虚拟方式建立实践教学平台或拓展实践教学途径，充分利用现代网络虚拟技术和学生信息技术能力开展实践教学的形式。网络虚拟实践教学不仅能够破除社会实践活动中人力物力财力和时间空间的限制，而且也能体现教育的现代化发展趋势，和学生的生活比较贴近，能够提升中国化时代化马克思主义课程的信息化水平。由于网络虚拟实践教学也有一定的局限性，因此要选择一些合适的主题和形式来开展。具体形式主要有网络媒体创建、网络作品创作、网络舆情评论、虚拟场馆参观、课程网络直播等等。

（四）基本原则和保障体系

1. 高校思想政治理论课实践教学的基本原则

（1）教师主导与学生主体相结合。

习近平总书记明确指出，推动思想政治理论课改革创新，要坚持主导性和主体性相统一、灌输性和启发性相统一①。教师和学生是高校思想政治理论课实践教学最基本和最核心的要素。坚持主导性就是要坚持任课教师在实践教学中的主导地位和主导作用，充分尊重和发挥任课教师在组织教学、实

① 《习近平谈治国理政》（第三卷），外文出版社2020年版，第331页。

施教学、评价考核中的主导性的作用。坚持主体性就是要坚持学生在实践教学中的主体地位和主体作用。学生是学习的主体，是实践教学任务主要的完成者，也是实践教学最终和最重要的受益者。特别是在实施环节，教师是指导者和引导者，而大学生则是实践方案的直接执行者、参与者和体验者，学生的主体作用更加突出。坚持灌输性和启发性相统一，反映了教师主导与学生主体的有机统一。坚持灌输性，就是坚持教师在教学中的主导作用，通过教师有组织、有计划地设计教学方案，进行马克思主义中国化时代化理论宣传教育，不断提高大学生的思想政治觉悟和理论应用能力。坚持启发性，就是坚持学生在教学中的主体作用，通过发挥大学生的学习主动性，引导他们独立思考，积极探索，生动活泼地参加实践教学，自觉地提高运用理论分析和解决问题的能力。因此，教师主导与学生主体相结合，是进一步提高课程实践教学效果的重要原则。

（2）第一课堂与第二课堂相结合。

第一课堂指的就是我们一般意义上的课堂教学活动，是按照课程标准和培养方案开设的相对固定的规律性的课堂教学活动。而第二课堂是指在第一课堂外的时间地点进行的与第一课堂相关的教学活动。从教学内容上看，第二课堂源于课堂教学内容但又不局限于课堂教学内容。第二课堂的学习活动空间范围较广，可以有效地拓展课程内容学习教育的途径和场所。第一课堂是学生学习理论知识的场所，有助于提升学生的思维能力。第二课堂是学生进行实践锻炼的场所，有助于学生实践能力的提升。因此，第一课堂和第二课堂的有机统一不仅是思想政治理论课实践教学的着力点，也日益成为各高校加强思想政治教育，促进学生全面发展的重要选择。第一课堂和第二课堂具有明显的互补性，坚持二者相结合，可以有效地促进实践教学的开展，并能配合相关部门和院系学生工作的开展。比如有些高校的思想政治理论课教师在指导学生社团开展活动的同时，将思想政治理论课实践活动与学生社团活动理论宣讲相结合，取得了较好的效果。因此，在思想政治理论课实践教学过程中，教师要充分发掘和开发第二课堂资源，实现第一课堂与第二课堂的结合，拓展实践途径，提高教学效果。

（3）教学目标和教学内容相结合。

高校思想政治理论课实践教学的目的是通过实践，让学生更好地理解中国化时代化马克思主义。课程实践教学的目标具体可分为知识、情感、能力等目标。从知识目标看，通过实践，学生能够真正“学懂”中国化时代化马克思主义的内容，领悟理论的真谛。从情感目标看，通过实践，学生能够“真信”中国化时代化马克思主义的科学性、客观性。从能力目标看，通过实践，学生“会用”马克思主义中国化时代化最新成果武装头脑。这些实践目标要和教材内容相结合，根据内容模块设计并完成教学目标。在实际操作中，要根据课程内容设计模块、主题和项目，与教学目标相对应，支撑和保障教学目标的实现。

（4）能力培养与品德锤炼相结合。

包括“毛泽东思想和中国特色社会主义理论体系概论”“习近平新时代中国特色社会主义理论体系概论”两门课程在内的思想政治理论课是高校立德树人的关键课程，也是关系党的伟大事业、关系国家发展、关系民族未来的重要工程。党的十八大以来，习近平总书记围绕培养什么人、怎样培养人、为谁培养人这一根本问题，以高远的历史站位、宽广的国际视野、深邃的战略眼光，将新时代伟大事业后继有人作为一项重大战略任务来抓，对加强和改进学校思想政治理论课作出一系列重要部署。因此，立德树人、培根铸魂是高校思想政治理论课的根本要求，也是中国化时代化马克思主义课程精神的主要体现。同时，习近平总书记也指出，思想政治理论课改革创新要坚持“理论性和实践性相统一”①。因此，学习理论、培养品德、提升政治素质，关键是要落实到行动中，落实到实际的社会生活中，内化为大学生的信仰和精神，外化为大学生的行为表现。坚持能力培养与品德锤炼相结合，是该类课程实践教学的基本原则之一。

（5）校内主动与校外联动相结合。

高校思想政治理论课实践教学主要由任课教师负责，学校各级教学组织指导、协调和保障。任课教师主要负责组织实施、指导引导、成绩评定等工作，教研室主要负责课程实践教学的具体方案、材料收集及教学效果的考核评价，二级学院负责总体设计和各方面各环节的协调保障，学校则提供宏观的指导和协调。总体来说，课程实践教学的主要动力来自学校内部。但是，

① 《习近平谈治国理政》（第三卷），外文出版社 2020 年版，第 331 页。

社会实践是课程实践教学非常重要的形式，社会实践也是效果最为明显、最符合理论联系实际和理论应用于实际的实践教学形式。而社会实践的开展必然和校外的企事业单位、社会组织等产生联系，也必须得到他们的支持和配合才能取得最好的效果。不管是“请进来”，还是“走出去”，都必须调动校外相关单位和个人的积极性，不断拓展校外实践教学基地，不断扩大校外支持参与力量。因此，坚持校内主动和校外联动相结合是发展完善该类课程实践教学的重要原则和要求。

（6）积极引导与严格考核相结合。

思想政治理论课是落实立德树人根本任务的关键课程。从整体上来看，各高校对该类课程是比较重视的，在学时学分、标准大纲、教学安排等方面给予了全面的保障,广大学生和任课教师在总体上对该课程也是比较认同的。但是，相对于理论教学而言，实践环节有很多师生对于实践教学是比较忽视的，往往把实践教学当作该课程的一个可有可无的环节或者一次作业而已，效果也难以得到保障。“要通过形式多样的实践教学活动，提高学生思想政治素质和观察分析社会现象的能力，深化教育教学的效果”①。因此，一定要避免本课程实践教学流于形式、简单应付等问题，以保障实践教学作用的有效发挥和课程教学目标的完整实现。任课教师在提高自身认识，努力提高实践教学技能和水平的同时要坚持做到积极引导和严格考核相统一的原则。一方面，任课教师要认真组织，积极引导大学生主动参加实践，重视实践教学，在实践中加深对课堂理论知识的感悟和理解，在提升发现解决问题能力的同时增进对世情、国情、党情等方面的认知，并从家国情怀和民族未来的角度认识中国特色社会主义伟大事业。另一方面，任课教师要加强实践教学的考核评价，以督促大学生积极参与实践教学、圆满完成实践教学任务。只有加强考核，严格评价，才能有效激发和保证大学生参与实践教学的积极性和实效性，最终达到实践教学的目标。

（7）课程为主与协同合作相结合。

实际上，实践教学的开展还是以课程为基本单元，以任课教师为主导。基层教学组织和任课教师是高校思想政治理论课的具体组织者、实施者、指

① 《加强和改进大学生思想政治教育重要文献选编（1978–2008）》，中国人民大学出版社 2008 年版，第 419 页。

导者和评价考核者。而且，该课程适合开展哪些形式和内容的实践教学，以及实践教学的时效性、应用性、推广性以及与学生专业的契合度等等都应该由课程团队和任课教师决定。因此，实践教学应该以课程为主，充分发挥课程教学团队的积极性、主动性。但是，在实践教学方面，高校思想政治理论课会存在大量的形式一致、内容接近、基地相同、作用重复的问题。如果各个课程之间没有协同合作，上述问题就会显得尤其突出和明显。因此，在以该门课程为主的同时，必须坚持思想政治理论课不同课程之间的协同合作，通过资源共享、形式创新、内容明确、分工清晰、作用互补、全员参与等协同合作机制，形成总体实施方案，从而保证思想政治理论课实践教学体系的不断发展和完善。另外，也要形成思政课程实践教学体系与课程思政体系、思想政治工作体系、学团工作体系等相互支持、有机融合的工作机制。

2. 高校思想政治理论课实践教学的保障体系

（1）以思想共识为先导。

思想是先导，认识是前提。要想保证高校思想政治理论课实践教学的科学组织、顺利开展和认真考核，高校和二级学院、任课教师和大学生都要在思想上形成共识，充分认识到实践教学对课程目标的达成和对学生的全面发展所具有的重要作用。中华人民共和国成立以来，党和国家高度重视思想教育和政治工作，改革开放以来我国逐渐形成了现在的思想政治理论课课程体系。党的十八大以来，以习近平同志为核心的党中央高度重视学校思想政治理论课建设，多次对思想政治理论课建设进行安排部署。特别是 2019 年 3 月，习近平总书记亲自主持召开学校思想政治理论课教师座谈会，强调思想政治理论课是落实立德树人根本任务的关键课程。由习近平总书记亲自主持一门课程教师的座谈会，这在中华人民共和国的历史上还是第一次。因此，从学校层面来说，思想政治理论课的重要地位和作用不言而喻，实践教学也越来越受到重视。这是该类课程实践教学的重要前提和保障。从任课教师的角度来说，通过学校和学院开展的培训研讨，充分认识到实践教学是高校思想政治理论课不可或缺的重要组成部分，对于落实立德树人根本任务，提高大学生的理论应用能力，实现课程的根本目标具有重要的作用。任课教师要引导学生，充分认识到开展实践教学既是完成课程任务的需要，也是促进自身成长成才和全面发展的需要。任课教师和学生形成思想共识是开展高校思想政治理论课的重要基础和保障。

（2）以活动建设为载体。

形式多样、内容丰富的实践活动是盘活各类资源、激发内生动力、提高教学效果、促进课程建设的重要途径。课程实践教学主要是通过各种各样的实践活动而展开的。在师生的共同努力和参与下，教学内容和教学目标在实践教学中得到呈现和实现。课程实践活动的设计及实施是课程建设的重要内容，每一种实践活动都有其独特的作用。实践活动形式和内容越丰富、实践活动的平台越多，对于课程实践教学的开展及其效果保障越有好处。课堂实践教学、校内实践教学、社会实践教学、网络虚拟实践教学等体现了实践活动的多样性与层次性，它们所发挥的功能和作用也不尽相同。综合开展这些实践活动，可以充分发挥各种实践活动形式及实践平台的互补性，从而达到相互配合、相互促进的全方位、立体化的实践教学效果。因此，以实践活动为载体，大力开展教学建设，逐步形成系统化的实践教学体系，是提高高校思想政治理论课实践教学效果的重要保障。

（3）以基地拓展为依托。

校内外实践教学基地建设是高校思想政治理论课改革创新的重要内容，也是高校思想政治理论课实践教学的基本依托和重要平台。加大校内外实践基地建设，不断拓展各类实践教学基地，有利于提高广大师生对实践教学的认识，保障教学效果。主题多样的校内外实践教学基地不仅可以保证实践教学质量，稳步推进课程建设，而且也有利于基地本身的创新发展，促进高校与地方的融合发展。在基地拓展建设中，马克思主义学院可以充分发挥理论学科优势、人才优势和政策宣传研究优势，与实践教学基地开展协同创新和社会服务。实践教学基地也可以充分发挥基地的资源优势、人文优势和特色教育优势，多方位支持高校的思想政治教育和课程建设，参与马克思主义学院人才培养方案和课程标准制定，从而优化人才培养模式。因此，拓展实践教学基地，是开展高校思想政治理论课实践教学的有力保障。

（4）以经费投入为保证。

实践教学经费是支撑课程建设和学生发展的基础性投入，是开展课程实践教学的物质基础。健全以高校和思想政治理论课承担单位投入为主、多渠道筹集实践教学经费、强化经费科学使用管理的体制机制，是保证高校思想政治理论课实践教学顺利开展，不断提高教学效果的重要举措。高校要严格落实思想政治理论课专项经费制度，足额拨付相关经费。思想政治理论课承担单位要及时划拨课程实践教学相关经费，保证实践教学的正常运行。相关基层教学组织和任课教师要认真规划、合理使用，确保经费使用科学合规。另外，学校可以争取社会投入，任课教师可以自筹部分拓展经费，以扩大实践教学覆盖范围，提高实践教学的深度和广度。当然，课程实践教学必须以高校及思想政治理论课承担单位的经费投入为主，并保证基本的实践教学活动开展。其他的经费投入以保障专项实践、定向实践或兴趣类实践为主。另外，要加强实践教学经费管理，坚持依法依规、科学合理地管理和使用实践教学经费，确保经费发挥实质性的作用，提高经费使用效益。

（5）以安全教育为基础。

学生和教师的身心财产安全是开展实践教学的头等大事，直接关系到课程教育教学的成败。实践教学要想取得良好的效果，就必须要坚持“以人为本”，始终把学生和教师的安全放在首位，不断加强师生安全教育，为实践教学的开展奠定坚实的基础。首先是要加强师生安全思想教育。安全无小事，要从思想观点和理念认识上牢固树立“安全第一”和遵章守纪的意识，引导广大师生自觉自愿参与安全教育工作，强调实践教学安全的红线意识和底线思维，真正实现从“要我安全”到“我要安全”的思想转化。其次就是要传授师生防范危险的技能方法。通过模拟和训练，提高师生安全素质，严格规范实践教学各个环节的管理，熟悉实践教学的操作流程和注意事项，掌握应急避险的基本方法，切实将实践教学安全工作落到实处。通过加强安全教育，确保高校思想政治理论课实践教学顺利、安全、有序地开展，从而实现高校思想政治理论课的教学任务和目标。

（6）以考核评价为动力。

实践教学一般在正常的课堂教学之外进行，因此，教师难以直接掌握学生的实践学习情况，在考核评价上有一定的难度，而且难以量化，评价标准也不统一。因此，实践教学有时难以引起学生的重视，有的学生甚至直接抄袭复制实践报告。如果没有考核评价或考核评价体系不科学，就难以调动学生参加实践教学的积极性。针对这种情况，就必须加强实践教学环节的考核评价，不断优化考评体系，切实解决学生努力与不努力一个样、认真与不认真一个样、报告写多写少写好写坏一个样的问题。因此，实践教学考核成绩要有学分体现或纳入课程最终成绩，成为高校思想政治理论课期末成绩的重要组成部分。同时，考核评价的指标体系要有指向性和针对性，根据实践教学任务的性质特点、职能职责、目标达成的不同，科学设置共性指标和个性指标，确保既满足一般需求，又兼顾个别要求，确保考核评价精准有效。总之，实践教学要以考核评价为动力，充分调动大学生参加该类课程实践教学的积极性。

（五）实施流程与考核评价

1. 高校思想政治理论课实践教学的实施流程

（1）实践教学方案的制订。

承担课程教育教学与管理的基层教学组织要根据学校实践教学相关文件和马克思主义学院的总体实践教学方案,研究制定课程的具体实践教学方案。在制定方案的过程中要充分考虑课程特点和学校、学生、教师情况，并及时传达方案要求，组织任课教师进行实践教学相关要求和任务的培训学习。

（2）实践教学项目的准备。

在正式开展实践教学之前,任课教师需要根据课程实践教学方案的要求，做好实践教学项目的准备。包括项目选题的征集、教学形式的遴选、教学内容的设计以及教学流程的安排等等。在准备实践教学项目的时候，要考虑到课程内容、学生专业、教师特长等方面的优势，尽可能扬长避短，以保证实践教学的落实落地落细。

（3）实践教学内容的学习。

确定了实践教学的选题、形式、流程和具体要求后，需要对学生进行相关内容的学习培训。为确保实践教学的顺利开展，学生需要充分了解实践教学的基本要求和流程，并严格按照任务和安排部署去完成实践教学环节。教师可以通过直接辅导和小组研讨来完成实践教学内容的学习，不同的实践任务可以由不同的小组或学生来承担完成。

（4）实践教学过程的组织。

做好前期的准备工作后，关键的环节就是具体的组织和实施。这一流程主要是在任课教师的指导下，各个学生或小组根据选定的选题和实践形式，按照实践教学方案和任课教师的相关要求认真开展实践活动，完成实践教学任务，形成实践成果，保质保量地完成实践教学活动。在这个过程中，任课教师要做好指导和组织工作，充分发挥班干部和小组长的协调示范作用，使各项实践要求能落实到位。此外，基层教学组织还要做好组织保障和经费保障等工作。

（5）实践教学效果的反馈。

实践教学活动组织完成后，学生要按照实践教学方案和任课教师的要求及时提交实践教学成果或证明材料。任课教师同时要组织实践教学效果的反馈展示活动，通过小组研讨、课堂交流、优秀成果展示、任课教师点评等方式，及时拓展实践教学活动效果，收集反馈信息，并不断改进实践教学方案。实践教学的反馈环节是以生为本的重要体现，也是该类课程实践教学的重要组成部分。

（6）实践教学成绩的评定。

课程实践教学的最终环节就是成绩的评定，这也是实践教学对学生实践过程和实践成果的肯定和评价，对于保障实践教学效果，提高学生学习积极性具有重要的作用。这一环节在下文会有详细的说明，这里不再赘述。

2. 高校思想政治理论课实践教学的考核评价

（1）对学生实践成绩的考核评价。

实践教学成绩的评定，要由课程所在的基层教学组织制定总体方案和结构比例，由任课教师具体负责。实践教学的考核评价要围绕党的教育方针进行，把握好思想政治理论课的政治属性，重在实践效果的评价。评价标准要合理科学，要把依据学生实践教学表现的过程性评价和依据学生实践成果材料的终结性评价结合起来，全面反映学生的实践教学成效。考核评价也要坚持民主原则和激励导向，充分尊重学生的主体地位。教师可以发挥班干部、小组长及学生本人的主观能动性，及时了解学生实践情况和存在问题，实现教师主导评价和学生主体评价的有机结合。

具体来看，对学生实践成绩的考核评价可以采用过程性评价和终结性评价相结合、教师指导性评价和学生体验性评价相结合、定量评价和定性评价相结合、小组集体评价和个体互相评价相结合、统一评价和分类评价相结合等方法。当然，不是说每一个学生的实践成绩都要采用以上所有考核评价方法，而是需要根据学生实际情况、具体实践项目、实践任务要求等因素，选择最合适最方便的考核方法，以确保实践教学的效果。

（2）对教师教学效果的考核评价。

任课教师是课程实践教学的实际执行者和直接负责人，在实践教学过程中起到主导性作用。任课教师的思想认识和指导能力，对于课程实践教学意义重大，直接影响着实践教学的实施和效果。对教师的教学评价通常是学校或二级学院教学质量评估监督的范畴之一。在实践教学环节中，对教师的评价一般是教师教学评价的一个指标。随着实践教学越来越成为思想政治理论课教育教学改革的重点方向，针对实践教学的考核评价也有单列的趋势。无论是作为教师教学考评的一个指标,还是作为教师教学质量的一个单项考评，课程实践教学考核评价都要以党和国家的相关文件为依据，并结合学校、师生和课程的具体情况，注重管理与激励并重，以实践成果为抓手，重视考评教师对学生实践活动的指导过程、组织管理和成效。

（3）对课程教学组织或管理机构的考核评价。

由于课程教学承担单位或实践教学组织管理机构承担着课程实践教学的指导、管理、服务以及各种人财物的基础保障工作，它们对于课程实践教学的顺利开展和任务实现具有非常重要的作用。因此，必须加强对课程教学承担单位或实践教学组织管理机构的考核评价。特别是要对课程基层教学组织加强督导和考评。由于管理体制不同，高校思想政治理论课实践教学的基层管理，有的学校归于课程所在基层教学组织，如教研室；有的归于二级学院的实践教学中心。对于负责课程实践教学管理的教学组织的考评，有助于各级教学组织转变教学理念，提高对实践教学的重视，同时也能不断优化实践教学的方案设计和支持保障机制，从而提高实践教学效果。当然，对教学组织的评价是一种督促性、激励性的评价，要注意考核评价的频次，不能影响教学组织其他工作的正常开展。

二、高校思想政治理论课“四位一体”实践教学模块体系的构建

高校思想政治理论课实践教学要充分考虑各高校、各学院、各专业学生的实际情况，既要有统一的要求，覆盖全体学生，又要坚持分层分类原则，不能搞“一刀切”。高校思想政治理论课实践教学要着眼于不同类型高校的培养目标、不同专业的培养方案、不同学生的学习特点，灵活设计实践教学任务和场景，提高实践教学的针对性和时效性。

构建课程实践教学的模块体系，既要体现学生专业特色、高校校本特色、地方资源特色、网络虚拟特色，又能从课堂、校园、社会、网络等多个方面入手，实现实践教学的全覆盖、多领域和有实效，助力于课程亲和力、吸引力和学生获得感的提升。利用网络开展的虚拟实践教学与其他实践教学模块，在内容上会有交叉。但由于“网络化生存是青年大学生生活的重要特征”①，因此，在这里我们把网络实践教学单列，从专业、校本、地方、网络四个方面来探讨构建“四位一体”的高校思想政治理论课实践教学模块体系。

（一）基于学生专业的实践教学模块

把思想政治理论课建成大学生真心喜爱、终身受益的优秀课程，提高各专业大学生的获得感是贯彻落实习近平总书记在学校思想政治理论课教师座谈会上讲话精神和党的二十大精神的重要任务。促进大学生全面发展，确保大思政格局的构建，提升思想政治理论课的影响力、认可度和有效性，需要从广大师生的思想认识到教学实践，真正促进课程与学生专业的有机融合，提升立德树人效果。思想政治理论课在一定范围内不被少部分大学生认可，主要是因为他们认为这类课程与他们生活的直接关系不大，与他们的专业联系不密切。从高校立德树人根本任务来说，思想政治理论课与学生专业相结合是贯彻落实这一理念，实现“三全育人”机制的重要途径。将思想政治理论课和学生专业进行有机结合，可以实现二者协调育人与同向同行，充分调动学生的学习积极性，并提高学生的获得感。“毛泽东思想和中国特色社会

① 吕遊：《当代大学生特点与理想信念教育创新》，载《河南时报》2020 年 1 月 15 日，第 11 版。

主义理论体系概论”“习近平新时代中国特色社会主义思想概论”课程也是如此，该类课程的实践教学需要结合学生专业背景，提升课程对学生的“关注度”、教师自身的“知识宽度”以及课程内容的“现实度”，拉近与学生的距离，提升教师的影响力和学生的获得感以及课程的针对性，从而提高实践教学的效果。下面我们从四个方面对基于学生专业的实践教学模块进行简单概括。

1. 基于学生专业的课堂实践教学

在课堂实践教学中，教师要采用启发式、参与式、探究式、专题式、案例式等多样化的模式，融入学生专业方向和专业知识内容，以提升学生的注意力和实践教学的实效性。

经典研习可以选择马克思主义经典作家关于学生专业或与学生专业相关的主要著作或论述进行阅读、学习、研究，并结合现实进行分析、讨论和延伸，使学生加深对相关理论的认识、理解和应用。如经济学类专业的可以研读《资本论》等马克思主义政治经济学相关著作，文学类、艺术类专业可以研读《在延安文艺座谈会上的讲话》《在文艺工作座谈会上的讲话》等相关著作，理工类专业可以研习《自然辩证法》《习近平关于科技创新论述摘编》等相关著作。

专题讨论、案例分析、模拟情景、教学实践等可以实现课堂实践教学活动与学生专业的结合。教师可以立足于学生专业背景和专业方向来确定实践活动选题，从而促进大学生政治理论学习和专业学习的有机结合，能实现自主性学习和创新性学习相统一，促进学生全面发展。

调研展示、主题辩论、主题演讲等可以发挥学生的专业优势和专业兴趣。如，在探讨民族复兴之路时，教师既可以从中国电子信息产业的发展史切入，激发学生的民族自信心和自豪感；也可以从其他各行各业所取得的历史性成就入手，回顾复兴历史，激发学生奋斗热情。

2. 基于学生专业的校内实践教学

校内实践教学，可以依托学生所在二级学院和学生所学专业来开展，积极发挥学生的专业特长，充分利用大学生日常生活学习的各种场所，既能实现政治学习和专业学习的有机融合，又能在不增加学生学习等负担的情况顺利完成实践教学任务。

在分组研讨、校内调研、申论策论、学术锻炼等方面，可以围绕课程内容，结合学生专业和所在学院特色确定实践活动主题，从而实现学生对课程所学知识的综合应用和对专业综合能力的训练，有效提升课程的实践应用效果。如经济管理类专业可以围绕中美贸易摩擦、外卖入校园、跳蚤市场等主题开展相关实践活动；信息类、机械类专业可以围绕中国工业化信息化进程、校园机动车管理、节约校园和新能源开发利用等方面开展相关实践教学活动等等。

在专业作品创作和校园文化建设等方面，学生的专业特长在高校思想政治理论课程实践教学中更能体现。以课程内容和课程精神为主题的学生专业类作品和校园文化项目，是实现思想政治理论课教学和学生所学专业相结合的重要形式。学生结合自身兴趣，发挥专业优势，创作以马克思主义中国化时代化理论成果为主题的专业类作品，参与校园文化建设，可以在巩固课程教学效果的同时促进大学生的专业发展。如音乐表演类专业的学生可以创作以课程内容为主题的音乐舞蹈节目，园林建筑类专业可以创作与课程内容相关的园艺建筑模型或校园展板作品，等等。

3. 基于学生专业的社会实践教学

社会实践教学具有非常重要的作用，是实现思想政治理论课教学和社会发展相结合的重要途径。同时，高校服务地方、开展校地合作的主要实现途径之一就是高校师生发挥专业优势，服务经济社会发展。因此，高校思想政治理论课社会实践教学与学生专业相契合，可以充分发挥学生的专业优势，促进大学生了解社会、奉献社会，并在社会实践教学中增长智能、锻炼毅力、培养品格和增强社会责任感。

在志愿服务、社会调查、创新创业、勤工俭学等方面，大学生可以根据课程需要，结合自身专业、特长兴趣，在任课教师的指导下开展相对应的社会实践活动，积极融入社会、认识社会、服务社会、发展自我。如文学艺术类专业可以进行文艺演出或文化服务等社会实践活动；信息科技类可以进行科技下乡、网络安全调研、互联网创业等相关实践活动；师范教育类专业可以进行支教帮扶、教育扶贫调研、课外辅导等相关社会实践活动。

在宣讲宣传、文化传承、重大专题、访谈咨询等方面，大学生可以充分利用自身的优势和专业特长开展相关活动。如宣讲宣传和文化传承的主题可以从所学专业中进行选题，重大专题和访谈咨询可以结合专业相关的重大事件和关键人物开展活动。通过这些活动，挖掘思政元素中的专业因子和专业因素中的思政因子，以专业为切入点，进而提升对课程内容的理解和应用。

4. 基于学生专业的网络虚拟实践教学

网络虚拟实践教学旨在充分发挥网络信息技术手段开展相关实践活动，是上述三类实践教学活动的特殊体现和运用，可以实现与学生专业的有机结合。如历史类专业，可以开展红色文化的网络介绍活动；食品类专业可以开展食品安全网络宣传或农业科技信息推送；新闻类专业可以开展网络舆情评论；等等。网络虚拟实践教学是一种特殊的实践教学形式，也是信息化社会意识形态斗争的重要领域。因此，笔者在下文中会把网络虚拟实践教学单独作为一种实践教学模块进行详细分析，这里不再赘述。

（二）基于校本特色的实践教学模块

在竞争日趋激烈的当今社会，分类发展已经成为教育部门和各高校在改革发展进程中不容回避的问题。新时代我国社会主要矛盾的转变也引起了高等教育发展形态的转变，即从高等教育体系自身成长转为高等教育与社会经济协同发展，从规模速度为主的发展到结构质量为主的内涵式发展，进而实现高等教育的系统转型与功能再造。因此，要推进高等教育分类发展，健全高等教育分类评价、分类管理与分类发展的政策，以经济社会发展、行业发展、职业要求为依据，以实现人才培养体系的多元化、高等教育体系功能的多样化为目标，构建与高校人才培养目标与办学定位相符合的分类评价体系，促进高校科学定位、各安其位、办出特色、办出水平。[①]

思想政治理论课作为落实立德树人根本任务的关键课程，作为高校宣传思想工作和思想政治教育的主渠道，要体现高校的自身特色，充分利用和发

---

① 李立国：《高等教育发展形态面临深刻变革》，载《光明日报》2019 年 12 月 24 日，第 13 版。

挥各高校的自身特点（办学定位、发展历程、资源优势和校本特色），强化本课程的认可度和亲和力，助力于提升高校人才培养和高校自身发展的核心竞争力。下面我们依然从四个方面来概括高校思想政治理论课基于校本特色的实践教学模块。

1. 基于校本特色的课堂实践教学

任课教师在组织课程教学内容、开展课堂实践活动、进行相关案例分析的时候，突出学校特色和校内资源，通过校园文化建设和高校自身的课程资源来提升课程的针对性和吸引力，从而提高实践教学的有效性。

例如在专题讨论、案例分析、模拟情景、调研展示等活动中，可以充分挖掘各高校、各学院、各专业自身的资源和事例，并以此为选题展开讲解和实践。比如讲解到新民主主义革命理论时，可以选取与自己学校有一定联系的革命英烈、历史人物、相关事件来开展相关实践教学活动。在讲解改革开放的相关内容时，可以从高校自身的改革发展和对外开放过程中挑选实践主题。

在作品赏析、主题辩论、主题演讲、知识竞赛等活动中，可以结合学校的实际情况和办学特色、校园文化来开展实践。如在探讨“三个代表”重要思想的内容时，可以围绕学校党委推动高校创新发展、产教融合、文化传承、服务师生等方面的举措、经验、问题开展相关活动。在讲到科学发展观时，可以围绕节约型校园、生态校园、光盘行动等校本特色开展课堂实践教学活动。

2. 基于校本特色的校内实践教学

高校思想政治理论课可以和学校党委宣传部、党委学生工作部、教务处等部门的工作结合起来，全面挖掘学校的校本资源和特色活动，充分发挥各自高校“三全育人”机制的积极作用。具体来讲，在围绕校本资源的基础上，实现和第二课堂实践教学、宣传思想工作、志愿服务、社团小组、党课团课等活动的对接，从而体现思想政治理论课实践教学的校本特色。

如可以利用校史馆、学校特色校园文化、人文景观、书香校园等资源开展校内调研、申论策论、分组研讨、微视频、情景剧、专业作品创作等实践教学活动。校史馆可以充分展现高等教育的发展历程和政策变化，也可以体现出改革开放以来学校的发展变化，展现新时代新征程新面貌。学校的特色校园文化以及人文景观，也可以激发学生的学习热情，提升课程实践教学的针对性，并作为校内各类实践教学的重要主题或场所。

学术锻炼、主题教育、校园文化建设、青马工程等校内实践教学，可以充分利用校内的各种平台或渠道予以开展。如可以利用校报、公众号、贴吧等平台开展经验总结、新闻报道、问题辨析等实践教学；可以利用学生社团、党校团校、志愿服务等校内特色平台开展以主题宣传活动、文化建设活动、“青马工程”为主要形式的课程实践教学活动。

3. 基于校本特色的社会实践教学

社会实践教学由于要走出校园，面向社会，在一般情况下难以利用和发挥校本资源及其优势。但高等教育本身就有服务地方经济社会发展的责任，而且其文化传承和科学研究职能也在一定的程度上体现了服务地方、服务社会的作用。因此，思想政治理论课社会实践教学同样也可以积极发挥校本资源和高校优势，实现课程社会实践教学与学校自身资源的有机结合。

志愿服务社会实践可以依托或借助学校志愿服务品牌团队或品牌项目来开展，如“黄淮小红帽”“青年志愿服务队”“拙匠书院”等品牌或项目都可以成为课程实践教学的重要社会服务载体或平台。

社会调查、创新创业、勤工助学、参观考察等可以利用学校的优势和特色来开展，也可以围绕着高校服务地方经济社会发展以及地方支持高校发展等方面，如乡村振兴、产教融合、校地合作开展调研考察或创新创业，还可以充分发挥校友会的积极作用，开展勤工俭学、参观考察等社会实践活动。

在文化传承、重大专题、访谈咨询等方面可以利用与学校本身相关的主题开展。特别是访谈咨询可以直接访谈咨询相关领域有一定影响的校友或自己比较熟悉的校友，以提高社会实践教学的可行性和实效性。

4. 基于校本特色的网络虚拟实践教学

网络虚拟实践教学同样可以充分挖掘和展示校本资源与校本特色，从而提升课程实践教学对课程目标、人才培养和学校发展的支持力度，在这里不再赘述。

（三）基于地方资源的实践教学模块

高校所在地的各类资源是高校办学和高校发挥特色优势的重要依托和基础，也是思想政治理论课开展实践教学的重要基础和源泉。充分发掘和利用地方资源，不仅可以提高课程实践教学的亲和力和针对性，而且可以降低实践教学的成本并突出课程的地方特色和品牌意识。同时，发掘和研究、传承地方各类资源也是该类课程实践教学的重要内容之一。高校思想政治理论课本身就与地方历史文化等资源地缘相近、发展相依、人脉相亲。地方教学资源既有历史传统教学资源和新时代改革发展建设实践教学资源，也有政治建设、经济建设、文化建设、社会建设、生态文明建设五位一体的资源内容，具有“鲜活性”“现实性”“多样性”“示范性”等特征。地方各类资源是高校对青年大学生开展革命传统教育、理想信念教育、社会主义核心价值观教育和中华优秀传统文化教育的宝贵材料，也是对青年大学生开展改革创新、服务发展、建设社会主义现代化强国生动实践的鲜活材料，更是学习落实“五位一体”总体布局和“四个全面”战略布局的重要支撑。如何充分发挥地方资源优势，探索基于地方教学资源的课程实践教学的可行性方案，使课程实践教学“活”起来、“特”起来、“灵动”起来，是该类课程实践教学环节理应聚焦和亟须解决的重要问题之一①。

1. 基于地方资源的课堂实践教学

在课堂实践教学中，教师可以充分挖掘、整理、加工地方资源，选择合适的主题和内容，结合地方特色开展课堂实践教学。在课堂实践教学活动中融入和利用地方有效资源，不仅可以丰富教学内容，突出教学特色，而且可以拓展实践教学主题，激发学生参与和深入实践教学的积极性。

在专题讨论、案例分析等实践活动中，教师可以遴选部分地方特色资源作为备选主题，以讨论推荐或分类分组的方式确定相关主题，并开展适合的课堂实践教学活动。如红色革命相关旧址或革命英雄人物，可以作为新民主主义革命理论和社会主义改造理论的特色典型案例或主题，用来开展专题讨论、案例分析、主题演讲等课堂实践教学活动。每个地方的历史发展重大事

---

① 王茂涛：《思政课如何汲取地方资源》，载《中国教育报》2019年3月18日，第6版。

件、改革开放关键人物或知名企业、创新发展典型等等也都可以作为案例分析、专题讨论、历史回顾、主题演讲等活动的选题。

主题辩论、调研展示等活动，高校可以以地方资源为主题，用好用活地方资源，从而体现“扎根中国大地办大学”的使命。如地方革命史、地方经济社会发展史等可以作为调研展示、知识竞赛、教学实践等课堂实践教学活动的主题。地方重要改革举措、重要历史事件、特殊经济产业、特殊民俗文化等可以作为主题辩论、情景模拟、教学实践等活动的选题和内容，从而激发大学生对高校和地方的归属感，提高高校思想政治理论课的亲和力。

2. 基于地方资源的校内实践教学

校内实践教学是课堂实践教学的延伸和拓展，虽然没有走出校园，但同样也可以充分利用和发挥地方资源优势，特别是利用高校和地方融合发展的典型案例来开展校内实践教学活动。在地方教学资源内容的遴选上应坚持主体性原则，选择贴近大学生学习和生活实际的素材进行提炼和升华，尽可能让学生参与到地方资源遴选提炼的过程中来，加强教学结果的反馈评估，从而提升实践教学的实效性。

如分组研讨、申论策论、学术锻炼等可以围绕地方的经济社会发展重大问题或学生关心的问题对策、产教融合与服务地方的问题对策、地方人文资源的开发利用等方面开展活动。微视频、情景剧拍摄等活动也可以以地方历史文化、典型人物、特色品牌为主题来创作提炼，更能突出课程实践教学的针对性。校园文化建设如果能和地方的人文、历史、经济、社会等有机融合，就更能发挥课程实践教学润物无声的作用。

3. 基于地方资源的社会实践教学

社会实践教学是高校思想政治理论课教师指导学生走出校园，走向社会开展理论联系实际相关活动的实践教学形式。社会实践教学最方便最直接的就是走进地方社会生活，充分发挥地方资源的特色和优势。基于地方资源的社会实践教学既包括开发利用地方资源开展社会实践教学，也包括利用高校服务地方经济社会发展成效相关资源和材料来辅助实践教学。

一方面，社会实践教学可以充分发掘利用当地和周边地区的各种社会资源，将革命圣地旧址、历史文化遗迹、改革开放前沿阵地、志愿服务相关单位机构以及经济社会发展见证地等等，建设成多种形式的思想政治理论课实践教学基地。这些实践教学基地，既突出了地方特色，延伸了理论教学内容，又为志愿服务、社会调查、勤工助学、参观考察、宣讲宣传、红色研学、文化传承等各类实践教学活动的开展提供了平台。同时，地方的企事业单位也可以成为课程实践教学的重要场所和依托。如美国的"责任公民"课，除课堂教学外，还组织学生到裁判所、警卫局、法律事务所等机关，通过实践亲身体验现代公民的责任。①我们的课程也可以组织学生到法院、检察院、社保局、人才交流中心等去参观体验，提升实践教学活力。

另一方面，可以发挥高校智力优势，研究和开发地方人文历史、社会发展等各方面的资源，并将其作为实践教学的重要内容。如本地革命精神、道德模范、城市文化等都可以成为文化传承、重大专题、访谈咨询的主题和研究对象；本地的乡村振兴、生态文明、科技扶贫、社区治理、产业发展等也都可以成为相关院系学生开展高校思想政治理论课实践教学的重要依据和内容。通过基于地方资源的课程实践教学模块，我们可以实现地方资源和高校资源的融合协同，助力于打造共同发展的校地合作新局面。

4. 基于地方资源的网络虚拟实践教学

网络虚拟实践教学如何利用和发挥地方资源是其需要思考和解决的重要问题之一。一方面，高校或社会力量可以直接把一些地方资源搬到网络平台上，以虚拟仿真的方式展现，为高校思想政治理论课实践教学提供网络虚拟平台。这些虚拟平台可以设计相应的实践项目和任务，任课教师指导学生及时完成。另一方面，高校也可以创新思想政治理论课教学形式，联合地方相关机构和组织，共同开发地方特色网络实践项目，创建网上地方实践教学资源库。此外，高校还可以与地方相关组织机构合作，依托相关平台开展地方特色网络媒体创建、地方资源主题网络作品创作等实践教学活动。

---

① 马奇柯：《国外大学生社会实践的经验和启示》，载《中国青年研究》2003 年第 3 期，第 4 页。

（四）基于网络虚拟的实践教学模块

新时代是一个信息化深入发展的时代，教育信息化建设日益成为高校师生必须面对和推动发展的重要课题。高校思想政治理论课需要顺应时代发展，抓住信息化的趋势和机遇，开展线下线上混合式教学改革，不断提高课程的亲和力和时代感。习近平总书记强调，要“推动思想政治理论课改革创新，要不断增强思政课的思想性、理论性和亲和力、针对性”[①]。中央宣传部、教育部印发的《普通高校思想政治理论课建设体系创新计划》，提出要“逐步构建重点突出、载体丰富、协同创新的思想政治理论课建设体系”[②]。推进现代信息技术与教育教学深度融合，实现教育信息化对学生全面发展的促进作用，已经成为建设高质量教育体系的基本要求。因此，推动高校思想政治理论课信息化建设，使该类课程和信息技术的深度融合，对于提高该类课程的时代感和吸引力，使学生真心喜爱、终身受益、毕生难忘，进而发挥高校思想政治理论课铸魂育人作用，具有重要的实践价值。思想政治理论课网络实践教学，可以解决传统实践教学面临的人财物等诸多难题，适应新时代大学生的学习习惯和生活环境，传递的信息更集中、参与的人员更全面、可用的资源更丰富、实践的形式更新颖，更能发挥相关课程在实践教学环节的特点和优势。

1. 网络媒体创建

创建思政类网络媒体是思想政治理论课和信息技术深度融合的重要途径。在任课教师的指导下，大学生利用网络信息技术和新媒体技术，自主创建和课程内容相关的网络新媒体，包括课程专题网站、课程微信公众号、课程微博、课程贴吧、课程 QQ 空间等，也包括学生创建的相关思政类的网站、贴吧、微博、公众号、朋友圈等，并利用这些网络新媒体进行课程内容的推广宣传。大学生通过参与和课程相关的特定的网络媒体创建活动，不仅可以提升自己对课程内容的理解和应用水平，拓展课程内容的宣传教育范围，巩固

① 《习近平谈治国理政》（第三卷），外文出版社 2020 年版，第 330 页。

② 《中央宣传部 教育部关于印发〈普通高校思想政治理论课建设体系创新计划〉的通知》，载中华人民共和国教育部官网 2015 年 7 月 30 日，http://www. moe. gov. cn/srcsite/A13/ moe_772/201508/ t20150811_ 199379. html。

马克思主义在网络意识形态领域的指导地位，而且能提升大学生的信息技术应用能力和明辨是非的能力。

创建课程专题网站、公众号、微博等新媒体，要体现以学生为本的教学理念，功能上科学、合理、完备，使用上便捷、易学，内容上充分满足教学需要，形式上力求受学生欢迎和喜爱。要坚持贴近学生实际、注重现实需要的原则，把专题网站、公众号、微博等真正建设成相关课程教学活动开展和评价的集约化平台。在功能实现上，这些平台还要体现交互性，增设讨论板块和专区，以加强沟通交流等，这样既可以体现网络技术与教学内容的紧密结合，满足学生的学习需求，又可以充分发挥教学专题网站的平台作用，提升学生的学习效果，从而实现课程教学更加“接地气”的现实目标[①]。任课教师和学生可以共同管理相关课程专题类的新媒体，以吸引学生关注。此外，任课教师还可以组织辩论赛、演讲赛、读书会等活动，让学生进行网上心得分享、学习视频制作等，达到实践活动的参与效果。

学生个人的新媒体，也要体现课程特色，巩固马克思主义在网络意识形态领域的指导地位。有条件或有信息技术专业基础的教师和学生还可以共同开发课程专题或思政类 App，以提高相关课程的吸引力，真正吸引学生参与到课程学习中来。

2. 网络作品创作

网络作品创作是大学生最方便、覆盖面最全面、内容也比较多样的网络实践形式。网络作品的主题必须是和中国化时代化马克思主义内容相关，并以主旋律、正能量为主要创作方向。在任课教师的指导下，大学生利用课程所学知识和自身兴趣特长，自主创作一些适合在网络上传播推广的图文或音视频作品，并利用各种网络媒体进行宣传推广。这里的网络作品创作不是指一般的网络写作、心情流露或个人展示，而是带有课程特点，突出政治性、纪律性和宣传教育作用的作品。创作思政类作品，不仅有助于大学生加深对理论精髓的理解和内化贯通，还可以促进与传播受众的相互影响、思考借鉴、同伴教育。需要注意的是，网络作品实际上是传统作品的网络形态，只要可

---

① 陈红、孙雯：《高校思想政治理论课网络虚拟实践教学研究》，载《思想理论教育导刊》2016 年第 8 期，第 72-82 页。

以在网络上储存、展示、传播的程序、文字以及较为特殊的声、图、文等多媒体作品都属于网络作品。

大学生可以将自己撰写的课程论文、正能量的文章放到网上，也可以创作一些适合在网络上传播的摄影作品、音乐作品、微视频等，甚至可以编写一些与课程有关的小程序或小游戏。大学生还可以通过网络调研来收集资料，包括现代企业发展和乡村振兴等与课程相关的典型案例、图片和新闻。他们可以对调查的资料、数据进行整理，运用马克思主义的基本立场、观点和方法进行理论分析和总体评价，最终以网络日记、电子报、PPT 等形式凝结成网络实践活动成果，并在网络上展出或传播。此外，大学生还可以把参观考察等实践活动的经历与成果以微电影、微视频、电子相册、语音记录等形式在网上进行展示。任课教师也可以及时查看学生实践活动完成情况，欣赏学生网络作品，并进行评价反馈。

3. 网络舆情评论

网络舆情评论是思想政治理论课网络实践教学的重要载体。这一实践教学活动，主要是要求大学生在任课教师的指导和组织下，针对特定的舆情舆论或论坛贴吧焦点问题，进行评论、发帖、跟帖。通过对网络舆情的评论，学生可以加深对课程内容的理解和运用，巩固和提升自己的理论水平，也能亲身感受到网络意识形态斗争的激烈。当然，这里所说的特定的舆情，可以是实实在在正在发生的舆情，也可以是任课教师根据课程内容设计的虚拟舆情。网络舆情评论也是许多课程任课教师自己在做的事情，具有可操作性。

网络舆情评论主要在论坛、贴吧、微博、朋友圈、公众号等平台进行。大学生既可以对主流的舆论进行支持、强化、声援，并进行进一步的解释或说明，也可以对非主流的、虚假的、偏激的、饱含恶意的舆论进行反驳、批评、举报。

另外,教师可以在自己或学生的自媒体平台上进行网络互动和舆情评论；可以设计和布置某一重要理论问题或热点问题，组织学生在 QQ 群、微信朋友群、贴吧等公共论坛区，发表各自的意见和看法。通过跟帖、回复等形式开展专题性的网络讨论和互动，教师可以深入了解学生的思想动态，并且加强监督、引导和纠正，坚持正确舆论导向，牢牢掌握网络实践教学的主动权和话语权。[①]

4. 虚拟场馆参观

虚拟场馆参观是在利用网上虚拟仿真场所基础上开展的实践教学活动。虚拟场馆参观能够有效解决思想政治理论课实践教学在人力、物力、财力和时间、空间上的限制，可以一次投入、多次使用。虚拟场馆参观实践教学也能保证实践平台的多样性、丰富性和可控性，提升高校思想政治理论课的信息化水平。因此，虚拟场馆等资源是对实体展馆或场所作出虚拟模拟的一种有效展现方式，以其独有的特色和优势在实践教学领域开辟了一种崭新的教学形式。

学生在仿真纪念馆、革命圣地等虚拟空间中，按照真实场景中的线路或指示进行虚拟仿真参观访问或调查研究，从而以虚拟的方式直接感受和体验理论教学内容，进一步加深对相关理论和实践问题的认识和理解，从而实现理论联系实际、理性认识与感性认知的融通结合。比如教师可以组织全体学生分批次在网上参观杨靖宇将军数字纪念馆，让学生在校内就可以直观地感悟学习杨靖宇将军的革命精神，体验和感受东北抗日联军抗战的艰辛和杨靖宇将军革命的一生、战斗的一生、辉煌的一生。通过立体多维技术，设计制作重走长征路等虚拟仿真的场景，模拟红军长征过程中的气候条件、地理环境等，学生可以身临其境地体验到红军爬雪山过草地的艰辛，从而更好地理解中国共产党的革命精神，坚定实现中华民族伟大复兴中国梦的信心。

另外，一些以思想政治理论或革命历史文化为主题的虚拟网络游戏，也可以成为高校思想政治理论课实践教学的新尝试或新途径。

5. 课程网络直播

课程网络直播是指在师生的共同组织下，充分利用网络平台，学生自主直播讲解宣传课程内容的思政课实践教学模式。课程网络直播能够充分发挥学生的主体性和信息化手段的优势，较好地激发学生的学习兴趣，提高学生课程参与度。课程网络直播既展现了信息化社会的特点，又能够应对疫情防

① 庞超：《新时代高校思想政治理论课网络实践教学体系的构建与完善研究》，载《山西高等学校社会科学学报》2019 年第 3 期，第 55-58 页。

控等特殊条件下的教学要求。但是，课程网络直播也存在着网络卡顿、学生对课程内容不熟悉、言论错误、恶意评论等风险。因此，任课教师要明确直播的要求，内容要紧扣课程标准。学生在直播前，任课教师要和学生多次排练，进行磨课，确保直播能坚持正确的政治方向，突出课程教学内容，提升学生理论知识理解应用能力。比如，学生以小组或宿舍为单位，以习近平法治思想为主要内容开展学生直播课堂。直播课堂可以是讨论式的，也可以是对话式或讲解式的。在整个直播课堂中，应该有主讲或进行对话讨论的学生，有负责直播技术的学生，有组织集体备课、收集资料的学生，有参与评论、互动引导的学生。大家分工合作，积极参与其中，不断提高思政课的亲和力和鲜活度。

第三章
基于学生专业的实践教学方案例举

学科专业是学生理论学习和技能获得的重要载体。高校思想政治理论课则关乎学生的成长成才和国家的长治久安，是高校立德树人、培养一代又一代社会主义建设者和接班人的主渠道。不断提升思想政治理论课教育教学的效果、进一步提高实践教学的针对性和学生的获得感，是实现该类课程与学生专业相结合的重要途径和方法。一方面，思想政治理论课和学生的专业相结合，可以有效提高该类课程的针对性和说服力，提高学生的学习兴趣和获得感。另一方面，思想政治理论课和学生的专业相结合，有利于充分挖掘学生专业领域的思政资源，更好地实现思政课程与课程思政协同育人，并保证思政课程与课程思政同向同行，助力于“三全育人”体系模式的构建和完善。本章根据《教育部关于公布2022年度普通高等学校本科专业备案和审批结果的通知》（教高函〔2023〕3 号）中的《普通高等学校本科专业目录》，举例说明基于学生专业的实践教学方案。

一、哲学门类专业：以哲学专业为例

【实践主题】

跨越“卡夫丁峡谷”。

【对应章节】

《毛泽东思想和中国特色社会主义理论体系概论（2023年版）》第三章“社会主义改造理论。”

【项目选择】

经典著作研习。

【适用专业】

以哲学专业为主，其他文史类专业也可以进行。

【学情分析】

哲学专业学生的理论功底一般较好，政治水平和理论素养较强，因此更容易把握教学内容。同时，哲学专业许多课程的内容涉及马克思主义哲学。因此，研习马克思主义经典著作，也有利于哲学专业学生的专业发展和理论提升。

【实践形式】

课堂实践教学。

【教学目标】

通过本次经典著作研习活动，学生能够深入理解过渡时期总路线，加深对相关理论的认识、理解和应用，全面掌握社会主义改造道路和基本经验，充分认识到社会主义改造的重大历史意义。同时，对经济文化相对落后的国家建设社会主义的艰巨性和长期性有清醒的认识，帮助学生坚定“四个自信”。

【重点难点】

重点：充分认识到新民主主义社会是一个过渡性的社会，掌握过渡时期总路线的内容及社会主义改造道路和基本经验。

难点：深刻领会“卡夫丁峡谷”的含义，全面理解社会主义改造的基本经验和历史意义，进一步认识经济文化相对落后的国家建设社会主义的艰巨性和长期性。

【资料收集】

- 资料一 马克思：《给维·伊·查苏利奇的信》，载《马克思恩格斯全集》（第十九卷），人民出版社 1963 年版，第 268-269 页。
- 资料二 马克思：《给维·伊·查苏利奇的复信（三稿）》，载《马克思恩格斯全集》（第二十五卷），人民出版社 2001 年版，第 475-480 页。
- 资料三 马克思跨越“卡夫丁峡谷”设想的启示。

马克思晚年提出的俄国等东方落后国家跨越资本主义“卡夫丁峡谷”的设想，极富理论创新精神，鲜明地体现了马克思主义与时俱进的理论品格。

马克思晚年跨越“卡夫丁峡谷”设想是理论上深刻的反思和升华，是直接针对先前关于资本主义的普适性和东方国家不可逾越资本主义发展阶段的认识而提出来的。马克思一直认为无产阶级的社会主义革命只能首先在西方发达的资本主义国家中发生。但是后来形势的发展出乎马克思的论断，无论是资本主义经济危机或垄断的出现都没有达到激发革命的程度，西方资本主义社会通过社会机体的自我调节缓解了阶级矛盾。在这种情况下，欧洲的社会主义革命显然不可能发生。与此同时，东方特别是俄国的革命却在形成。1861 年的俄国农奴制改革不但没有使国内的阶级矛盾得到缓和，反而空前地尖锐起来。19 世纪 70 年代中期以后，俄国犹如一座活火山，随时都可能爆发革命。马克思在致《祖国纪事》杂志编辑部的信中提出跨越资本主义发展阶段的设想。这封信及以后致查苏利奇的信不是一般抽象的理论探讨，而是极有针对性地回答俄国革命胜利后面临的迫切课题，即走什么样的发展道路问题。按照历史的常规和马克思从前的论断，俄国和一切东方国家一样，只能走资本主义的世界历史之路。但是，这个逻辑和结论对俄国革命即将胜利的条件显得十分严酷，它和马克思一生的理想和理论极不协调，形成十分尖锐的矛盾。这使马克思感到，无论如何也不能使俄国重蹈西方资本主义的覆辙，必须重新审视和修正自己先前的认识和结论，给革命后的俄国找到一条直接通往共产主义的切近道路。在这种历史背景和现实需求下，马克思提出了跨越资本主义“卡夫丁峡谷”的设想，其中心内容是从俄国存在村社土地公有制的特殊国情出发，借助和西方资本主义生产“同时存在”的历史条件，使之“不通过资本主义制度的卡夫丁峡谷，而把资本主义制度的一切肯定的成就用到公社中来。”

跨越“卡夫丁峡谷”设想冲破了先前以西方发达资本主义国家为背景的单一的社会主义模式，探讨了东方落后国家跨越资本主义发展阶段，直接跃向社会主义的可能性问题，这是唯物史观视野的巨大拓展，是科学社会主义理论的新跃进。由于这个设想的提出，社会主义革命的内在根据即生产社会化和生产力高度发展的真实含义得到了新的诠释：东方落后国家可以不等待生产力的自然发展而借助外在的资本主义的肯定成果，首先通过人民革命，夺取政权，然后在社会主义制度下发展生产力，自己为自己创造社会主义的物质前提，这实际上就是后来中国革命所走过的道路。由于我国是在生产力相对落后的条件下实现社会主义的，还要吸取资本主义肯定成就，这种社会主义还不合格，必须实行开放政策，只能是一种初级阶段的社会主义。可以看出，在许多主要之点上，邓小平理论与马克思晚年跨越“卡夫丁峡谷”的设想一脉相承，是指导我们建设中国特色社会主义的有力思想武器。

（张奎良：《马克思跨越“卡夫丁峡谷”设想的启示》，载《光明日报》2002 年 2 月 26 日。）

【实践过程】

1．任课教师讲解课程主要内容和经典著作写作背景

任课教师对社会主义改造理论进行初步讲解，并让学生们提出问题，带着问题去研习马克思关于跨越“卡夫丁峡谷”理论的相关经典著作。同时，任课教师对相应的经典著作的背景进行介绍。

2．学生研读相关经典著作，并阅读相关学术研究成果

每个学生利用课余时间研读《〈黑格尔法哲学批判〉导言》《给〈祖国纪事〉杂志编辑部的信》《给维·伊·查苏利奇的信》《给维·伊·查苏利奇的复信》等，并自行收集相关学术研究成果进行学习研究，撰写学习感悟或发言提纲。任课教师也可以提前收集一些学术研究成果，提供给学生研习。

3．学生分小组开展研讨交流

一到两周后，各班分成若干个小组，开展小组研讨交流。以常规的学习小组、研讨小组或以宿舍为单位进行分组，也可以随机分组，每组 6~10 人为宜。各小组充分研讨后，提交发言提纲或课件，任课教师对内容进行审查。

4．班级课堂研讨分享

小组研讨后，形成小组发言提纲或课件，小组代表进行发言，开展研讨分享，每个小组的发言时间为 5~10 分钟。其他学生可以通过讨论、提问等方式进行互动。教师及时点评并记录。学生分享完毕后，任课教师结合学生讲述的内容进行辅导答疑，进一步解读经典原著，并对课程重难点内容进行

强化讲授和复习巩固。

5. 拓展延伸

任课教师可以通过布置思考题，引导学生深入思考和讨论经典研习中的一些重难点问题，使学生更加充分地理解教学内容。

另外，如果课堂时间、空间有限的话，任课教师也可以让学生将研讨主题发布在班级网络平台上，依托网络空间开展进一步深入探讨交流。此外，教师也可以制作活动图文宣传栏目，吸引更多的学生参与到经典研习中来。

【成果形式】

发言稿、图片、视频、课件、讲稿等。

【成绩评定】

根据各个小组的展示，结合师生的评价，对每个小组的成绩进行评定。

分值分配：满分 100 分，其中组内自评 10%，组间互评 10%，教师评价 80%。

评分标准：主旨观点 30 分，考察要点为契合主题、观点明确、层次分明、有总结归纳和独到见解等。语言表达 40 分，考察要点为语言清晰、表达流畅、详略得当、脱稿自然、用普通话等。其他表现 30 分，考察要点为仪容整洁、团队配合、互动良好、感染力强、时间把控精准等。师生根据评分标准，结合实际酌情给分。

任课教师可以通过网络评分或投票的途径收集师生评分，最终按比例得出实践成绩，每个学生的得分以小组得分为准。对于表现特别优秀的学生，任课教师可以酌情单独加分。

【教学评价】

通过对课程内容相关的马克思主义经典著作进行阅读、学习、研究，并结合现实进行分析、讨论和延伸，大学生加深了对相关理论和方法的认识、理解和应用。学生们更加清晰地认识到社会主义改造的重大意义，掌握了社会主义改造的基本经验，并对落后国家建设社会主义有了更加清晰的认识。马克思这一设想也启示我们，我国跨越资本主义发展阶段走上社会主义道路，既有其历史必然性，又有艰巨性和长期性。

二、经济学门类专业：以国民经济管理专业为例

【实践主题】

社会主义市场经济的生机与活力。

【对应章节】

《毛泽东思想和中国特色社会主义理论体系概论（2023 年版）》第六章“邓小平理论”；《习近平新时代中国特色社会主义思想概论（教学课件）》第五讲“以新发展观念引领高质量发展”。

【项目选择】

地区经济发展状况社会实践调研活动。

【适用专业】

以国民经济管理专业为主，其他各专业也可以在小范围内进行。

【学情分析】

国民经济管理专业学生自觉性较强，理论功底普遍较好。该专业通常文理兼收，学生的政治理论基础存在一定的差异。学生对教学内容有一定的见解，在经济、财会、管理等方面有一定的知识储备和优势，具备创造性思维和多学科融合知识的能力。此外，国民经济管理专业的学生在人际交往和团队合作方面也有很大的发展潜力。

【实践形式】

社会实践教学

【教学目标】

本次的社会调研实践活动，能够使学生更加深刻地认识到建立和完善社会主义市场经济体制是中国进一步深化经济体制改革的一项重要内容；使学生认识到社会主义市场经济体制是同社会主义基本制度结合在一起的，体现社会主义的根本性质，发展社会主义市场经济，要使市场在资源配置中起决定性作用；使学生认识到在宏观调控上，我国能够把人民的当前利益与长远利益，局部利益与整体利益结合起来，更好地推动供给侧结构性改革，构建现代化经济体系。

【重点难点】

重点：理解并掌握社会主义基本经济制度的深刻内涵，进一步认识到市场在资源配置中的决定性作用，全面掌握供给侧结构性改革的内容和举措。

难点：全面掌握社会主义市场经济的特征及我国宏观调控的重要作用，进一步理解和认同我国的基本分配制度，积极投身建设现代化经济体系。

【资料收集】

➢ 资料一 社会主义市场经济理论是重大创新。

社会主义与市场经济的有机结合，是中国特色社会主义的重大理论和实践创新。社会主义市场经济理论相比于资本主义市场经济理论，不仅在理论上更站得住，而且在实践中行得更好，具有强大的生机与活力。

社会主义市场经济理论是中国独创。它既继承和发扬马克思主义经济学的精髓和思想方法，又结合我国实际和时代特征进行了一系列理论创新；既借鉴西方主流经济学指导资本主义市场经济运行中的合理方法和手段，又坚持以公有制为主体、多种所有制经济共同发展的基本经济制度，牢牢守住社会主义的本质。

社会主义市场经济理论有助于克服“政府失灵”与“市场失灵”。我国的社会主义市场经济是从计划经济渐进式转变形成的，因而受计划经济影响较深。长期的计划经济对市场束缚太多，如果政府职能不转变，社会主义市场经济发展就放不开手脚，就会出现“政府失灵”。因此，政府职能转变成为社会主义市场经济理论发展的一个重要课题。同时，如果放任市场经济自发运行会出现“市场失灵”，因而社会主义市场经济理论强调加强国家宏观调控，加强政府对发展战略、规划、政策、标准等的制定和实施职能，以克服“市场失灵”。

社会主义市场经济理论促进产权制度改革创新。随着实践不断推进、认识不断深化，社会主义市场经济理论也在不断发展，但其解放生产力与促进共同富裕的目标没有变，基本经济制度中公有制的主体地位和国有经济的主导作用没有变，同时在产权制度改革上又有了新突破。

社会主义市场经济理论促进分配制度和社会保障制度改革创新。我们党始终强调实现共同富裕，这就必须建立以按劳分配为主、多种分配方式并存的分配制度，做到效率与公平并重，再分配更加注重公平，消除两极分化。在社会主义市场经济理论指引下，我国把收入分配制度改革放在十分重要的位置，较好地实现了城乡社会保障制度全覆盖，大力推进基本公共服务均等化，通过二次分配弥补一次分配的不公平。

总之，社会主义市场经济理论是具有中国特色、为中国改革开放和构建社会主义市场经济体制导向护航的创新理论。它鲜明彰显了改革创新的时代精神，在改革开放和社会主义市场经济体制发展的不同阶段，针对当时的具体问题不断创新，指引中国经济渡过了一个又一个难关。历史和现实已经证明，社会主义市场经济理论是指引当代中国不断解放和发展生产力的科学理论，是引领社会主义市场经济持续健康发展的指南。

（邓玲：《社会主义市场经济理论是重大创新》，载《人民日报》2015年3月20日，第7版。）

➢ 资料二 邓小平与社会主义市场经济。

我国社会主义市场经济从无到有、不断发展完善，改变了我国贫穷落后的面貌，增强了我国经济实力和综合国力，使我们迎来实现中华民族伟大复兴的光明前景。在社会主义条件下发展市场经济是中国共产党的伟大创造。在这个历史进程中，邓小平同志发挥了至关重要的作用。

一、邓小平经济思想的发端

早在革命战争年代，邓小平发展经济的思想就在实践中取得过突出成果。1943年7月，正值抗日战争最艰难的时期，邓小平同志在《太行区的经济建设》一文中指出："对敌占区贸易不能采取政府统制一切的办法，而是管理的办法。对内尤不能垄断，而应采取贸易自由的办法。对于商人的投机行为，则利用公营商店及合作社的力量，加以压抑"。

中华人民共和国成立后，社会主义建设在探索中取得了一定成就，但由于国内外形势和主客观因素的影响，市场经济的因素被当作资本主义的固有成分严厉禁绝。在这种背景下，1962年7月，邓小平同志在接见出席中国共青团三届七中全会全体同志时指出："在生产关系上不能完全采取一种固定不变的形式，看用哪种形式能够调动群众的积极性就采用哪种形式"。

1973年，邓小平同志复出整顿经济，采取了包括下放经济管理权限、发展地方和社队企业、打破平均主义实行按劳分配等一系列措施，使经济有所好转。虽然这些措施后来被迫中断，但其成效使邓小平同志对中国经济发展方向的认识和把握更加明确和坚定。

二、邓小平与社会主义市场经济的探索

“文化大革命”结束后，邓小平同志支持和领导真理标准问题大讨论，为开拓中国特色社会主义道路奠定了思想基础，也为社会主义市场经济的探索作了思想准备。

1978 年底，党的十一届三中全会召开。经济体制改革由此成为党和国家的中心议题，我国改革开放的伟大进程由此开启。

1979 年 11 月，邓小平同志在会见外宾时谈道：“我们有些经济制度，特别是企业的管理、企业的组织这些方面，受苏联影响比较大。这些方面资本主义国家先进的经营方法、管理方法、发展科学的方法，我们社会主义应该继承。”邓小平同志在理论和实践上的高瞻远瞩，为推动国家经济复苏和改革开放创造了有利条件。以农村改革为例。1980 年 5 月，邓小平同志肯定了小岗经验，并明确提出“使农村的商品经济大大发展起来”。随后，中央出台文件，认可了包产到户。1982 年到 1985 年，中央连续出台 4 个一号文件，最终确立家庭承包经营为基础、统分结合的双层经营体制，极大地解放了农村生产力。

1985 年 10 月，邓小平同志在回答外国媒体提问时进一步指出：“社会主义和市场经济之间不存在根本矛盾。”此后几年，企业管理体制、贸易体制、金融体制、粮食购销体制、对外开放体制等都进行了全方位改革。

1987 年党的十三大报告提出，必须以公有制为主体，大力发展有计划的商品经济。商品经济的充分发展是社会经济发展不可逾越的阶段，是实现生产社会化、现代化的必不可少的基本条件。

三、邓小平与社会主义市场经济体制的建立

20 世纪 80 年代末 90 年代初，面对错综复杂的国际国内环境和改革开放的严峻形势，邓小平同志发表著名的南方谈话。在谈话中，邓小平同志以伟大政治家的高瞻远瞩和非凡胆略，坚定地肯定了十一届三中全会制定的基本路线，有力地回击了对改革开放和发展社会主义市场经济的质疑。他说：“计划多一点还是市场多一点，不是社会主义与资本主义的本质区别。计划经济不等于社会主义，资本主义也有计划；市场经济不等于资本主义，社会主义也有市场。计划和市场都是经济手段。社会主义的本质，是解放生产力，发展生产力，消灭剥削，消除两极分化，最终达到共同富裕。”

1992 年 10 月，党的十四大明确提出我国经济体制改革的目标是建立社会主义市场经济体制。之后，党的十四届三中全会通过了《中共中央关于建立社会主义市场经济体制若干问题的决定》，进一步明确了社会主义市场经济体制改革的主要内容。

（高尚全、陆琪：《邓小平与社会主义市场经济》，载《人民日报》2014 年 11 月 30 日，第 5 版。）

➢ 资料三 中国共产党领导经济建设的成就举世瞩目。

我们党领导人民创造了世所罕见的经济快速发展奇迹和社会长期稳定奇迹，经济建设成就举世瞩目。

经济总量大幅跃升，经济实力显著增强。从中华人民共和国成立前的积贫积弱到中华人民共和国成立后特别是改革开放以来经济快速发展，我国经济总量相继超越意大利、法国、英国、德国、日本，2010 年起稳居世界第二，实现了从低收入国家向中高收入国家的历史性跨越。

经济结构不断优化，科技创新成果丰硕。农业方面，现在人均粮食占有量已达 474 公斤，主要农产品产量稳居世界前列。工业方面，中华人民共和国成立前连火柴、肥皂、煤油、水泥、铁钉都需要进口，今天我国 220 多种工业品产量位居世界第一，新一代信息技术、高端装备制造、新材料等战略性新兴产业蓬勃发展。目前，我国研发经费投入位居世界第二，研发人员总量、发明专利申请量位居世界第一，“嫦娥”飞天、“蛟龙”入海、“天眼”观星、“北斗”组网，不少领域实现与世界先进水平并跑或领跑。在科技进步支撑下，产业发展水平不断提升、结构持续优化。

城乡区域协调发展，重大战略深入实施。农村面貌发生了翻天覆地的变化，以城带乡、城乡融合发展取得长足进展。区域发展成就辉煌，从推进“三线建设”、鼓励沿海地区率先发展到统筹推进西部开发、东北振兴、中部崛起、东部率先，再到深入实施京津冀协同发展、长江经济带发展、粤港澳大湾区建设、长三角一体化发展、黄河流域生态保护和高质量发展等区域重大战略，区域发展协调性不断增强，新的增长极增长带加快形成。

绿色发展加快推进，生态环境明显改善。深入实施节约资源和保护环境基本国策，绿水青山就是金山银山理念深入人心，生态文明制度体系加快形成，生态文明建设持续加力。山水林田湖草沙一体化保护和系统治理统筹推进，森林覆盖率从中华人民共和国成立之初的8.6%提高到2020年的23.04%，生态环境质量总体改善。节能减排强力推进，能耗强度和碳排放强度持续下降，煤炭占能源消费比重由1953年的94.4%降至2020年的56.8%，天然气、水电、核电、风电等清洁能源占比达24.3%。积极参与和引导应对气候变化国际合作，向世界作出“力争2030年前实现碳达峰、2060年前实现碳中和”的庄严承诺，彰显负责任大国的使命担当。

对外开放持续扩大，深度融入世界经济。从兴办经济特区、沿海沿边沿江沿线和内陆中心城市对外开放，到加入世界贸易组织、共建“一带一路”、设立自由贸易试验区和自由贸易港，从“引进来”到“走出去”，从商品和要素流动型开放到规则等制度型开放，我国全方位、多层次、宽领域的全面开放格局加快形成。

民生福祉不断增进，国泰民安人心凝聚。人民生活实现了从解决温饱到总体小康再到全面小康的巨大跨越，人民群众的获得感幸福感安全感不断增强。7.7亿农村贫困人口摆脱贫困，困扰中华民族几千年的绝对贫困问题得到历史性解决。居民人均可支配收入从1949年的49.7元增长到2020年的3.2万元，目前中等收入群体超过4亿人。教育事业全面发展，中华人民共和国成立之初80%的人口是文盲，2020年九年义务教育巩固率达95.2%，高等教育毛入学率超过50%，劳动年龄人口平均受教育年限达10.75年。建成世界最大社会保障体系，公共卫生和医疗保障能力水平大幅提高。

（国家发展和改革委员会政策研究室：《为建成社会主义现代化强国不懈奋斗——中国共产党领导经济建设的成就举世瞩目》，载《人民日报》2021年7月22日，第10版。）

【实践过程】

1．任课教师发布实践任务

任课教师提前设计社会实践调研题目，并提出相关要求，明确实践调研的主题是“社会主义市场经济的生机与活力”。

参考题目包括：某地宏观调控政策的效果调查研究、某地国有企业发展现状调查、某市私营经济发展的问题与对策调研研究、电商在某行业的运用调查研究等等。

实践活动以小组任务为主，每小组 5 人左右，可以选择不同的行业开展实践调研，也可以围绕我国宏观调控政策对经济恢复的影响这一题目进行调研。

实践调研的时间视教学计划确定，如果是两个学期开课，可以在寒暑假开展活动；如果是一个学期开课，可以利用周末或小长假开展活动。

活动结束后，每小组需要提交不少于 3 000 字的调研报告和部分图片资料。

2．学生分组收集相关资料，开展相关调研

学生以小组为单位开展活动。如果是寒暑假开展活动，小组成员的家乡最好为同一个市县；如果是周末或小长假开展活动，小组成员最好是同一宿舍或同一学习小组。每个小组分工合作，完成资料收集、走访调研、汇总分析、撰写报告等任务。

3．实践成果提交和展示

调研结束后，各小组提交调研报告和相关图片资料，任课教师对内容进行审查和评价，并给出成绩。教师随机选择若干组或全部小组进行课堂展示。学生可以通过讨论、提问等方式进行互动。调研报告有以下几点要求。

（1）调研报告选题要求：学生要根据课程所学理论，结合当前社会问题，进行社会调研。学生可根据教师的建议确定实践调研选题，也可自拟社会实践调研题目，一个班级内各小组的选题原则上不能重复。调研报告题目应该用简短、明确的文字写成，通过标题把实践活动的内容、特点概括出来。

（2）调研报告内容要求：主题突出、贴近实际、贴近生活、语言流畅、结构清晰、层次分明、论证充分。

（3）调研报告的字数要求：不少于 4 000 字。

（4）调研报告结构要求：一份调研报告有封面和正文。封面上有题目和小组成员信息，正文包括题目、内容、参考文献等。

（5）调研报告格式要求：封面严格按照教师提供的模板制作。正文字体为宋体小四号，行距为 1.5 倍，页边距均为 2.5 厘米，统一用 A4 纸打印，左侧装订。

4．教师点评

优秀的调研作品，可以在课堂上进行展示、分享和交流，教师及时点评并记录，通过学生的分享，导入课程，结合学生调研的内容进行辅导答疑。学生在教师的引导下能充分理解社会主义市场经济体制建立的重要意义，以及党领导人民在经济体制改革和经济建设方面取得的成就经验。

5. 拓展延伸

任课教师通过布置思考题，引导学生深入思考和讨论实践教学的重难点问题，促使学生更加充分地理解教材内容。

此外，任课教师也可以把优秀的调研报告上传至课程网站供学生参考学习。对于特别出色的调研报告，任课教师可以指导学生进行细致修改和进一步调研分析，推荐学生参加“挑战杯”等竞赛活动或各级各类课题研究。

【成果形式】

调研报告、图片等。

【成绩评定】

任课教师要对学生提交的调研报告进行认真评阅，评阅要有批语、日期、成绩等内容。教师在评定成绩时，可先按百分制打分，最后按比例折合，计入总分。具体评分标准是：观点正确，内容充实，层次清晰，有一定的创新性或推广应用价值，可在 81~100 分的范围内给分；观点正确，内容较充实，层次较清晰，可在 60~80 分的范围内给分；观点不正确，内容较简单，层次不明晰，可在 60 分以下给分；不提交调研报告或论文者，实践教学环节成绩按零分计。

【教学评价】

通过深入社会开展社会主义市场经济调研活动，学生们能够更加直观地了解到各地各行业经济发展的现状、成就和经验，进一步深化对社会主义市场经济体制、新发展理念、供给侧结构性改革、现代化经济体系等问题的理解和掌握。通过调研，学生增长了见识，提高了自己认识社会、服务社会的能力，也提升了自己的使命感和责任感，并积极投身全面建设社会主义现代化国家新征程。

三、法学门类专业：以法学专业为例

【实践主题】

弘扬宪法知识，树立宪法权威。

【对应章节】

《习近平新时代中国特色社会主义思想概论（教学课件）》第八讲“全面依法治国”。

【项目选择】

“12·4”国家宪法日宣传活动。

【适用专业】

法学专业以及其他开有法律类课程的专业。

【学情分析】

法学专业的学生，一般学习都比较认真，规则意识较强，纪律作风良好，具有强烈的国家意识，有坚定的意志和拼搏的精神。该专业大部分学生对于相关理论知识比较熟悉，有自主学习的习惯，为人热情，愿意积极参加社会服务和实践活动，班级氛围较好。

【实践形式】

社会实践教学。

【教学目标】

通过实践教学，大学生能够进一步贯彻落实全面依法治国的基本要求，认真学习掌握习近平法治思想，充分认识到依法治国首先是依宪治国，坚持走中国特色社会主义法治道路，积极投身于依法治国实践。

【重点难点】

重点：深入贯彻落实习近平法治思想，坚持走中国特色社会主义法治道路，理解并掌握全面依法治国的总目标及基本要求。

难点：全面掌握习近平法治思想的科学内涵，坚定不移走中国特色社会主义法治道路。

【资料收集】

➢ 资料一 习近平法治思想是全面依法治国的根本遵循和行动指南。

习近平总书记在中央全面依法治国工作会议上的讲话，从统筹中华民族伟大复兴战略全局和世界百年未有之大变局、实现党和国家长治久安的战略高度，深入回答了我国社会主义法治建设一系列重大理论和实践问题，明确提出了当前和今后一个时期推进全面依法治国的总体要求，系统阐述了新时代推进全面依法治国的重要思想和战略部署。“十一个坚持”高屋建瓴、视野宏阔、内涵丰富、思想深刻，是指导新时代全面依法治国的纲领性文件。

一、习近平法治思想的重大意义

习近平法治思想是习近平新时代中国特色社会主义思想的重要组成部分，是全面依法治国的根本遵循和行动指南，深刻回答了为什么要全面依法治国、怎样全面依法治国这个重大时代课题。

全面依法治国是中国特色社会主义的本质要求和重要保障。习近平法治思想的提出，为深入推进全面依法治国、加快建设社会主义法治国家，运用制度威力应对风险挑战，全面建设社会主义现代化国家、实现中华民族伟大复兴的中国梦，提供了科学的法治理论指导和制度保障。

习近平法治思想是在推进伟大斗争、伟大工程、伟大事业、伟大梦想的实践之中完善形成的，也还会随着实践的发展而进一步丰富。这一思想最为集中地体现在党的十八大报告、十八届四中全会文件、党的十九大报告、十九届二中全会文件、中央全面依法治国委员会第一次会议上的讲话和这次中央全面依法治国工作会议上的讲话中。

习近平法治思想凝聚着中国共产党人在法治建设长期探索中形成的经验积累和智慧结晶，标志着我们党对共产党执政规律、社会主义建设规律、人类社会发展规律的认识达到了新高度，开辟了21世纪马克思主义法治理论和实践的新境界。

二、习近平法治思想的深刻内涵

习近平法治思想体系完整、理论厚重、博大精深。习近平总书记用“十一个坚持”对全面依法治国进行阐释、部署，都是涉及理论和实践的方向性、根本性、全局性的重大问题。以下五点尤需深刻把握。

一是坚定做到“两个不动摇”，就是坚持宪法确定的中国共产党领导地位不动摇，坚持宪法确定的人民民主专政的国体和人民代表大会制度的政体不动摇，这是中国特色社会主义民主政治制度和发展道路的根本原则。

二是要坚定不移走中国特色社会主义法治道路，这是全面依法治国必须始终坚持的正确方向。习近平法治思想，本质上是坚持和发展中国特色社会主义在法治领域的理论体现，是习近平新时代中国特色社会主义思想的重要组成部分。

三是要深刻理解构建完善的中国特色社会主义法治体系，这是推进全面依法治国的基础保障。这个体系包括完备的法律规范体系、高效的法治实施体系、严密的法治监督体系、有力的法治保障体系，以及完善的党内法规体系，这五大体系相辅相成、相得益彰，构成全面依法治国的基础性制度保障。

四是要协调推进国内治理和国际治理，更好维护国家主权、安全、发展利益。法治是国家竞争力的重要内容。

五是要抓住领导干部这个“关键少数”。领导干部具体行使党的执政权和国家立法权、行政权、监察权、司法权，是全面依法治国的关键。领导干部法治意识、法治能力强，全面依法治国就能顺利推进。

（栗战书:《习近平法治思想是全面依法治国的根本遵循和行动指南》，载《求是》2021年第2期。）

➢ 资料二 习近平总书记谈坚持中国特色社会主义法治道路。

2021年第5期《求是》杂志发表习近平总书记重要文章《坚定不移走中国特色社会主义法治道路，为全面建设社会主义现代化国家提供有力法治保障》，文章指出，我们要坚持的中国特色社会主义法治道路，本质上是中国特色社会主义道路在法治领域的具体体现；实践证明，我国政治制度和法治体系是适合我国国情和实际的制度，具有显著优越性。

（《习近平总书记谈坚持中国特色社会主义法治道路》，载求是网2021年3月2日，http://www. qstheory. cn/laigao/ycjx/2021-03/02/c_1127158692. htm。）

➢ 资料三 中国首迎“国家宪法日”。

2014年12月4日，在我国迎来首个国家宪法日之际，如何认识宪法的意义、提升宪法意识、普及宪法知识等话题都备受关注。

一、为什么要强调“宪法”？

宪法是国家的根本法，是治国安邦的总章程。新中国成立以来，除短暂使用过具有临时宪法作用的《中国人民政治协商会议共同纲领》外，我国总共制定过 4 部宪法。1954 年，第一届全国人民代表大会第一次会议通过了中华人民共和国第一部宪法，被称为“五四宪法”。它的诞生为新中国的建设奠定了法制基础。而现行的第四部宪法则于 1982 年 12 月 4 日由五届全国人大五次会议通过。

2012 年 12 月 4 日，习近平主席在首都各界纪念现行宪法公布施行 30 周年大会上强调，全面贯彻实施宪法，是建设社会主义法治国家的首要任务和基础性工作。“依法治国，首先是依宪治国；依法执政，关键是依宪执政”。

2014 年 9 月 9 日，在庆祝全国人民代表大会成立 60 周年大会上，习近平主席再次提到“坚持依法治国首先要坚持依宪治国，坚持依法执政首先要坚持依宪执政。”

二、为何要设立国家宪法日？

针对国家宪法日设立的原因及意义，全国人大常委会“关于设立国家宪法日的决定”用“增强全社会的宪法意识，弘扬宪法精神，加强宪法实施，全面推进依法治国”的表述作了回答。

而中国人民大学法学院院长、中国宪法学研究会会长韩大元也表示，从建设社会主义法治国家的基本目标出发，为了加强宪法宣传、强化宪法观念的普及、突出公民意识和宪法意识的培养，非常有必要设立国家宪法日。

（柴逸扉：《中国首迎“国家宪法日”》，载《人民日报·海外版》2014 年 12 月 4 日，第 4 版。）

【实践过程】

1．师生研讨活动方案

任课教师与班委研讨活动方案，并广泛征集学生意见，丰富活动宣传教育形式。

2．师生课下进行实践活动准备

任课教师或教研室可以协调联络人民法院、司法局等单位部门，为国家宪法日宣传活动提供帮助或支持。任课教师向学校争取实践活动的经费支持，可以联合学校法律协会等社团组织配合开展活动。

班委组织同学们积极参与，做好任务分工，确保活动筹备有力，每个项目、每个工作都有人负责。

3．举行国家宪法日系统宣传教育实践活动

（1）宪法晨读活动。上午出发前，任课教师组织学生一起诵读宪法，通过这种方式，弘扬宪法精神，维护宪法权威。

（2）宣传教育活动。在每个广场和群众聚集地设置宣传台，发放传单，宣讲宪法知识，提供法律咨询。

（3）张贴宣传图文。到社区张贴部分宣传标语和宣传图文。

（4）参观走访活动。到法院、检察院、司法局等单位进行学习走访，了解司法流程和相关制度。

（5）开展调研活动。了解群众的宪法知识和法治意识，并对日常生活中共性的有关法治的疑问进行宣传讲解。

以上活动可以根据实际情况酌情开展，主要以宣传教育活动为主。

4．小组互动交流

安全返回学校后，任课教师组织学生分组讨论，讨论内容包括实践活动中的感悟和问题，以及学习习近平法治思想的心得体会。

5. 教师总结发言

根据讨论情况，教师简单点评，并进行总结。

6. 拓展实践任务

学生可以开展模拟法庭活动，也可以组成宣讲队，到部分社区、乡村开展宪法知识宣讲。活动结束后，学生以小组或个人为单位，撰写活动感悟、制作活动图集、编发新闻稿件等，并进行展示或讨论。

【成果形式】

图片资料、感想、活动总结、调研报告等。

【成绩评定】

凡积极参与的均认定为优秀，其他学生任课教师可以酌情评定成绩。

【教学评价】

通过本次实践活动，大学生们积极主动为群众普及宪法知识，弘扬了宪法精神，以自己的实际行动维护了宪法权威，收到了良好的效果。学生对习近平法治思想、中国特色社会主义法治道路有了更加清晰的认识，提高了自己的法治意识。提升了自己学习的动力，进一步激发了积极投身建设社会主义法治国家的热情。

四、教育学门类专业：以体育教育专业为例

【实践主题】

毛泽东的体育强国梦。

【对应章节】

《毛泽东思想和中国特色社会主义理论体系概论（2023 年版）》第一章“毛泽东思想及其历史地位”。

【项目选择】

经典著作研习：《体育之研究》。

【适用专业】

体育教育专业，也可以在体育氛围比较浓厚的专业开展。

【学情分析】

体育教育专业的学生性格开朗，思维活跃。该类专业往往是文理兼收，学生来源比较广泛。总体上来看，体育教育专业学生善于交流，具有较强的团队意识，适应性强，喜欢表现自我和展示自我。结合体育相关内容开展实践教学，有利于调动该专业学生学习思想政治理论课的积极性。

【实践形式】

课堂实践教学

【教学目标】

通过实践教学，大学生能够认识到毛泽东不仅是伟大的马克思主义者，杰出的无产阶级革命家、政治家、思想家、军事家，也是体育运动的积极倡导者和实践者。毛泽东同志为中华全国体育总会成立题词“发展体育运动，增强人民体质”，明确了新中国体育事业发展的指导思想和根本任务，充分体现了人民性这一马克思主义最鲜明的品格，也体现了为中国人民谋幸福这一中国共产党人的初心。

【重点难点】

重点：充分认识到毛泽东思想对于中国革命、建设、改革所具有的重大意义，认识到毛泽东体育思想是毛泽东思想的重要组成部分，并以此为切入点，学习毛泽东思想的主要内容和历史地位。

难点：深刻领会毛泽东体育思想的丰富内涵。

【资料收集】

➢ 资料一 毛泽东在《新青年》上发表《体育之研究》。

1917 年毛泽东在《新青年》上发表《体育之研究》一文，署名“二十八画生”（毛泽东三个字繁体的笔画共二十八画）。节选内容如下：

国力苶弱，武风不振，民族之体质日趋轻细，此甚可忧之现象也。提倡之者不得其本，久而无效，长是不改，弱且加甚。

夫命中致远，外部之事，结果之事也；体力充实，内部之事，原因之事也。体不坚实，则见兵而畏之，何有于命中，何有于致远？坚实在于锻炼，锻炼在于自觉。

第一、释体育

体育者，养生之道也。东西之所明者不一：庄子效法于庖丁，仲尼取资于射御；现今文明诸国，德为最盛，其斗剑之风播于全国；日本则有武士道，近且因吾国之绪余，造成柔术，骁骁乎可观已。

第二、体育在吾人之位置

体育一道、配德育与智育，而德智皆寄于体，无体是无德智也。

顾知之者或寡矣，或以为重在智识，或曰道德也。夫知识则诚可贵矣，人之所以异于动物者此耳。顾徒知识之何载乎？道德亦诚可贵矣，所以立群道平人己者此耳。顾徒道德之何寓乎？体者，为知识之载而为道德之寓者也，其载知识也如车，其寓道德也如舍。体者，载知识之车而寓道德之舍也。

第三、前此体育之弊及吾人自处之道

三育并重，然昔之为学者详德智而略于体。及其弊也，偻身俯首，纤纤素手，登山则气迫，步〈涉〉水则足痉。

故有颜子而短命，有贾生而早夭，王勃、卢照邻，或幼伤，或坐废。此皆有甚高之德与智也，一旦身不存，德智则从之而隳矣。惟北方之强，任金革死而不厌；燕赵多悲歌慷慨之士；烈士武臣，多出凉州。

清之初世，颜习斋、李刚主文而兼武。习斋远跋千里之外，学击剑之术于塞北，与勇士角而胜焉。故其言曰："文武缺一岂道乎？"顾炎武，南人也，好居于北，不喜乘船而喜乘马。此数古人者，皆可师者也。

第四、体育之效

总之，勤体育则强筋骨，强筋骨则体质可变，弱可转强，身心可以并完。此盖非天命而全乎人力也。

第五、不好运动之原因

运动为体育之最要者。今之学者多不好运动，其原因盖有四焉：

一则无自觉心也。

一则积习难返也。

一则提倡不力也。

一则学者以运动为可羞也。以愚所考察，此实为不运动之大原因矣。

四者皆不好运动之原因。第一与第四属于主观，改之在己；第二与第三属于客观，改之在人。君子求己，在人者听之可矣。

第六、运动之方法贵少

其宜多者不必善，务广而荒，又何贵乎？少者不必不善，虽一手一足之屈伸，苟以为常，亦有益焉。明乎此，而后体育始有进步可言矣。

第七、运动应注意之项

运动所宜注意者三：有恒，一也；注全力，二也；蛮拙，三也。他所当注意者尚多，举其要者如此。

第八、运动一得之商榷

愚既粗涉各种运动，以其皆系外铄而无当于一己之心得，乃提挈各种运动之长，自成一种运动，得此运动之益颇为不少。

凡分六段：手部也，足部也，躯干部也，头部也，打击运动也，调和运动也。段之中有节，凡二十有七节。以其为六段，因名之曰“六段运动”。兹述于后，世之君子，幸教正焉。

（毛泽东：《体育之研究》，载《新青年》1917 年 4 月 1 日第 3 卷第 2 号。选用时有删节。）

➢ 资料二 毛泽东的体育强国梦。

一、关注群众性体育运动

毛泽东在青年时代就认识到，不能仅限于个人的锻炼，他推崇的是经世致用学派代表人物颜习斋的“一身动则一身强”“一国动则一国强”的观点，他看到的是国人参与体育锻炼的重要性，于是，他拿起体育的理论武器，向国人吹起运动的号角。

毛泽东在战争年代提出加强训练，锻炼好身体才能打敌人。在中央苏区时，毛泽东曾提倡红军部队以大队为单位，充实士兵的娱乐工作，搞捉迷藏、踢足球、武术等，以简单而实效的娱乐、体育活动来提高战斗力。

中华人民共和国成立后，毛泽东十分关心国民的身体素质。在谈话中，他曾多次指出，中华民族必须尽快甩掉“东亚病夫”的帽子，树立体育为人民的思想。中华人民共和国成立之初，满目疮痍的神州大地正处于百废待兴、百业待举之际。毛泽东等中央领导人把新中国体育事业发展提上了议事日程，筹备成立中华体育总会。1952 年 6 月 10 日，中华体育总会正式成立。毛泽东亲笔题词：“发展体育运动，增强人民体质。”仅仅 12 个字，就明确了体育的基本功能和任务。

1953 年，毛泽东在中共中央研讨体育工作时指示：“体育是关系六亿人民健康的大事。”1954 年，毛泽东又提出了“开展群众性体育运动，使体育运动普及和经常化”的具体工作方针。1959 年 9 月 13 日，毛泽东与刘少奇、周恩来、朱德在贺龙等人的陪同下，出席中华人民共和国第一届运动会的开幕式。看到威武雄壮的场面，毛泽东兴奋地说：“外国人再也不会讲我们是‘东亚病夫’了！”他起身鼓掌，说：“看么，中国人民真正站起来了！”晚上在中南海散步时，他又对李银桥说：“这几天的事情不少，全国的体育运动会召开了，我们要大力发展体育事业，增强人民体质，再也不能让外国人讲我们是‘东亚病夫’了！”毛泽东对我国体育事业的关心，溢于言表。1960 年 3 月 13 日，毛泽东在中央会议上提出：“体育是关系到六亿人民的大事”，“凡是能做到的都要提倡，做体操，打球类，跑跑步，爬山，游泳，打太极拳及各种各样的体育运动”。他还提出，“全国的江河这么多，能不能利用起来游泳呢？全国六亿人口，能不能有三亿人口都来游泳？”

二、情系青少年的身体状况

青年一代是祖国的希望与未来。毛泽东一贯重视青年的体育锻炼，关心青年的健康成长。对重智轻体的旧教育制度，毛泽东深恶痛绝，倡导德智体三育并重，精辟透彻地剖析了三育的辩证关系。毛泽东指出：“体育一道，配德育与智育。而德智皆寄于体，无体是无德智也。”早在湖南一师时期，毛泽东曾担任学生自治机构学友会负责人。他与周世钊等其他骨干一道，以体育锻炼为中心，掀起了全校课外活动热潮。足球队、篮球队、游泳队、剑术队，到处是学生锻炼的身影。战争年代，面对艰苦的环境，戎马倥偬中的毛泽东还是抽出时间关心学生们的身体健康问题。在延安时期，毛泽东就给当时所在地的延安保育院小学题词“又学习，又玩耍”，表达了对儿童少年健康成长的一片爱心。

毛泽东很早就提出，“体育于吾人实占第一位置”，首次提出体育第一观。中华人民共和国成立以后，毛泽东反复强调，要将青年的健康与身体置于教育的首位。1950 年，毛泽东给教育部长马叙伦写信。针对刚起步的教育事业，毛泽东提出“健康第一、学习第二”的要求。

1951 年秋，毛泽东接见湖南教育界人士时又谈到了自己当年在湖南一师读书时锻炼身体的好处。1952 年，毛泽东再次指出：“应该把青少年的体育运动看得比什么都重要。”1953 年，他在给中国共产主义青年团发出指示时说：“要使青年身体好，学习好，工作好。”将“身体好”列为“三好”之最，以后成为我国学生评优的重要条件和标准。

1965 年 7 月 3 日，毛泽东给中宣部部长陆定一的信中指示：“学生负担太重，影响健康，学了也无用。建议从一切活动中砍掉三分之一。”他还在不同场合指出：“应该把青少年的体育运动看得比什么都重要。”“如果对青少年身体不重视，那很危险。”毛泽东将体育置于三育之首，将青年身体健康置于对青年的首要要求，充分体现了毛泽东对青年一代健康成长的关心与爱护，也体现了毛泽东对青年一代体质健康的战略意义的把握。

为了革命和建设事业，毛泽东坚持体育运动，以求强身健体，多做工作。同时，也为了青年一代的健康成长和全国人民身体素质的提高，他多次发出指示号召，率先垂范，身体力行，其独特的体育观教育和激励了一代代人。

（何立波：《毛泽东的体育强国梦》，载人民网 2015 年 8 月 25 日，http://dangshi.people.com.cn/n/2015/0825/c85037-27512533.html。）

➢ 资料三 体育强国梦想激荡。

体育，承载着国家强盛、民族振兴的梦想。在中国共产党带领人民奋发进取的征程中，体育事业的成就光彩夺目。一个个争金夺银、超越极限的瞬间唤起无限豪情，在每一个时代激励着人民群众，将每个人的梦想同中国梦、体育强国梦紧密地连在一起。

一、文明其精神，野蛮其体魄

体育以人民为中心、为人民服务——中国共产党从成立之初，就将体育与人民群众紧紧相连。

在国家积贫积弱的背景下，以毛泽东同志为主要代表的中国共产党人，率先认识到体育的功能与价值。乘着新文化运动之风和马克思主义思想的传播，体育改善民族体质、重塑民族精神的积极作用开始深入人心。

中国共产党成立后，带领人民参与和发展体育运动贯穿于革命实践中。在艰苦卓绝的革命年代，中国共产党领导的“红色体育”，为中国近代体育的成熟注入了活力。

二、“东亚病夫”的帽子扔到了太平洋

“发展体育运动，增强人民体质”——1952 年，毛泽东为中华全国体育总会的题词，成为新中国体育发展的指导方针。

中华人民共和国成立之初，体育便承担起提高国民体质、展示国力、凝聚民心的作用。在中国共产党的领导下，体育的热潮在新生的共和国涌动。广播体操的旋律、体育锻炼的身影，成为中华人民共和国蓬勃发展的最好注脚。

“过去说中国是‘东亚病夫’，我们把中国的面貌改变了。”1956 年，毛泽东在《增强党的团结，继承党的传统》中这样讲道。

从改革开放到新时代，中国体育进入全面、规范发展的新阶段，体育精神激励着中国人投身大潮、激荡梦想，健康的意识和健身的积极性不断提高。

2008 年北京奥运会之后，每年的 8 月 8 日成为“全民健身日”；2014 年，全民健身上升为国家战略；2017 年，党的十九大报告提出广泛开展全民健身活动，加快推进体育强国建设。

站在“两个一百年”奋斗目标的历史交汇点上，群众体育和全民健身的成绩单愈发靓丽。截至 2019 年底，中国人均体育场地面积达到 2.08 平方米，提前实现了 2025 年的发展目标；在北京冬奥会筹办的激励和带动下，“3 亿人参与冰雪运动”已蔚然成风，为全民健身增添活力……体育，已成为中国人健康幸福生活的重要组成部分。

三、小球转动大球

一只小小的乒乓球，敲开了两个大国之间的交流大门——20 世纪 70 年代的中美“乒乓外交”，是世界外交史上的经典一幕。

在中国共产党的领导下，我国体育在拓宽交流渠道、改善国际环境等方面取得了积极成果，从促进民间友好交往的中日“围棋外交”，到“小球转动大球”的中美“乒乓外交”，黑白棋子、小小银球演绎出一段段历史佳话。

改革开放以来，特别是 1979 年中国全面恢复在国际奥委会的合法席位后，中国体育全面融入世界体育发展进程，以更加积极的姿态参与国际体育事务。

2008 年北京奥运会的举行，让中国与世界加深了解、增进友谊、跨越分歧，让更多人看到了中国的巨大变化。2022 年北京冬奥会，中国将以更开放的姿态、更自信的表达，为人类携手抗击疫情照亮前路，为推动构建人类命运共同体提供舞台。

四、胸怀祖国，放眼世界

在中国共产党的领导下，体育举国体制的优势得以发挥，竞技体育的综合实力不断提高。

从无到有——陈镜开的第一个世界纪录和容国团的第一个世界冠军，拉开了新中国体育振兴的序幕；许海峰的第一枚夏季奥运会金牌和杨扬的第一枚冬季奥运会金牌，载录了体育大国的崛起；乒乓球、跳水等传统强项，缔造了一支支“胸怀祖国、放眼世界”的“梦之队”。

走向世界——2002 年，姚明登陆 NBA 赛场，成为家喻户晓的体育明星；2004 年雅典奥运会，刘翔在跑道上的一跃震惊了世界；2015 年，苏炳添成为第一位跑进百米 10 秒大关的黄种人……

勇攀高峰——近年来，中国体育在田径和游泳等基础大项和冬季项目上不断取得突破，新一代体育明星挑战极限的勇气和舍我其谁的底气，激励着更多中国人追逐梦想。

五、举办奥运展现大国风采

曾几何时，一百多年前的“奥运三问”萦绕在中国人心头——“中国何时有人参加奥运会？何时能在奥运会上夺得奖牌？何时能够举办奥运会？”从解答第一问到实现第二问的目标，中国人花了半个多世纪，而从实现第二问到完成第三问，只用了 24 年。

2008 年北京奥运会的举行，成为中国共产党领导新中国从体育大国向体育强国跃升的起点。竞技体育自此多点开花，全民健身理念深入人心。中国人因奥运会的成功举办而更加自信，向世界敞开怀抱的态度更加明确。

而今，主办 2022 年冬奥会的北京有了首座“双奥之城”的美誉，中国也又一次肩负起奥林匹克盛会的大国担当。习近平总书记指出，北京冬奥会是我国重要历史节点的重大标志性活动，是展现国家形象、促进国家发展、振奋民族精神的重要契机。

六、与民族复兴同行

党的十八大以来，促进体育产业发展的政策不断出台，体育领域供给侧结构性改革持续深化，体育产业成为助力经济增长、优化产业结构转型、拉动就业消费的重要引擎。“十三五”期间，中国体育的产业增加值增速远高于 GDP 增速。

展望未来，体育产业将在中国经济大格局中扮演越来越重要的角色。近年来，《关于加快发展体育产业促进体育消费的若干意见》等一系列文件相继出台，描绘了体育发展的宏伟蓝图——到 2035 年，体育产业将更大、更活、更优，成为国民经济支柱性产业。体育，将成为中华民族伟大复兴的标志性事业。

（刘峣：《体育强国 梦想激荡》，载《人民日报·海外版》2021 年 7 月 7 日，第 10 版。）

【实践过程】

1．师生收集相关资料

任课教师提前将实践方案传达给学生。学生收集整理毛泽东关于体育运动的重要论述，相关的图片资料、音视频资料，等等。教师针对体育类专业学生所学的项目，如乒乓球、篮球、游泳、田径、羽毛球等，整理并形成有特色的专业资料。收集中华人民共和国成立以来某个体育领域的发展变化，以及中国参加的各级各类运动会的资料。

2．学生进行实践活动准备

学生充分利用课余时间，阅读毛泽东的《体育之研究》，并根据自身的专业爱好，以某一个方面为切入点，形成自己的理解和认识，撰写发言提纲，并提出疑难问题。

3．开展课堂经典研习

任课教师可以分组开展活动，将一个班级分成 4 到 6 个小组，进行小组讨论，形成小组观点或小组意见。利用信息化助教系统，将小组意见以文字或图片的形式在网络班级里共享或投放到屏幕上共享。小组讨论结束后，随机挑选 4~6 同学或请每个小组的代表发言，谈谈感想感悟。

4．小组互动交流

感悟分享完毕后，教师进行简单点评。学生针对我国体育事业发展的历史和现状，以小组为单位，依次提出问题，并请下一个小组回答，形成闭环。如第一组向第二组提问题，第二组向第三组提问题，第三组再向第一组提出问题。

5. 教师总结发言

毛泽东体育思想以及毛泽东同志鲜明的体育观，体现了体育的目的和本质功能，也成为中华人民共和国成立后体育事业发展的指导方针。改革开放以来，特别是新时代以来，中国体育事业加蓬勃发展，群众体育进一步普及，人民体质不断增强，体育已越来越成为我国人民生活中不可或缺的内容。

毛泽东体育思想不仅是中华人民共和国成立以来体育事业的指导思想，

也是新时代我国由体育大国向体育强国迈进的行动纲领。

6. 拓展实践任务

学生以小组或个人为单位，撰写某个专业领域的中华人民共和国体育事业发展及展望分析调研报告。

【成果形式】

发言稿、课件、图片资料、论文、分析报告等。

【成绩评定】

（1）知识考核（20 分）：正确判断任务，积极收集相关资料，并正确阐述毛泽东关于体育运动的重要论述。

（2）素质考核（40 分）：积极开展经典研习，对相关经典著作和相关研究成果有基本的认识，能够较好地完成研习讨论和发言。

（3）技能考核（40 分）：小组讨论发言，思路清晰，方法正确，独立完成分工，遇到问题能够解决，按时按量完成任务，方法有突破创新。

【教学评价】

通过研习毛泽东同志的《体育之研究》及“发展体育运动，增强人民体质”等相关重要论述，结合毛泽东的体育实践和体育事迹，可以充分调动体育类专业学生学习毛泽东思想的积极性和主动性，充分体现思政课和专业相结合的优势。同时，通过对中华人民共和国体育事业的发展变化、新时代中国体育事业发展成就的梳理，学生能够提升信心，积极为建设体育强国而努力奋斗。

五、文学门类专业：以新闻学专业为例

【实践主题】

绿水青山就是金山银山。

【对应章节】

《习近平新时代中国特色社会主义思想概论（教学课件）》第十一讲“建设社会主义生态文明”。

【项目选择】

“时事播报”：生态文明。

【适用专业】

新闻学等新闻传播类专业，也可以在文史类专业中开展。

【学情分析】

新闻学专业的学生接触新闻报道、时事政治和生态文明建设相关内容较多，思想比较活跃，日常喜欢关注舆论，对于新知识容易接受，适应力强，喜欢表现自我和展示自我。在新闻学专业的学生中开展相关实践活动，能够调动该专业学生学习思想政治理论课的积极性。

【实践形式】

课堂实践教学。

【教学目标】

通过实践教学，大学生能够了解为什么要进行生态文明建设，即生态文明建设的重要意义；全面把握应该树立什么样的社会主义生态文明新理念，怎样坚持节约资源和保护环境的基本国策，怎样完善生态文明制度体系。

【重点难点】

重点：必须树立尊重自然、顺应自然、保护自然、保护生态环境就是保护生产力等理念；加强生态文明制度体系建设。

难点：理解大力推进生态文明建设的重要意义。

【资料收集】

➢ 资料一 读懂《沁园春·霾》背后的民生期盼。

3月4日下午，中共中央总书记、中央军委主席习近平到驻地看望了出席全国政协十二届一次会议的科协、科技界委员，并参加他们的联组讨论。中科院院士、政协委员姚檀栋当着习近平总书记的面背了几句被大家调侃的《沁园春·霾》，“北京风光，千里雾霾，万里尘飘……空气如此糟糕，引无数美女戴口罩”，现场发出一片笑声。

去年冬天，一条“污染带”斜穿中国大部，各地的pm2.5数字不断刷出新高，“重度污染”的雾霾天似乎已成为每个冬天的“保留戏码”。老百姓成了“人体吸尘器”，持续的雾霾天气影响了人们的正常生活，成为影响健康的重大因素，甚至可能取代吸烟成为肺癌头号致病“杀手”。无论是“厚德载‘雾’、自强不‘吸’”的无奈调侃，还是《沁园春·霾》成为“两会“搜索热词，这其中都包含着群众对改善生态环境、提高生存质量的民生期待。

（《读懂〈沁园春·霾〉背后的民生期盼》，载中国共产党新闻网2013年3月8日，http://cpc. people. com. cn/pinglun/n/2013/0308/c241220-2072 2549. html。）

➢ 资料二 钱塘江沿线现多个癌症村 企业排污近20年无人管。

浙江绍兴，一座历史上因水闻名的城市，悠久的水文化最早可追溯至河姆渡时期，然而当地人曾引以为豪的“酱缸”“酒缸”“染缸”，如今却变成了让当地人不堪重负的“毒缸”。

公开资料显示，中国共有164个纺织工业集群，拥有超过5万家纺织工厂，主要集中于东部、东南部沿海地区。绍兴市绍兴县便是其中之一，这里的纺织企业9 000余家，印染产能约占全国30%，因而也被誉为“建在布匹上的城市”。然而，这个GDP功劳簿上的大功臣却变成了水乡恶变的罪魁祸首，在规划面积100平方公里的绍兴滨海工业区及周边已经有多个“癌症村”出现。

不只是绍兴一座城在呻吟，同样沦为生态难民的还有毗邻的杭州市萧山临江工业园区及周边的村民，在那里同样集聚纺织及其相关的化工企业。来自绿色和平组织的调研显示，绍兴滨海工业园区与萧山临江工业园区的印染企业不乏一些国际服装品牌如Zara、Levi’s等的供应商。

纺织名城向世界输出潮流的同时却将污流留在了本地。从1992年至2005年，坞里村有近60人患癌症去世，年纪多在四五十岁，最年轻者20多岁，记者翻看这份沉重的死亡名单，发现村民们所患的癌症多是肺癌、胃癌、肝癌。

（《钱塘江沿线现多个癌症村 企业排污近20年无人管》，载《新民周刊》2013年10期。）

➢ 资料三 美丽中国建设迈出重大步伐。

“决心之大前所未有，力度之大前所未有，成效之大前所未有”，在党的二十大新闻中心10月21日举行的第五场记者招待会上，生态环境部党组成员、副部长翟青这样形容十年来我国生态文明建设和生态环境保护发生历史性、转折性、全局性变化。

以年均3%的能源消费增速支撑了平均6.6%的经济增长；2021年，全国地级以上城市PM2.5的平均浓度比2015年下降了34.8%，成为全球大气质量改善速度最快的国家；全国地表水优良断面比例达到84.9%，已接近发达国家水平；全国单位GDP二氧化碳排放量比2012年下降34.4%，煤炭在一次能源消费中的占比从68.5%下降到56%，可再生能源开发利用规模、新能源汽车产销量均居世界第一……发布会用一组组数字、一个个成绩印证十年来美丽中国建设迈出的重大步伐。

党的十八大以来，我国生态环境法治建设取得了显著的成效。生态文明写入党章、宪法，中央出台《关于加快推进生态文明建设的意见》《生态文明体制改革总体方案》，25部生态环境相关法律得到制修订，生态文明制度体系基本形成。

2015年新环保法实施以后，到现在累计查办重点案件超过17万件，“十三五”全国环境行政处罚案件83.3万件，较“十二五”增长了1.4倍。此外，推动完善行政执法和刑事司法之间的衔接，2016年、2018年分别严肃查处了两起典型的环境质量数据造假案件，23人被追究了刑事责任，在生态环保的历史上是第一次因为数据造假被判刑，极大发挥了震慑作用。

（《党的二十大新闻中心举行第五场记者招待会 美丽中国建设迈出重大步伐》，载《中国纪检监察报》2022年10月22日，第2版。）

【实践过程】

1. 师生收集相关报道，并开展小组讨论

根据师生收集的相关报道，任课教师提前组织课堂分组讨论，讨论题目包括“前些年雾霾日趋严重说明了什么问题”“这些数据和报道给我们的启示是什么”“结合案例和自身感悟谈谈生态文明建设的重要意义和现在生态环境的变化”等等。

请学生分组讨论后，选择代表简短发言，教师进行点评。

任课教师讲解实践环节注意事项，并安排布置实践任务，如时事播报的基本要求、相关资料的收集、组建小组、小组任务分解、时间安排等等。

2．学生进行实践活动准备

学生利用课余时间查找资料，准备关于建设美丽中国的时事播报并以宿舍为单位进行演练和彩排。

3．实践成果提交和展示

一周后，请各小组提交时事播报的书面稿或音视频。同时，教师选择若干组（每组两位同学）进行课堂展示。教师可以对时事播报的时效性作出要求，如必须是两周内发生的和生态文明建设有关的事件。

注意：此环节需要提前布置。

4．头脑风暴

课堂讨论：如何有效保护环境、“我与建设美丽中国”等。

参考要点：

（1）生活垃圾及处理。

（2）工业品使用及处理。

（3）节能减排问题。

（4）环保意识的培养。

（5）对破坏生态环境现象的制止。

5. 教师总结发言

教师的总结发言应围绕“为什么”和“怎么做”两个问题展开，包括树立生态文明理念，建设美丽中国，坚持人与自然和谐共生，加快生态文明体制改革，形成人与自然和谐发展新格局等内容。树立可持续发展观念，积极向公众宣传保护环境和节约资源的基本国策。学习环保科学文化知识，提高环保意识和节约意识。

教师要求学生从身边的点滴小事做起，培养保护环境、节约资源的习惯，如节约用水用电、不浪费纸张、不用或少用一次性物品、垃圾分类回收等。号召学生积极参加关于环保的公益活动，同破坏环境和浪费资源的行为作斗争。

【成果形式】

视频、音频、课件、讲稿等。

【成绩评定】

分值分配：满分 100 分，其中组内自评 10 分，组间互评 20 分，教师评价 70 分。

评分标准：观点 30 分，考察要点为契合主题、观点明确、层次分明、有总结归纳和独到见解等。表达 40 分，考察要点为语言清晰、表达流畅、详略得当、脱稿自然，用普通话等。其他 30 分，考察要点为衣着整齐、仪容整洁、表情丰富、团队配合、有感染力等。师生根据评分标准，结合实际情况酌情给分。

任课教师可以通过网络评分或投票的途径收集分数，最终按比例得出实践成绩，每位学生的得分以小组得分为准。对于表现特别优秀的学生，任课教师可以酌情单独加分。

【教学评价】

结合党的十九大、二十大报告，认真学习习近平生态文明思想，利用学生感兴趣的案例、视频等开展课堂实践教学，提高了学生的生态文明意识，使学生知行合一，从我做起，从小事做起。

六、历史学门类专业：以历史学专业为例

【实践主题】

苦难辉煌。

【对应章节】

《习近平新时代中国特色社会主义思想概论（教学课件）》第二讲“坚持和发展中国特色社会主义的总任务”。

【项目选择】

辩论赛：学习百年党史，我们更应该铭记苦难/辉煌。

【适用专业】

以历史学专业为主，其他专业也可以在小范围内进行。

【学情分析】

由于学科专业以及相关课程的训练，历史学专业学生的理论功底一般较

好，政治水平和理论素养较强，更容易把握教学内容。同时，历史学门类有很多专业是师范类专业或属于有师范类专业的二级学院，这些专业的学生对语言表达、辩论讨论、逻辑原则有基本的掌握和基本的训练，也可以开展相关活动。

【实践形式】

课堂实践教学。

【教学目标】

通过本次辩论赛，大学生能够更加清晰地认识到，中国梦是近代以来中华民族最伟大的梦想。近代以来中国积贫积弱，任人宰割，在中国共产党的领导下，中国人民历经磨难，艰苦奋斗，顽强拼搏，最终完成了中国历史中最富史诗意义的壮举,中国革命也由此成为一只火中凤凰,从苦难走向辉煌。

【重点难点】

重点：深刻把握中国梦是近代以来中华民族最伟大的梦想，进一步认识到党的领导是中华民族走向复兴的根本保障，贯彻落实实现社会主义现代化强国的战略安排和战略导向。

难点：充分理解和把握实现中华民族伟大复兴是党百年奋斗的主题，进一步认识到历史是最好的教科书。

【资料收集】

- 资料一 金一南：《苦难辉煌》，作家出版社 2020 年版。
- 资料二 中华民族不断在磨难中成长奋起。

习主席在统筹推进新冠肺炎疫情防控和经济社会发展工作部署会议上的重要讲话中指出：“中华民族历史上经历过很多磨难，但从来没有被压垮过，而是愈挫愈勇，不断在磨难中成长、从磨难中奋起。”

一、磨难中成长奋起彰显中国精神的伟力

“中华民族是历经磨难、百折不挠的民族，困难和挑战越大，凝聚力和战斗力就越强。”一部中国历史，印刻着洪水、干旱、地震、瘟疫等灾难的记忆，而每一次灾难又是对民族精神的一次凝练和升华。中华民族就像一个虽经磨难却永不低头的斗士，以不屈不挠、自强不息的精神战胜各种灾难，繁衍发展至今。

磨难中成长奋起是对中华民族苦难辉煌历程的深刻总结。世界上很少有民族像我们这样经历了那么多磨难，更没有民族像我们这样在一次次经历磨难后顽强地延续文明的传承，从没停下前行的脚步。

中华民族在磨难中成长奋起的根本在于精神的伟力。这种精神就是伟大的中华民族精神。人无精神不立，国无精神不强。精神是一个民族赖以长久生存的灵魂，唯有精神上达到一定的高度，这个民族才能在历史的洪流中屹立不倒、奋勇向前。历史已经并将继续证明，只要中国人民始终发扬伟大民族精神，我们就一定能够战胜前进道路上的任何艰难险阻。

二、历经磨难对中华民族是考验更是磨炼

恩格斯说，一个聪明的民族，从灾难和错误中学到的东西会比平时多得多。那些善于从磨难中总结教训、汲取智慧力量的民族，必将变得更加坚强。

战“疫”砥砺我们党的初心使命。新冠肺炎疫情发生后，党中央极为重视，习主席多次召开中央政治局常务委员会会议，对疫情防控工作进行动员部署，形成了全面动员、全面部署、全面加强疫情防控的工作局面。

战“疫”考验坚强不屈的伟大人民。疫情面前，群众表现出惊人的坚韧、顽强，全国人民和海外华侨华人的捐款捐物热潮，全国各地大规模支援湖北和武汉行动，公路上、社区里、网络上看得见与看不见的志愿者，全社会万众一心、守望相助的同胞亲情，全民族同呼吸、共命运、心连心的凝聚力，令世界为之动容。

战“疫”彰显中国特色社会主义制度优势。这次抗疫斗争，党中央总揽全局、协调各方，社会主义制度能够集中力量办大事的独特优势再一次得到展现。“一方有难、八方支援”的社会主义互助协作机制高效运转。实践表明，应对重大灾情，需要动员的人力、物力、财力巨大，中国共产党领导下的社会主义中国展现了强大的动员力、组织力和执行力。

战“疫”检验战无不胜的英雄军队。沧海横流，方显英雄本色。疫情面前，人民军队坚决贯彻党中央、习主席决策部署，把疫情当命令，把防控当责任，火速集结支援、全力救治患者、做好综合保障、组织应急科研攻关。人民军队用行动再一次展现了闻令而动、敢打硬仗的优良作风，表现出钢铁长城的使命担当。

三、磨难中成长奋起为中华民族伟大复兴注入新动力

磨难的真正意义，在于以刻骨铭心的方式把忧患和启示植入民族的集体记忆，在最短的时间激发智慧和力量，支撑我们奋起拼搏，以坚定的姿态在复兴之路上阔步前行。

经历磨难洗礼，中国人民“四个自信”底气更加充盈。透过这场大考，全国人民乃至世界许多国家或国际组织，更加清晰地看到了中国共产党的坚强领导力，见证了中华人民共和国70多年来积累的雄厚物质技术力，感受到了中华民族的强大凝聚力,使我们进一步增强了中国特色社会主义道路自信、理论自信、制度自信、文化自信。

经历磨难洗礼，中国改革开放的步伐更加稳健扎实。这次应对疫情，党和政府十分尊重群众首创精神，大大增强了社会活力。我国主动同世界卫生组织等国际组织及国际社会开展合作，同有关国家分享防疫经验，加强抗病毒药物及疫苗研发联合攻关，向其他国家和地区提供力所能及的援助，展现了负责任大国的担当。

经历磨难洗礼，中华民族更加紧密地团结在一起。人民大团结，国家有力量。历经磨难洗礼，中华民族的凝聚力、向心力更加坚强，这是不可磨灭的兴国之力、强国之源。

（周俊杰：《中华民族不断在磨难中成长奋起》，载《解放军报》2020年3月11日，第7版。）

➢ 资料三 曲青山:《中国共产党百年辉煌》，人民出版社2021年版。

➢ 资料四 习近平:《在庆祝中国共产党成立100周年大会上的讲话》，载《求是》2021年第14期。

➢ 资料五《中共中央关于党的百年奋斗重大成就和历史经验的决议》，人民出版社2021年版。

【实践过程】

1．任课教师发布实践任务

任课教师提前布置辩论题目“学习百年党史，我们更应该铭记苦难/辉煌”，正方为“学习百年党史，我们更应该铭记苦难”，反方为“学习百年党史，我们更应该铭记辉煌”。请学生以宿舍或学习小组为单位，成立辩论队。

2. 学生分组收集相关资料，并做好演练

各辩论队做好分工协作，收集查阅相关资料，做好辩论人员分配。学习相关辩论规则,并进行演练。班委可以利用晚自习等时间在班级内开展初赛。由班委选取两个小组组成正方队和反方队，各辩论队做好记录、发言、总结等不同分工，最后确定辩论赛时间。

3. 课堂辩论赛

任课教师发布实践任务两到三周后，举行课堂辩论赛。开始之前，教师和班委要做好场地和设备准备,对主持人和辩论赛成员进行规则解释和培训。同时教师对相关内容和要求进行讲解。辩论赛可以在本班教室进行，也可以在智慧教室进行。

4. 教师点评

教师及时点评并记录，结合辩论赛中提出的观点和史实，进一步讲解中华民族伟大复兴中国梦的提出及基本内容，并对全面建成社会主义现代化强国进行展望。

5. 拓展延伸

任课教师可以通过布置思考题，引导学生深入思考和讨论辩论中出现的重难点问题，引导学生更加充分地理解教材内容。

如果条件允许，相关课程教研室或马克思主义学院可以在全校范围内组织辩论赛，每个班选出一组代表队参赛，并进行表彰和奖励。

【成果形式】

现场展示。

【成绩评定】

根据辩论赛的情况，由班委和任课教师联合进行评价，对每个小组的成绩进行认定。参加课堂展示的小组可认定为满分或优秀，参加班级初赛的小组可认定为良好，积极参加辩论赛筹备活动但未参加初赛的学生，其成绩可认定为中等。

【教学评价】

大学生党史辩论赛激发了学生自学教材内容和拓展资料的积极性，深化了学生对中国梦是近代以来中华民族最伟大的梦想的认识。中华民族的昨天，可以说是“雄关漫道真如铁”；中华民族的今天，正可谓“人间正道是沧桑”；中华民族的明天，可以说是“长风破浪会有时”。学生们对此的认识更清晰，理解更到位，更能坚定为强国梦想奋斗的决心和信心。

七、理学门类专业：以数学与应用数学专业为例

【实践主题】

本质在党、优势在党、关键在党。

【对应章节】

《习近平新时代中国特色社会主义思想概论（教学课件）》第三讲“坚持和加强党的领导”。

【项目选择】

大学生讲党史或思政课。

【适用专业】

以数学与应用数学（师范）等师范类专业为主，理学门类其他专业可以以党领导该专业领域的发展为切入点讲党史或思政课。

【学情分析】

由于学科专业以及相关课程的训练，数学与应用数学（师范）专业的学生思维严密，考虑问题较为周全，整体的政治理论基础和文史类专业有一定的差异，但对本专业的认同感较强。教师可以挖掘党的领导对于该专业领域改革创新和发展建设的重大作用，在实践活动中提升数学与应用数学专业学生的表达能力和理论思维能力。

【实践形式】

课堂实践教学。

【教学目标】

大学生讲党史或思政课活动，能够使学生理解党的领导是中国特色社会主义最本质的特征和中国特色社会主义制度的最大优势，掌握党是最高政治领导力量，掌握确保党始终总揽全局协调各方的途径、措施，并提高学生的理论水平和表达能力。

【重点难点】

重点：深刻理解历史和人民选择了中国共产党，中国共产党领导是中国特色社会主义最本质的特征和中国特色社会主义制度的最大优势；认识到党是最高政治领导力量，要坚持党始终总揽全局协调各方，并不断增强党的执政本领。

难点：全面理解和掌握中国共产党领导是中国特色社会主义最本质特征和中国特色社会主义制度的最大优势，进一步认识到党的领导制度是我国的根本领导制度。

【资料收集】

➢ 资料一 中国共产党的领导是历史和人民的选择。

中国共产党是中国特色社会主义事业的坚强领导核心，是国家最高政治领导力量。中国共产党的领导是中国历史和中国人民的选择，实践已经证明并将进一步证明这个结论是完全正确的。

习近平总书记在纪念全国人民代表大会成立 60 周年大会上的讲话中指出："1840 年鸦片战争后，中国逐步成为半殖民地半封建社会。那个时代，为了挽救民族危亡、实现民族振兴，中国人民和无数仁人志士孜孜不倦寻找着适合国情的政治制度模式。辛亥革命之前，太平天国运动、洋务运动、戊戌变法、义和团运动、清末新政等都未能取得成功。辛亥革命之后，中国尝试过君主立宪制、帝制复辟、议会制、多党制、总统制等各种形式，各种政治势力及其代表人物纷纷登场，都没能找到正确答案，中国依然是山河破碎、积贫积弱，列强依然在中国横行霸道、攫取利益，中国人民依然生活在苦难和屈辱之中。"

在这些尝试都失败了之后，历史和人民选择了中国共产党。选择中国共产党，不是特殊事件发生后的偶然结果，而是历史的必然。

1927年，国民党蒋介石集团叛变革命，窃取了国共合作进行的北伐战争的胜利果实。从1927年到1937年这十年中，国民党蒋介石集团执掌的“国民政府”完成了形式上的国家统一，有时间和精力进行一些建设，有人将此美化为“黄金十年”，有人甚至认为如果1937年没有爆发日本全面侵华战争，中国有可能顺利地走上资本主义道路并实现现代化。这种观点显然是错误的，我们可以从以下五点来分析。

第一，历史不能假设。希望日本不侵略中国，不发动全面侵华战争，只能是一厢情愿的幻想。

第二，那时，中国依然处于半殖民地半封建社会状态。不仅日本侵占了东三省，而且西方列强在中国也有殖民利益存在。民族独立是中国现代化的前提。没有民族独立，这十年实为浓重阴霾所覆盖。

第三，这十年间，国民党反动政权不仅把枪口对准了共产党，而且出现了内部的新军阀割据。国民党内各派系、各地方实力派互争雄长，甚至导致大规模内战。在这样内忧外患的境况中，中国不可能实现现代化。

第四，民族资产阶级的软弱性导致其不可能完成旧民主主义革命的任务。

第五，当时中国的仁人志士确曾寄希望于将西方的政治制度运用到中国，改变中国的悲惨命运。但是从外部环境看，列强不愿意放弃在华利益，不允许中国独立；从内部条件看，资产阶级很弱小，难以担当起历史重任。

习近平总书记指出：“在近代以后中国社会的剧烈运动中，在中国人民反抗封建统治和外来侵略的激烈斗争中，在马克思列宁主义同中国工人运动的结合过程中，1921年中国共产党应运而生。从此，中国人民谋求民族独立、人民解放和国家富强、人民幸福的斗争，就有了主心骨，中国人民就从精神上由被动转为主动。”

其后的新中国史、改革开放史也同样向世人证明了这样一条颠扑不破的真理，即历史和人民选择中国共产党的领导是正确的，必须长期坚持、永不动摇。

（尹汉宁：《中国共产党的领导是历史和人民的选择》，载《红旗文稿》2021年12期，第1、4-6页。）

➢ 资料二 党的领导是中国特色社会主义最本质的特征和最大优势。

中国特色社会主义最本质的特征是中国共产党的领导，中国特色社会主义制度的最大优势是中国共产党的领导，这是党的十八大以来以习近平同志为核心的党中央关于中国共产党历史地位的两个全新论断。这两个科学论断深刻揭示了党的领导与中国特色社会主义的关系，反映了以习近平同志为核心的党中央对共产党执政规律、社会主义建设规律、人类社会发展规律认识的深化。它不仅是中国话语的关键词汇，是讲好中国故事、传播好中国声音不可缺少的核心要素，更是中国特色社会主义理论逻辑、历史逻辑、现实逻辑有机统一的必然结论。我们可以从科学社会主义基本原则、中国特色社会主义的形成发展、社会主义本质的实现条件、当代中国的历史任务、中国共产党自身特质等方面，来认识和理解两个科学论断的深刻含义。

一、从科学社会主义基本原则来看，坚持中国共产党的领导是中国特色社会主义事业取得胜利的根本政治保证。

二、从中国特色社会主义的形成发展来看，中国共产党是中国特色社会主义事业的开创者和引领者。

三、从践行社会主义本质的现实来看，中国共产党是团结带领全国各族人民实现社会主义的核心力量。

四、从当代中国的历史任务来看，中国共产党的领导是实现“两个一百年”奋斗目标、实现中华民族伟大复兴中国梦的根本保证。

五、从中国共产党自身特质看，中国共产党有资格有能力担当起中国特色社会主义事业领导核心的历史重任。

（丁俊萍:《党的领导是中国特色社会主义最本质的特征和最大优势》，载《红旗文稿》2017年第1期，第15-17页。）

➢ 资料三 党的领导制度是我国的根本领导制度。

一、党的领导制度在确保我国国家治理沿着正确方向前进中起着根本作用

习近平总书记指出：“共产党人的斗争是有方向、有立场、有原则的，大方向就是坚持中国共产党领导和我国社会主义制度不动摇。”坚持党的领导制度，是沿着中国特色社会主义道路实现国家现代化和中华民族伟大复兴的根本经验总结。党的十九届四中全会围绕“坚持和巩固什么、完善和发展什么”这个重大政治问题，紧扣“坚持和完善中国特色社会主义制度、推进

国家治理体系和治理能力现代化”的主题，就遵循了中国特色社会主义道路与实现国家现代化和民族复兴相统一的内在逻辑。

坚持和完善中国特色社会主义制度、推进国家治理体系和治理能力现代化，是“两句话”构成的一个整体。前一句话，规定的是根本方向，强调我们走的是中国特色社会主义道路，不是其他什么道路，而中国特色社会主义的最本质特征，就是坚持中国共产党的领导。后一句话，是在根本方向规定下的鲜明指向，即国家治理体系和治理能力现代化。社会主义的根本方向、现代化的鲜明指向，这就是新时代中国特色社会主义事业发展必须遵循的正确方向。

二、党的领导制度在彰显我国国家制度和国家治理体系优势中起着根本作用

作为马克思主义执政党，中国共产党在其性质宗旨、历史地位、功能作用等方面与其他性质的政党有着根本性区别，也为构筑我国国家制度和国家治理体系的独特优势提供了根本支撑。

其一，党的领导制度，为构筑我国国家制度和国家治理体系优势提供着根本价值引领。其二，党的领导制度是发挥我国国家制度和国家治理体系显著优势的不竭动力。其三，党的领导制度是发挥我国国家制度和国家治理体系显著优势的可靠保障。

三、党的领导制度在推进国家治理体系和治理能力现代化进程中起着根本作用

现代化是所有发展中国家追求的目标，也是一个长期的实践过程。现在，我国正处在社会深刻变革、加快推进现代化时期，处在有了充分发展、但又尚未完成现代化的“转型时期”。从许多发展中国家的经验教训看，在这个“转型时期”，由于政治主导力量的缺失、组织动员能力的不足、制度安排的不合理而出现了一系列问题，或者是社会无序、一盘散沙，或者是政党纷沓、相互倾轧，或者是民族冲突、教派纷争，从而导致现代化进程的失衡、失序、失败。那么，应该靠什么样的制度安排才能确保应对各种挑战和风险，成功走出“转型时期”？关键是要有一个能够代表人民利益、凝聚人民意志、适应现代化要求的政党。从这个意义上看，中国共产党的领导制度，就为我国建构与现代化建设所需要的政治体系提供了保障。

（甄占民：《党的领导制度是我国的根本领导制度》，载《光明日报》2019 年 11 月 21 日，第 6 版。）

【实践过程】

1．任课教师发布实践任务

任课教师在课前布置大学生讲党史或思政课的实践作业，要求学生查阅相关资料，按时间顺序讲党史，或选取党史中特定的历史时期进行讲解，或选择和专业相关的内容进行讲解。讲解内容要体现党的领导是中国特色社会主义的本质特征、展现党的领导的优势、突出党的领导的关键作用等等。学生以小组为单位，分工协作，制作 PPT，并选取一名小组成员进行讲解。为使更多学生参与到活动中来，讲课时间限制在 10 分钟以内。活动结束后评选出一二三等奖。

2．学生分组收集相关资料，并开展小组协作

每班学生随机或按宿舍分成小组，每个小组自行分配任务，协调配合查找资料，准备授课课件，并在小组内进行演练和彩排。

3．实践成果提交和展示

教师布置任务一到两周后，请各小组提交讲稿或课件，任课教师对内容进行审查。审查通过后，选取若干组（或全部小组）进行课堂展示。学生可以通过讨论、提问等方式进行互动。

4．教师点评

教师及时点评并记录，通过学生的分享，导入课程，结合学生讲述的内容进行辅导答疑，使学生充分理解实现中华民族伟大复兴关键在党，中国共产党的领导地位是历史和人民的选择，中国共产党领导是中国特色社会主义最本质的特征和中国特色社会主义制度的最大优势。

5. 拓展延伸

任课教师通过布置思考题，引导学生深入思考和讨论实践教学的重难点

问题，引导学生更加充分地理解教材内容。

如果课堂展示时间有限，任课教师也可以让学生自行录制教学视频，统一上传到课程网站或展示平台，让学生有选择地观看。

【成果形式】

视频、音频、课件、讲稿等。

【成绩评定】

根据各个小组的展示，结合师生的评价，对每个小组的成绩进行评定。

分值分配：满分 100 分，其中组内自评 10 分，组间互评 20 分，教师评价 70 分。

评分标准：主旨观点 30 分，考察要点为契合主题，观点明确，层次分明，有总结归纳和独到见解等。教学表达 40 分，考察要点为语言清晰，表达流畅，详略得当，脱稿自然，用普通话等。其他表现 30 分，考察要点为衣着整齐，仪容整洁，表情丰富，团队配合，有感染力，等等。师生根据评分标准，结合实际情况酌情给分。

任课教师可以通过网络打分或投票的途径收集学生评分，最终按比例得出实践成绩，每个学生的得分以小组得分为准。对于表现特别优秀的学生，任课教师可以酌情单独加分。

【教学评价】

大学生讲党史或思政课，可以深化对课程教学内容的认识和思考，展现新时代大学生的理论素养和精神风貌，有助于大学生坚定“四个自信”。本次实践教学更加突出强调和彰显了党的领导制度是我国的根本领导制度，突出强调和彰显了这一制度在我国国家制度中的统领地位。同时，也使学生更加坚信，随着党的领导制度体系的不断发展，党的领导这一根本领导制度的作用将得到更好发挥，我国国家制度和国家治理体系的优越性将得到更好体现。

八、工学门类专业：以化学工程与工艺专业为例

【实践主题】

贯彻落实科学发展观和新发展理念，实现化学工业高质量发展。

【对应章节】

《毛泽东思想和中国特色社会主义理论体系概论（2021 年版）》第七章“科学发展观”；《习近平新时代中国特色社会主义思想概论（教学课件）》第五讲“以新发展理念引领高质量发展新发展理念”。

【项目选择】

科学发展中的化学工业调查研究。

【适用专业】

化学工程与工艺等化工与制药类专业。

【学情分析】

化学工程与工艺等化工与制药类专业的学生，理性思维较强，对思想政治理论关注不多，学习比较努力，注意力比较集中，学生之间文史知识储备存在较大差异。该专业学生的探究意识比较强，学习动机和学习兴趣较为集中单一，有较强的专业发展意识。因此，开展实践教学，更能提高学生学习思想政治理论课的积极性。

【实践形式】

社会实践教学。

【教学目标】

通过实践教学，学生能够掌握科学发展观的科学内涵，即第一要义是发展，核心是以人为本，基本要求是全面协调可持续，根本方法是统筹兼顾。掌握创新、协调、绿色、开放、共享的新发展理念。同时，学生能够了解中华人民共和国化学工业的发展成就和发展经验，了解化学工业如何贯彻落实科学发展观和新发展理念，进一步增强投身化工事业、奋斗伟大征程的使命感和责任感。

【重点难点】

重点：掌握科学发展观、新发展理念的科学内涵，掌握化学工业发展成就和经验，了解化学工业对科学发展观的贯彻落实。

难点：理解全面协调可持续是科学发展观的基本要求，了解化学工业如何科学发展、如何贯彻落实新发展理念。

【资料收集】

➢ 资料一 李寿生：《铿锵脚步——新中国成立 70 周年石油和化学工业发展纪实》，化学工业出版社 2019 年版。

➢ 资料二 新中国培养的第一代科学家——化学家卓仁禧院士。

著名化学家、我国生物医用高分子材料重要奠基人之一、中国科学院院士、武汉大学教授、博士生导师卓仁禧先生因病医治无效，于 2019 年 8 月 6 日在武汉逝世，享年 89 岁。

卓仁禧院士毕生从事有机硅化学和生物医学高分子等方面的研究工作。他屡担国家重任，从研制光学玻璃防雾剂，到彩色录像磁带黏合剂和助剂等，不断攻坚克难，成功解决了不少关乎国防及民生的难题。

20 世纪 70 年代，根据国家需要，卓仁禧院士勇挑重任，攻坚克难，创造性研制成功有机硅光学玻璃防雾剂，作为保护涂层应用于国防等多个领域；卓仁禧院士还与同事们一起将作为原材料的二元共聚物部分水解，同时加入一种有机硅化合物作为助剂，成功解决了当时电视屏幕的“闪”点问题。

卓仁禧院士十分重视学科发展和科研平台建设。20 世纪 80 年代，卓仁禧院士从美国进修回国后，结合国内外高分子学科的发展趋势及国家需求，在当时科研条件非常艰苦的环境下，在武汉大学化学系开创了生物材料研究方向，并系统开展生物医用高分子材料研究。目前，该方向已成为化学、材料、生物、医学等多学科交叉融合的学术前沿和热点领域。

卓仁禧院士执教数十载，注重培养学生“创新的思想和创新的能力”，常常鼓励学生“要创新地学习”，在指导研究生时因材施教，给予学生创造空间。

在七十多岁的时候，卓仁禧院士仍然坚持亲自讲授研究生课程，他讲解化学原理深入浅出、推论严谨，且有问必答、风趣幽默；八十高龄时，他仍然关心实验室的科研工作进展，常常与实验室老师探讨研究前沿，还到实验室对研究生的科研方向给予具体指导。

卓仁禧院士为国家培养了一大批研究高分子材料和生物材料的优秀人才，他们中的很多人已成为我国相关领域的科研中坚力量。

卓仁禧院士是中华人民共和国培养的第一代科学家。他一直坚信，“党支部活动对于增强老师间的凝聚力和向心力发挥着积极的作用”，八十高龄时仍积极参加党支部活动，2016 年被评为“武汉大学优秀共产党员”。

（《新中国培养的第一代科学家——化学家卓仁禧院士逝世》，载百家号 2019 年 8 月 6 日，https://baijiahao. baidu. com/s?id=1641120368964680739& wfr=spider& for=pc。）

➢ 资料三 落实科学发展观，实现石油和化学工业持续快速健康发展——在石油和化工“十一五”规划座谈会上的讲话（摘要）。

1 关于石油和化工行业“十一五”面临的形势。

石油和化工行业“十一五”面临的形势，主要表现在以下 3 个方面：

1.1 “十五”的成就为未来发展奠定了坚实的基础

“十五”期间，石油和化学工业坚持改革开放的方针，努力转变经济增长方式，在调整经济结构、推进科技进步、深化体制改革、应对入世挑战、加快产业国际化步伐等方面都取得了巨大的成就。

1.2 良好的国际环境为行业发展提供了有利条件

世界经济进入了一个新的发展周期，预计未来 5 年，全球经济将以年均 3%以上的速度增长。国际资本和技术迅速向亚洲特别是中国转移，这就为我们的发展提供了难得的发展机遇。

1.3 国内市场需求旺盛对石油和化工发展拉动强劲

预计到 2010 年，我国主要石油化工产品消费量将达到全球总消费量的 1/3，汽煤柴三大类成品油需求将从 2005 年的 1. 68 亿吨增加到 2. 2 亿吨。国民经济特别是汽车、电子、机械、建材、农业等各产业的发展，对石油和化工的拉动在“十一五”会表现得更加强劲。

2 行业发展面临的问题和严峻挑战。

2.1 资源短缺的问题日趋突出

国民经济的快速发展，必然带来资源、能源消费的快速增长，资源、能源短缺的矛盾日益突出，已经成为影响我国石油和化学工业发展的主要制约因素。

2.2 结构性矛盾依然存在

“十五”期间，我国石油和化学工业虽然在结构调整方面取得了一定成绩，但总体上看，经济的发展仍然是以外延扩张为主，产业结构、产品结构不合理仍然是当前存在的主要问题。

2.2.1 企业规模小而散，集中度低，许多装置达不到经济规模

我国有炼油企业 120 多家，平均规模为年产 261 万吨；而世界 2005 年有炼油厂 674 家，原油加工能力 41.2 亿吨，平均规模达年产 611 万吨。我国烧碱装置平均规模为年产 8 万吨，而美国平均规模为年产 72 万吨；陶氏化学烧碱装置生产能力达到年产 323 万吨。

2.2.2 石油和化工产品在品种和质量上不适应市场快速变化的要求

我们的产品结构不合理主要表现在石油化工产品、有机化工产品和高档产品的比重过低，而高消耗、高污染、粗加工、低附加值产品的比重偏高。

2.3 自主创新能力亟待提高

改革开放以来，我国石油和化学工业的科技水平虽然有了较大的提高，但竞争能力依然薄弱。一是原始科技创新能力及技术集成创新能力不足；二是基础性研究和共性技术开发工作薄弱；三是科技成果转化率低；四是缺乏科技工作的总体组织协调。

2.4 环境保护和安全生产任务艰巨

改革开放以来，我国石油和化学工业在高速增长的同时，也付出了沉重的生态和环境代价。最近几年，石油和化工行业连续发生环境污染恶性事故，在国内外造成了很不好的影响。

2.5 管理水平落后

近年来，企业经济有了很大的发展。但由于多方面的原因，许多企业管理滑坡的问题十分严重。

（李勇武：《落实科学发展观，实现石油和化学工业持续快速健康发展——在石油和化工“十一五”规划座谈会上的讲话》，载《中国石油和化工标准与质量》2007 年第 1 期，第 3-8 页。）

【实践过程】

1．师生研讨活动方案

任课教师与班委研讨活动方案，拟定好调研活动的基本要求和主要内容。任课教师要关注到相关调研活动的细节，避免学生接触危险化学品或到有风险的场所开展活动，确保调研活动顺利开展。

2．任课教师发布实践任务

任课教师提前设计相关调研题目，并提出相关要求。明确实践调研的主题是“贯彻落实科学发展观和新发展理念，实现化学工业高质量发展”。

调研的内容大致分为“化学工业贯彻科学发展观的问题与对策”“我国化学工业发展成就”“化学与循环经济、绿色经济”“化学与生活”“化学工业某个领域的发展”等几类，学生结合专业特色和自身情况，自行拟定调研题目，也可以选择教师设计的题目。

实践活动以小组任务为主，每小组 5 人左右，可以选择不同的渠道和方式开展实践调研，人物访谈类的选题可以由单个学生完成。

实践调研的时间视教学计划确定，如果两个学期都开课，可以在寒暑假开展实践活动；如果仅一个学期开课，可以利用周末或小长假开展实践活动。

活动结束后，每小组需要提交不少于 4 000 字的调研报告和部分图片资料。

3．学生分组收集相关资料，开展相关调研

学生主要以小组为单位开展活动。如果是寒暑假开展活动，小组成员的家乡最好为同一个市县；如果是周末或小长假开展活动，小组成员最好在同一宿舍或同一学习小组。每个小组分工合作，做好资料收集、走访调研、汇总分析、撰写报告等工作。

4．实践成果提交和展示

调研结束后，各小组提交调研报告和相关图片资料，任课教师对内容进行审查和评价，并认定成绩。选取若干组（或全部小组）进行课堂展示。学生可以通过讨论、提问等方式进行互动。调研报告有以下几点要求。

（1）调研报告选题要求：学生要根据课程所学理论，结合当前社会问题，进行社会调研。学生选题可选择教师提出的实践调研选题，也可自定实践调研题目，一个班级内各小组的选题原则上不能重复。调研报告题目应该用简短、明确的文字写成，通过标题把实践活动的内容、特点概括出来。

（2）调研报告内容要求：主题突出，内容联系实际，语言流畅，结构清晰，层次分明，论证充分。

（3）调研报告的字数要求：不少于 4 000 字。

（4）调研报告结构要求：一份调研报告要有封面和正文。封面上有题目和小组成员信息，正文包括题目、内容、参考文献等。

（5）调研报告格式要求：封面严格按照教师提供的模板制作，正文字体为宋体小四号，行距为 1. 5 倍，页边距均为 2. 5 厘米，统一用 A4 纸打印，左侧装订。

5. 教师点评

优秀的调研作品，可以让学生在课堂上进行展示、分享。教师及时点评、记录，并通过学生的分享，导入课程，结合学生调研的内容进行辅导答疑，使学生充分理解科学发展观的科学内涵和重要意义，引导学生在实际的学习生活和以后的工作中自觉贯彻科学发展观、落实新发展理念。

6. 拓展延伸

任课教师可以进一步开展优秀作品报告会，向大家分享调研分析的成果，并组织课堂研讨交流。

另外，任课教师也可以把优秀的调研报告上传至课程网站供学生自行学习浏览。特别优秀的调研报告，任课教师可以细致指导学生开展进一步调研分析，并推荐学生参加“挑战杯”等竞赛活动或各级各类课题研究。

【成果形式】

调研报告、图片资料、访谈记录等。

【成绩评定】

具体评分标准是：观点正确，内容充实，层次清晰，有一定的创新性或推广应用价值，可在 81~100 分的范围内给分；观点正确，内容较充实，层次较清晰，可在 60~80 分的范围内给分；观点不正确，内容较简单，层次不明晰，可在 60 分以下给分。教师也可以直接按优、良、中、差等级评定成员。不提交调研报告或论文者，实践教学环节成绩按零分计。

【教学评价】

通过本次实践活动，大学生进一步掌握了科学发展观的内容，并深入学习了新发展理念，对习近平经济思想有了进一步的认识。此外，学生对化工行业的发展历程、发展成就、化学家的奋斗和奉献精神、化工行业发展中存在的问题与应对措施等都有了更加清晰的认知，提振了自己从事化工行业的信心。

九、农学门类专业：以农业资源与环境专业为例

【实践主题】

让乡村生活更美好。

【对应章节】

《习近平新时代中国特色社会主义思想概论（教学课件）》第二讲“坚持和发展中国特色社会主义的总任务”。

【项目选择】

乡村振兴论坛。

【适用专业】

农业资源与环境专业，也可以在其他相关的专业中开展。

【学情分析】

农业资源与环境专业学生接触农业农村问题较多，对乡村振兴也有独特的认知和特殊的感情。该专业学生注意力比较集中，观察问题比较细腻，更能从理性的角度思考问题，对于新知识新方法的接受度也较高，适应力强。

【实践形式】

社会实践教学。

【教学目标】

通过实践教学，大学生能够深刻理解习近平总书记“小康不小康，关键看老乡”的重要论断，掌握脱贫攻坚战的全面胜利、全面建成小康社会的伟大意义，掌握全面建成社会主义现代化强国的战略安排。

【重点难点】

重点：认识到脱贫攻坚战取得了全面胜利，我国实现了全面建成小康社

会的宏伟目标；理解脱贫攻坚与乡村振兴的有效衔接，全面掌握社会主义现代化国家的基本特征。

难点：理解脱贫攻坚与乡村振兴的有效衔接，了解农业农村现代化建设，全面掌握中国式现代化的特征。

【资料收集】

➢ 资料一 脱贫攻坚战，全面胜利！

2021 年 2 月 25 日，中华民族的历史翻开崭新篇章。当天在京召开的全国脱贫攻坚总结表彰大会上，习近平总书记庄严宣告：我国脱贫攻坚战取得了全面胜利！

8 年来，近 1 亿人脱贫，832 个贫困县全部摘帽——我们向深度贫困堡垒发起总攻，啃下了最难啃的“硬骨头”。虽遭遇疫情影响，我国依然如期完成新时代脱贫攻坚目标任务，提前 10 年完成联合国 2030 年可持续发展议程的减贫目标。

党的十八大以来，以习近平同志为核心的党中央接过历史的接力棒，把脱贫攻坚作为实现第一个百年奋斗目标的底线任务和标志性指标，举全党全国之力向绝对贫困宣战。习近平总书记亲自指挥、亲自部署、亲自督战，走遍 14 个集中连片特困地区，考察调研了 20 多个贫困村，以钉钉子精神一抓到底。

全党上下快速行动，在精准扶贫方略指引下，瞄准扶持谁、谁来扶、怎么扶、如何退问题，构建了体现社会主义制度优势、行之有效的帮扶体系。每个贫困户脱贫背后，都是一套量身制定的脱贫方案、一个相互协同的系统工程、一场改变命运的硬仗——做到“六个精准”、实施“五个一批”，国家扶贫政策精准“滴灌”，贫困地区经济社会发展明显加快。经过全党全国各族人民共同努力，完成了消除绝对贫困的艰巨任务，创造了又一个彪炳史册的人间奇迹。

脱贫摘帽不是终点，而是新生活、新奋斗的起点。

脱贫攻坚目标任务完成后，“三农”工作重心将转向全面推进乡村振兴。

（《脱贫攻坚战，全面胜利！》，载中国政府网 2021 年 2 月 25 日，http://www.gov.cn/xinwen/2021-02/25/content_5588879.htm。）

➢ 资料二 习近平总书记宣告中华大地全面建成小康社会。

7月1日上午，庆祝中国共产党成立100周年大会在北京天安门广场隆重举行。习近平总书记宣布全面建成小康社会，这是世界人口最多的国家在民族伟大复兴征程上的重要里程碑。

全面建成小康社会涵盖经济、民主、科教、文化、社会、人民生活等方面，目标包括2020年国内生产总值和城乡居民人均收入比2010年翻一番。

去年，中国经济总量突破100万亿元，居民人均可支配收入32 189元，如期实现翻番。中国建成世界规模最大的社会保障体系，形成规模最大的中等收入群体，并历史性地消除了绝对贫困。

小康源自《诗经》："民亦劳止，汔可小康。"几千年来中华民族孜孜以求的朴素理想，在今日中国变成现实。

改革开放后，邓小平用"小康"描述中国式现代化，首先提出建设小康社会。1982年中共十二大确立小康目标，之后小康列入"三步走"战略。

20世纪末中国实现总体小康后，从21世纪头20年全面建设惠及十几亿人口、更高水平的小康社会，到中共十八大提出全面建成小康社会的新目标，小康要求不断提高、更加全面。

全面小康路上一个都不能少。8年多来，在全球经济复苏乏力、中国经济进入新常态的形势下，中国攻下脱贫"硬骨头"的深度贫困区，9 899万农村贫困人口全部脱贫，40多年来7.7亿人脱贫，提前10年完成联合国2030年可持续发展议程减贫目标，解决了全面建成小康社会的最大短板。

全面实现小康后，习近平总书记说，中国"正在意气风发向着全面建成社会主义现代化强国的第二个百年奋斗目标迈进"。

（《习近平宣告中华大地全面建成小康社会》，载百家号2021年7月1日，https:// baijiahao. baidu. com/s?id=1704058974554582047&wfr=spider&for=pc。）

➢ 资料三 中央一号文件解读：如何推动脱贫攻坚与乡村振兴有效衔接？

2月21日，2021年中央一号文件《中共中央国务院关于全面推进乡村振兴加快农业农村现代化的意见》正式发布，这是21世纪以来第18个指导"三农"工作的中央一号文件。

2021 年中央一号文件全文共 5 个部分，11 000 多字。文件对新发展阶段优先发展农业农村、全面推进乡村振兴作出总体部署，为做好当前和今后一个时期“三农”工作指明了方向。

一、设立 5 年过渡期

中央一号文件明确提出，解决好发展不平衡不充分问题，重点难点在“三农”；构建新发展格局，潜力后劲在“三农”；应对国内外各种风险挑战，基础支撑在“三农”。

这就意味着，尽管脱贫攻坚战已经取得决定性胜利，即将“乘势而上开启全面建设社会主义现代化国家新征程、向第二个百年奋斗目标进军”，但仍然需要继续坚持把解决好“三农”问题作为全党工作重中之重。

中国农业大学教授、国务院扶贫开发领导小组专家咨询委员会委员李小云对第一财经记者表示，脱贫攻坚战极大地缩小了贫困地区农村和中部及发达地区农村在各个维度上的差异，补齐了实现小康社会的第一个短板。这在客观上形成了贫困地区与其他地区农村实现同步发展的基础，但是从贫困发生的客观规律而言，消除农村绝对贫困并不意味着贫困的最终解决。正如习近平同志所指出的“脱贫摘帽不是终点”，农村绝对贫困问题解决之后推动乡村振兴工作并不意味着不再推动扶贫工作，就大多数乡村特别是脱贫摘帽地区而言，扶贫工作不会终止，二者的有效衔接是未来稳固脱贫攻坚工作和乡村振兴工作的关键。

为此，中央一号文件明确提出，设立衔接过渡期。脱贫攻坚目标任务完成后，对摆脱贫困的县，从脱贫之日起设立 5 年过渡期，做到扶上马送一程。

二、推动“三农”工作重心历史性转移

中央一号文件提到，过渡期内保持现有主要帮扶政策总体稳定，并逐项分类优化调整，合理把握节奏、力度和时限，逐步实现由集中资源支持脱贫攻坚向全面推进乡村振兴平稳过渡，推动“三农”工作重心历史性转移。抓紧出台各项政策完善优化的具体实施办法，确保工作不留空当、政策不留空白。

在 1 月 9 日“清华三农论坛 2021”上，全国人大常委会委员、农业与农村委员会主任委员，清华大学中国农村研究院院长陈锡文称，乡村和城市的功能有明显差异，乡村振兴的关键是发挥好乡村特有的功能：一是保障国家粮食安全和重要农产品供给;二是提供生态屏障和生态产品;三是传承国家、民族、地域的优秀传统文化。

（中央一号文件解读：如何推动脱贫攻坚与乡村振兴有效衔接？》，载百家号 2021 年 2 月 21 日，https://baijiahao. baidu. com/s?id=1692318943477129740&wfr=spider&for=pc。）

【实践过程】

1．任课教师提前布置实践任务和要求

任课教师在课程开课的前两三周内就布置该项实践任务，请学生在两三周内收集相关资料,开展乡村振兴调查研究,并撰写乡村振兴研究报告或论文。

建议以单个学生为主开展实践调研，调研范围为自己家所在的行政村或自己熟悉的村庄。

实践的内容主要围绕乡村振兴的某个领域或某个问题。如乡村建设的难点、乡村规划与管理、乡村产业类型与定位、乡村如何留住乡愁、乡村的现代生活、乡村产业与运营模式、乡村空间设计、乡村景观与植物配置、乡村农家餐饮管理、乡村健康管理、城乡融合、乡村振兴人才、乡村环境卫生、乡村医药服务、农业产业发展、传统农业发展、新时代农民工、农村教育等，学生任选一个问题开展研究即可。

实践活动结束后学生需提交调研报告或论文，为召开乡村振兴论坛做准备。报告（论文）的重点是现状的调查、问题的分析和自己的思考。字数以 1 000 字左右为宜，教师可以对格式、结构提出具体的要求。

任课教师指导学生撰写调研报告或论文。

2．学生课下进行实践活动并撰写调研报告或论文

学生充分利用课余时间开展活动，本地学生可以进行实地的调查走访，外地学生在家长和亲朋好友协助下,收集相关资料和数据,开展调查和访谈。学生在掌握资料的基础上，撰写调研报告或论文。

3．实践成果提交

任课教师布置任务两到三周后，请所有学生提交书面调研报告（论文）或电子调研报告（论文），由各班学习委员收齐后提交任课教师。同时，每个学生熟悉自己的调研内容，准备在论坛上发言交流。

4．召开乡村振兴论坛

筹备并召开乡村振兴论坛。论坛以班级为单位召开，时间以两节课为宜。如果讨论比较深入，学生积极性比较高，可以召开两次论坛。由于论坛时间有限，参与发言的学生以提前自愿报名、教师指定和随机选人的方式产生。

论坛流程：

（1）任课教师讲解论坛主题，宣布发言顺序，并要求学生保持安静，有问题举手示意后提出。

（2）发言学生依次发言，并回答其他学生的提问。

（3）自由发言和研讨交流。

（4）任课教师点评，有条件的可以请相关专家学者参加并点评。

任课教师可以在每次课的课前或课后 5~10 分钟内，请 1~3 位同学分享实践成果。

5. 拓展延伸

有条件的学校，任课教师可以组织小组代表或优秀学生代表，赴美丽乡村示范点、学校定点帮扶村等，进行现场的参观考察交流活动，进一步探讨未来在乡村振兴中广大师生的使命、责任和作为。

【成果形式】

调研报告或论文等。

【成绩评定】

任课教师根据调研报告或论文的质量，结合学生发言分享的情况，酌情给分。

具体评分标准是：观点正确，内容充实，层次清晰，有一定的创新性或推广应用价值，可在 81~100 分的范围内给分；观点正确，内容较充实，层次较清晰，可在 60~80 分的范围内给分；观点不正确，内容较简单，层次不明晰，可在 60 分以下给分；不提交调研报告或论文者，实践教学环节成绩按零分计。

【教学评价】

通过这次的实践教学，学生对广大农村地区发生的历史性变革有了更加直观和全面的认识，对乡村振兴和农业农村现代化建设有了更深入的思考，提高了学生运用马克思主义立场、观点、方法认识问题、分析问题和解决问题的能力，也进一步树立了建设社会主义现代化强国的信心和决心。此外，学生的语言表达能力和学术思考能力也得到了一定的锻炼和提升。

十、医学门类专业：以预防医学专业为例

【实践主题】

天使丰羽，不忘初心。

【对应章节】

《习近平新时代中国特色社会主义思想概论（教学课件）》第十讲“加强以民生为重点的社会建设”。

【项目选择】

健康中国、志愿服务、“医”路同行。

【适用专业】

预防医学专业以及医学门类其他专业

【学情分析】

预防医学专业的学生一般学制较长，专业性强，课程繁重，学习压力较大。同时，预防医学专业学生学习态度认真，意志力强，程序和规则意识较强。对于思政课，该专业的学生有一定的距离感，因此开展与预防医学专业相结合思政课实践教学具有必要性。

【实践形式】

社会实践教学。

【教学目标】

通过实践教学，大学生能够全面学习习近平总书记关于健康中国的重要论述，深刻认识到健康中国建设对于推进以保障和改善民生为重点的社会建

设的重要意义，进一步掌握国民健康促进政策，掌握为人民提供全方位全生命期健康服务的基本要求和途径。

【重点难点】

重点：深入学习习近平总书记关于健康中国的重要论述，了解健康中国的重要意义，了解在发展中保障和改善民生的原因，掌握全面推进健康中国建设的基本途径。

难点：深刻理解并掌握在发展中保障和改善民生的具体举措，理解坚持预防为主的方针，健全和完善全方位全生命期健康服务。

【资料收集】

➢ 资料一 习近平总书记谈建设健康中国。

习近平总书记高度重视建设健康中国，多次发表重要讲话。让我们一起回顾习近平总书记的部分相关重要论述。

没有全民健康，就没有全面小康。要把人民健康放在优先发展的战略地位，以普及健康生活、优化健康服务、完善健康保障、建设健康环境、发展健康产业为重点，加快推进健康中国建设，努力全方位、全周期保障人民健康。

——2016 年 8 月 19 日至 20 日，习近平在全国卫生与健康大会上的讲话

人民健康是民族昌盛和国家富强的重要标志。要完善国民健康政策，为人民群众提供全方位全周期健康服务。

——2017 年 10 月 18 日，习近平在中国共产党第十九次全国代表大会上的讲话

确保药品安全是各级党委和政府义不容辞之责，要始终把人民群众的身体健康放在首位，以猛药去疴、刮骨疗毒的决心，完善我国疫苗管理体制，坚决守住安全底线，全力保障群众切身利益和社会安全稳定大局。

——2018 年 7 月 23 日，习近平对吉林长春长生生物疫苗案件作出的重要指示

要把人民健康放在优先发展战略地位，努力全方位全周期保障人民健康，加快建立完善制度体系，保障公共卫生安全，加快形成有利于健康的生活方式、生产方式、经济社会发展模式和治理模式，实现健康和经济社会良性协

调发展。

——2020 年 9 月 22 日，习近平在教育文化卫生体育领域专家代表座谈会上的讲话

要在做好常态化疫情防控的同时，聚焦影响人民健康的重大疾病和主要问题，加快实施健康中国行动，深入开展爱国卫生运动，完善国民健康促进政策，创新社会动员机制，健全健康教育制度，强化重点人群和重大疾病综合防控，从源头上预防和控制重大疾病，实现从以治病为中心转向以健康为中心。

——2020 年 9 月 22 日，习近平在教育文化卫生体育领域专家代表座谈会上的讲话

广大医务工作者是人民生命健康的守护者。要大力弘扬伟大抗疫精神，深入宣传抗疫先进事迹和时代楷模，在全社会营造尊医重卫的良好氛围。

——2021 年 3 月 6 日，习近平在看望参加政协会议的医药卫生界教育界委员时强调

人民健康是社会文明进步的基础，是民族昌盛和国家富强的重要标志。这次抗击新冠肺炎疫情的实践再次证明，预防是最经济最有效的健康策略。

——2021 年 3 月 6 日，习近平在看望参加政协会议的医药卫生界教育界委员时强调

广大医务工作者要恪守医德医风医道，修医德、行仁术，怀救苦之心、做苍生大医，努力为人民群众提供更加优质高效的健康服务。

——2021 年 3 月 6 日，习近平在看望参加政协会议的医药卫生界教育界委员时强调

（《习近平谈建设健康中国》，载百家号 2021 年 3 月 16 日，https:// baijiahao. baidu. com/s?id=1694363340567259402&wfr=spider&for=pc。）

➢ 资料二 在中国医师节到来之际，习近平总书记向全国广大医务工作者致以节日的祝贺和诚挚的慰问。

新华社北京 8 月 18 日电：在中国医师节到来之际，中共中央总书记、国家主席、中央军委主席习近平代表党中央，向全国广大医务工作者致以节日的祝贺和诚挚的慰问。

习近平指出，广大医务工作者是推动卫生健康事业发展的重要力量。新

冠肺炎疫情发生以来，广大医务工作者牢记党和人民重托，义无反顾冲上疫情防控第一线，同时间赛跑，与病魔较量，顽强拼搏、日夜奋战，为抗击疫情付出了艰苦努力、作出了重大贡献，彰显了敬佑生命、救死扶伤、甘于奉献、大爱无疆的崇高精神，赢得了党和人民高度评价。

习近平强调，广大医务工作者要坚持人民至上、生命至上，崇尚医德、钻研医术、秉持医风、勇担重任，努力促进医学进步，为建设健康中国、增进人民健康福祉作出新贡献。各级党委和政府、全社会都要关心爱护医务工作者，弘扬先进事迹，加强业务培训，支持开拓创新，帮助解决困难，推动在全社会广泛形成尊医重卫的良好氛围。

（《在中国医师节到来之际习近平向全国广大医务工作者致以节日的祝贺和诚挚的慰问》，载百家号 2020 年 8 月 18 日，https://baijiahao. baidu. com/s?id= 167534582074 7147245&wfr=spider&for=pc。）

➢ 资料三 石河子大学医学院预防医学系开展走进社区志愿服务活动。

为增强大学生的社会实践能力，进一步弘扬志愿服务精神，2022 年 5 月 7 日、8 日预防医学系六名学生前往石河子市 33 社区卫生服务站进行志愿服务工作。此次志愿活动主要是为老年人体检以及做好信息登记工作。

早晨九点半在梁站长的带领下志愿者们便开始了一天繁忙的工作，社区体检的医护工作者为确保志愿者们的健康安全，为同学们准备了工作服、N95 口罩、手套等医用物品。同时梁站长为准确快速的分配支援力量，提高工作效率，首先做好人员分工与细心指导。主要分为：电话告知、登记信息及发送体检表、身高体重测量、血压心率测量、协助心电图工作以及填写老年人体检表并完善信息。每一位志愿者都勇于实践、满怀热情！

通过电话的联系，来体检的老人越来越多。如何让速度与效率共同提升着实考验着各位志愿者。工作之初，志愿者们面对新工作难免会有犹豫、无从下手的感觉，但这并不会阻挡他们勇敢前进的脚步，在医护工作者的指导和反复熟悉服务的工作中，志愿者们对工作愈发熟悉起来。其中不乏有积极总结以获得技巧的志愿者，这也使得工作起到事半功倍的效果。

老人们在测量血压时还略有紧张，志愿者会安抚老人并小心翼翼地给他们套上臂带，再开始测量，当听到血压值处于正常范围，他们就笑得像个孩子似的。“谢谢你们了，你们就跟我自己的孩子一样”这也是对我们志愿服务工作最好的肯定与称赞。

忙碌充实的志愿时光在不知不觉中接近尾声，帮助老年人体检的活动不仅是一次实践更是一次人生经历，它给予了志愿者们投身于社会实践的机会，提高了他们社会责任感的同时还大大磨炼了意志力。每位志愿者都满怀期待地来，也满怀收获地去。他们无不怀着快乐和感谢的心情坚守在自己的岗位上，奉献爱心、不辞辛苦、微笑不减、热情更盛！

（石河子大学医学院：《预防医学系开展走进社区志愿服务活动》，载杏林石大微信公众号 2022 年 6 月 1 日。）

【实践过程】

1．任课教师提前布置实践任务和要求

任课教师在课程开课后的两三周内就布置该项实践任务，请学生利用假期和周末开展“健康中国、志愿服务、‘医’路同行”实践教学活动。

实践教学活动既可以由单个学生开展，也可以以小组为单位开展，活动地点要就近、方便、安全。

具体实践任务包括医患关系、医药发展、医疗改革、医疗保险、就医流程等相关社会调研活动；医学知识宣传、义务诊断、疾病预防、体育卫生教育、儿童心理辅导等社会服务活动；疫情防控、流行病调查等志愿活动。学生可以根据自己的专业特长和实际情况选择某一个方面的实践任务，并提交相关实践成果材料，如调研报告、活动心得、图片资料等等。

2．学生利用课余时间开展实践活动

学生充分利用课余时间开展活动，课程为跨学期开设的，可以让学生利用假期开展活动，课程为一学期开设的，可以让学生利用周末开展活动。活动过程中，师生要保持联系，开展安全教育，确保实践教学活动顺利开展。教师要为学生提供相应的帮助，如申请经费、协调场地、提供指导等等。实践过程中，学生要在运用专业知识的同时，坚持运用马克思主义的立场、观点、方法分析、解决问题。学生通过收集相关资料和数据，开展相关实践活动，在此基础上撰写报告或总结，并及时保存相关证明材料。

3．实践成果提交

实践活动结束后，学生提交书面或电子成果。调研报告字数在 4 000 字左右，教师要提前告知学生相关的格式要求；社会服务和应急志愿等活动，学生要提交 1 000 字左右的实践活动心得以及相关证明材料，由各班学习委员收齐后提交任课教师。同时，学生要熟悉自己的实践活动内容，准备在课堂上发言交流。

4．课堂交流分享

教师通过随机抽取、自愿报名或指定人选的方式，选取一定的学生在课堂上进行分享交流，任课教师进行点评，并结合实践活动讲解课程相关内容，做好辅导答疑。

任课教师也可以在每次课的课前或课后 5~10 分钟内，请 1~3 位学生分享实践成果。

【成果形式】

调研报告、活动心得、图片资料等。

【成绩评定】

任课教师根据报告或心得等材料的质量，结合学生发言分享的情况，酌情给分。不提交报告或心得者，实践教学环节成绩按零分计。

【教学评价】

通过这次的实践教学，学生们对医疗保障体系建设在民生建设中的重要意义有了更加直观的认识，进一步学习了习近平总书记关于健康中国的重要论述，提高了自己以实际行动投身健康中国建设的积极性。此外，学生对党领导下的健康卫生事业发展成就，以及社会主义制度优越性有了更加明确的认识。

十一、管理学门类专业：以公共事业管理专业为例

【实践主题】

走向协商治理的公共管理。

【对应章节】

《习近平新时代中国特色社会主义思想概论（教学课件）》第七讲“发展全过程人民民主”。

【项目选择】

模拟协商治理活动。

【适用专业】

公共事业管理专业，也可以在马克思主义理论及法学专业中开展。

【学情分析】

公共事业管理专业的学生学习一般都比较认真，规则意识较强，理论功底较好。该专业一般来说文理兼收，学生具备一定的创造性思维和多学科融合知识的能力，在人际交往和团队合作方面也有发展潜力，有利于开展实践教学。

【实践形式】

课堂实践教学。

【教学目标】

通过实践教学，大学生充分认识到社会治理是国家治理的重要领域，是社会建设的重要方面。大学生掌握加强和创新社会治理的基本途径，并对实现社会治理结构的合理化、治理方式的科学化、治理过程的民主化有基本的认识。同时掌握协商民主和社会治理的基本要求。

【重点难点】

重点：掌握加强和创新社会治理的基本途径，了解国家治理体系和治理能力现代化，理解并掌握中国特色社会主义协商民主的内涵。

难点:全面掌握社会治理的内涵和基本途径,掌握协商民主的基本要求。

【资料收集】

➢ 资料一 坚持和发展“枫桥经验”，习近平总书记这样说。

编者按：第 5 期《求是》杂志发表习近平总书记重要文章《坚定不移走中国特色社会主义法治道路，为全面建设社会主义现代化国家提供有力法治保障》。文章指出，要推动更多法治力量向引导和疏导端用力，完善预防性法律制度，坚持和发展新时代“枫桥经验”，完善社会矛盾纠纷多元预防调处化解综合机制，更加重视基层基础工作，充分发挥共建共治共享在基层的作用，推进市域社会治理现代化，促进社会和谐稳定。党的十八大以来，习近平总书记高度重视坚持和发展“枫桥经验”，作出一系列重要论述。

各级党委和政府要充分认识“枫桥经验”的重大意义，发扬优良作风，适应时代要求，创新群众工作方法，善于运用法治思维和法治方式解决涉及群众切身利益的矛盾和问题，把“枫桥经验”坚持好、发展好，把党的群众路线坚持好、贯彻好。

——2013 年 10 月就坚持和发展“枫桥经验”作出重要指示

重视化解农村社会矛盾，确保农村社会稳定有序。提高预防化解社会矛盾水平，要从完善政策、健全体系、落实责任、创新机制等方面入手，及时反映和协调农民各方面利益诉求，处理好政府和群众利益关系，从源头上预防减少社会矛盾，做好矛盾纠纷源头化解和突发事件应急处置工作，做到发现在早、防范在先、处置在小，防止碰头叠加、蔓延升级。要学习和推广“枫桥经验”，做到“小事不出村，大事不出镇，矛盾不上交”。

——2013 年 12 月 23 日在中央农村工作会议上的讲话

要推进社会治理现代化，坚持和发展“枫桥经验”，健全平安建设社会协同机制，从源头上提升维护社会稳定能力和水平。

——2019 年 1 月 21 日在省部级主要领导干部坚持底线思维着力防范化解重大风险专题研讨班开班式上的讲话

要坚持打防结合、整体防控，专群结合、群防群治，把“枫桥经验”坚持好、发展好，把党的群众路线坚持好、贯彻好，充分发动群众、组织群众、依靠群众，推进基层社会治理创新，努力建设更高水平的平安中国。

——2019 年 5 月在全国公安工作会议上的讲话

要坚持和发展“枫桥经验”，深入开展扫黑除恶行动，加大对涉毒、涉恐、走私、诈骗、偷越边境、越境赌博等跨境违法犯罪的打击力度，坚决打掉背后的黑势力和“保护伞”。

——2020 年 1 月在云南考察调研时的讲话

要加强和创新基层社会治理，坚持和完善新时代“枫桥经验”，加强城乡社区建设，强化网格化管理和服务，完善社会矛盾纠纷多元预防调处化解综合机制，切实把矛盾化解在基层，维护好社会稳定。

——2020 年 9 月 17 日在基层代表座谈会上的讲话

要推动更多法治力量向引导和疏导端用力，完善预防性法律制度，坚持和发展新时代“枫桥经验”，完善社会矛盾纠纷多元预防调处化解综合机制，更加重视基层基础工作，充分发挥共建共治共享在基层的作用，推进市域社会治理现代化，促进社会和谐稳定。

——《坚定不移走中国特色社会主义法治道路，为全面建设社会主义现代化国家提供有力法治保障》，《求是》2021 年第 5 期

（《坚持和发展“枫桥经验”，习近平总书记这样说》，载求是网 2021 年 3 月 2 日，http://www. qstheory. cn/laigao/ycjx/2021-03/02/c_1127157904. htm。）

➢ 资料二 张锋：《乡村振兴视域下农村社区协商治理研究》，武汉大学出版社 2021 年版。

➢ 资料三 给群众一个明明白白。

“村里修的第一条路是闫坝路，有二三十年了，当时我们啥情况都不了解就修好了。有了‘四议两公开’之后，我们能知道钱花在哪、具体花了多少钱，大家也就没啥意见了。”今年 76 岁的河南省兰考县张庄村村民郎秀蓉说。

“四议两公开”，即村级事务通过村党支部会提议、村“两委”会商议、党员大会审议、村民代表会或村民会议决议，且决议公开、实施结果公开。河南实施“四议两公开”工作法，为奏响乡村振兴最强音打下了坚实基础。

村里的工作干得好不好，群众说了算。通过“四议两公开”工作法，群众能够参与决策有关重大事项，提高了他们的主人翁意识。

因为没有公交站台，公交车通到达士营村后只能停在主干道上，这导致河南省南阳市七里园乡达士营村幼儿园门口长期处于堵塞的状态。“当时广泛征求群众意见和建议，多次召开村‘两委’会议和党员、村民代表会议，商议了建设公交站的方案，估计建设费用为 20 万元左右。”达士营村党支部书记王永豪说。

2015 年 1 月份，村民代表会议讨论建设所占 3 亩地每亩补偿 4 000 元，对拆除郭建申、郭家新两户的简易棚分别补偿 2. 6 万元、3 万元。村民代表

一致同意修建公交站。“建公交站对当地村民来说是好事，出行便捷有保障，我们支持。”村民们说。

随后一周，决议在村务公开栏公示，广大群众对决议结果没有提出异议。没多久，一个宽敞整洁、井然有序的公交站台就出现在大家的视野中。

当地群众通过“四议两公开”开展自主决策，逐渐开始在村里修公路、建新房、开设工厂……一系列民生项目使当地百姓的生活环境有了明显提高，大大提升了村民的幸福感。

经济水平提升，是“四议两公开”工作法实施后乡村最为显著的变化。农村地区的经济社会发展水平显著提高，生活环境有了全方位的改善，为绘就乡村振兴的宏伟蓝图注入新动能。

（《河南村级事务实施“四议两公开”工作法助力乡村振兴——给群众一个明明白白》，载《经济日报》2019 年 4 月 8 日，第 2 版。）

【实践过程】

1．师生研讨活动方案

任课教师与班委研讨活动方案，并广泛征集学生意见，拟定模拟协商治理的主题和基本流程。

师生根据活动主题，分配不同的角色。如农村公共卫生设施设置及管理协商模拟活动，师生可以分为主持人、村干部、赞成的村民代表、不赞成的村民代表、中立的村民代表、提出附带条件的村民代表、有意承包公共卫生设施的代表、物业公司代表等等。

2．师生课下进行实践活动准备

师生根据不同的角色定位，收集相关的资料，从自己的角色定位出发考虑问题，归纳总结支持自己意见的理由，对设施的资金来源、管理的收费、设施的摆放、垃圾的清运、有害废物的处理等等有更加全面的考虑。

班委做好统筹协调，组织同学们准备模拟协商治理活动所需要的相关物品，确保活动筹备有力、有效、顺利。

3．举行模拟协商治理实践活动

活动可以在教室里举行，将教室布置成会场。流程如下：

（1）主持人宣布协商流程和相关要求，并介绍村委提出的农村公共卫生设施设置及管理意见。

（2）与会代表提出疑问，扮演村干部的学生进行解释和说明。

（3）与代表依次发言，提出自己的观点、意见和顾虑，并举证说明。

（4）扮演村干部的学生对各方观点进行梳理，总结归纳 1~3 种主要的意见和观点，并进行补充说明。

（5）主持人比较 1~3 种意见的优劣，并讲解党和国家的相关法律政策文件。

（6）协商出接受度最高的意见，或者进行投票形成较为一致的意见。同时，最后的方案要吸收少数人的意见建议，尽可能地保障少数人的利益，至少要做好最大程度的解释工作。

4．教师总结发言

根据协商讨论情况，教师进行简单点评，并进行总结。

5. 拓展实践任务

教师可以组织优秀的学生代表或有意开展相关研究的学生代表赴协商治理典型社区或农村进行参观走访、实地考察或旁听参与相关活动，加深对相关理论和实践的认知。

【成果形式】

发言提纲、图片资料、感想、活动总结、调研报告等。

【成绩评定】

凡积极参与的均认定为优秀，对于其他参与活动的学生，任课教师可以酌情评定成绩。

【教学评价】

通过本次实践活动，大学生深化了对公共管理和现代治理的认识，特别是掌握了协商民主的精髓和全过程人民民主的真谛。通过“有事好商量，众人的事情由众人商量”，大学生认识到了社会治理结构的合理化、治理方式的科学化、治理过程的民主化，是加强社会管理创新，推动治理体系和治理能力现代化的基本途径。

十二、艺术学门类专业：以广播电视编导专业为例

【实践主题】

革命理想大于天。

【对应章节】

《毛泽东思想和中国特色社会主义理论体系概论（2023 年版）》第二章“新民主主义革命理论”。

【项目选择】

“情景再现”微电影拍摄。

【适用专业】

广播电视编导专业，也可以在其他与表演相关的专业中开展。

【学情分析】

广播电视编导专业学生性格开朗，思维活跃，接受新生事物的能力较强，有热情有活力，具有一定的创作能力。同时，广播电视编导专业的学生平时接触思想政治理论不多，对相关内容的理解也不是很深入，更容易从感性的角度去观察思考问题。因此，广播电视编导专业的学生需要通过亲身的体验进一步激发课程学习的热情。

【实践形式】

校内实践教学

【教学目标】

通过实践教学，充分发挥广播电视编导专业学生的专业能力，以情景代入的方式，让学生感悟“革命理想大于天”，胜利成果来之不易，从而认识到新民主主义革命的重大意义，掌握新民主主义的基本路线和基本纲领，继承和发扬中国革命的三大法宝。

【重点难点】

重点：理解新民主主义革命理论产生的历史背景，掌握新民主主义革命的总路线、基本纲领和基本经验。

难点：正确理解中国社会各阶级在新民主主义革命的作用，深刻认识新民主主义革命的性质，全面把握新民主主义革命与社会主义革命的关系。

【资料收集】

➢ 资料一 《复兴之路》《建国大业》《觉醒年代》等相关纪录片、电影、电视剧等。

➢ 资料二 星星之火可以燎原。

《中国的红色政权为什么能够存在》《井冈山的斗争》《星星之火，可以燎原》是毛泽东在井冈山时期发表的三篇重要文章，通过这三篇文章，毛泽东深入浅出地揭示出中国革命发展的客观规律和必然趋势，一扫质疑革命前途的重重阴霾，化解了悲观和迷茫的消极情绪，彰显了中国共产党人的理想信念和道路自信。

毛泽东的伟大之处在于他深邃的战略眼光，善于通过理论创新引导中国革命的航向。毛泽东坚持把马克思主义的基本原理同中国革命的具体实际相结合,开创了一条适合中国国情的革命道路,这是他一生最伟大的历史功绩。毛泽东强调“看事情必须要看它的实质”，反对孤立地、片面地、静止地看问题，主张用联系的、全面的、发展的眼光看世界，不被表象所迷惑，不被乱象所困扰。毛泽东的三篇文章，尤其是《星星之火，可以燎原》，是毛泽东在土地革命战争时期关于中国革命道路理论的光辉著作，实际上已经开始形成以农村包围城市，武装夺取政权的思想。这一思想，是对大革命失败后中国共产党领导的红军和根据地斗争经验的科学概括。

《星星之火，可以燎原》所指明的具体革命道路，已经完成了它的历史使命，但它的思想内涵却有着不可磨灭的当代价值。如今，中国人民正以昂扬的斗志沿着中国特色社会主义道路奋勇前行，面临百年未有之大变局，还会出现种种挑战和困难。但是，毛泽东那豪迈的语言在我们耳畔久久回响：“它是站在海岸遥望海中已经看得见桅杆尖头了的一只航船，它是立于高山之巅远看东方已见光芒四射喷薄欲出的一轮朝日，它是躁动于母腹中的快要成熟了的一个婴儿。”我们比历史上任何时期都更接近中华民族伟大复兴的目标，比历史上任何时期都更有信心、有能力实现这个目标。

（汪建新：《星星之火可以燎原》，载《中国纪检监察报》2021 年 2 月 23 日，第 6 版。）

➢ 资料三 红星照耀新中国——政协第一届全体会议协商建国纪实。

一、一呼百应

1948 年 4 月 30 日，中共中央发布纪念“五一”国际劳动节口号，号召：“各民主党派、各人民团体、各社会贤达迅速召开政治协商会议，讨论并实现召集人民代表大会，成立民主联合政府”。这一口号成为中国共产党发起建立新中国的宣言书和动员令。

这是一声激动人心的春雷。“五一”号召立即得到了各民主党派、人民团体和无党派民主人士的热烈响应。

受国民党独裁政府的打压，很多爱国民主人士此时正在香港坚持政治斗争。在国民党军队重重的封锁下，参加新政协的征途充满风险。中共中央对此作了周密安排。周恩来提出，北上运送代表参加新政协会议的每条船都必须有共产党员护送：既然有危险，那共产党员就应该和民主人士同舟共济。

二、共铸辉煌

1949 年 6 月 15 日至 19 日，新政治协商会议筹备会第一次全体会议在北平召开，参加会议的有中国共产党、各民主党派、人民团体等 23 个单位的 134 位代表。会议通过《新政治协商会议筹备会组织条例》等文件；选出由 21 人组成的筹备会常务委员会，推选毛泽东为主任，周恩来等 5 人为副主任，决定李维汉为秘书长。

9 月 17 日，新政协筹备会第二次全体会议，决定将《中国人民政治协商会议共同纲领（草案）》等文件提交政协第一届全体会议讨论通过，决定新政协定名为中国人民政治协商会议。

1949 年 9 月 21 日至 30 日，中国人民政治协商会议第一届全体会议在北平举行。出席会议的有中国共产党、各民主党派、各人民团体等 46 个单位的代表 662 人（含正式、候补代表）。

这次会议代表全国各族人民的意志，执行全国人民代表大会职权，自 9 月 21 日起，至 9 月 30 日，共开了 8 次大会。会场在中南海怀仁堂。

中国共产党领导的多党合作和政治协商制度作为我国一项基本政治制度，是中国共产党、中国人民和各民主党派、无党派人士的伟大政治创造，是从中国土壤中生长出来的新型政党制度，它不仅符合当代中国实际，而且符合中华民族一贯倡导的天下为公、兼容并蓄、求同存异等优秀传统文化，是对人类政治文明的重大贡献。

（李冰洁:《红星照耀新中国——政协第一届全体会议协商建国纪实》，载百家号 2019 年 9 月 21 日，https://baijiahao. baidu. com/s?id=1645276562382889507&wfr= spider&for=pc。）

【实践过程】

1．任课教师布置实践活动相关任务

任课教师提前布置微电影创作的主题和要求，明确以小组为单位开展实践活动，强调学生的原创精神、内涵设计以及专业特色，突出增强学生的团队意识、专业能力和组织协调能力。微电影以“革命理想大于天”为主题，模拟重现新民主主义革命时期的人物经历、场景事件、经典故事、重要会议等，小组成员以角色扮演的方式参与微电影拍摄，在资料收集、剧本编写、视频拍摄、视频剪辑等方面做好分工合作。拍摄时间上要尽量宽松，以一到两个月时间为宜。

作品要求：

微电影作品时长以 8 分钟为宜，不超过 10 分钟，格式要求为 MP4，作品文件大小不超过 1GB；作品要有片头片尾，鼓励添加中文字幕。作品应制作精良，不要出现反复晃动、模糊不清的镜头。作品需要本组学生出演，附有创作说明和内容简介。

2. 师生收集相关资料

教师可以收集一定的相关背景资料和选题供学生选择或借鉴。各小组根据小组内的研讨和交流以及实际情况，尽可能自行收集资料以及确定选题，做好小组内的分工协作，整理汇总资料并拟定拍摄提纲、剧本和脚本。

3．学生课下进行实践活动

学生充分利用课余时间，开展微电影创作，充分发挥大学生的主动性和积极性。教师做好主题和内容的指导把关，定期与学生开展交流和沟通。

4．学生提交实践成果

每个小组的作品及相关说明文件放在一个文件夹里，统一报送到指定办公室的电脑上，文件上要注明作者姓名、所在院系、组别、联系电话、作品的名称。每一个小组的作品及附件刻录在光盘中，与相关纸质版文件一起报送到指定地点。建议学生采取刻录光盘的形式，有条件的学校可以在指定的地方刻录，由任课教师申请相关经费，学校统一支付刻录费用。

5．成果评选

任课教师与其他教师或学生联合组成评委组，评出一等奖、二等奖和三等奖。评选要以作品内容、创意和是否原创为主要依据。

评价依据：

（1）内容主题（60 分）：主题健康积极，内容符合课程要求；内容鲜明，主旨突出，有思想性和逻辑性，有表现力和感染力；合理添加片头、片尾、字幕、制作人员等要素。

（2）技术手法（30 分）：画面流畅，拍摄自然，自主原创，自行出演，衔接顺畅，剪辑合理，声音清晰，配乐配音得当。

（3）说明文件（10 分）：准确说明作品创作的立意、过程和创作人员分工。

6．成果展示

评选出的优秀作品可以分不同的侧重点进行网络展示或举行汇报展演，也可以利用公众号或自媒体进行推送展示。

7. 课堂分享与反馈总结

在课堂上，任课教师可以组织获奖选手介绍自己的作品，讲解自己的创作历程。教师进行点评并总结和辅导答疑。

8. 拓展活动

对于比较优秀的作品,任课教师可以请专业教师和团队进行指导和完善,挑选部分作品参加全国大学生微电影大赛等活动。

【成果形式】

视频、文件等。

【成绩评定】

教师可以根据实际情况进行成绩评定。一等奖获得者本次实践作业可以评定为优秀，二等奖获得者可以评定为优秀或良好，三等奖获得者可以评定为良好或中等，参与未获奖的学生本次成绩可以评定为中等。对于特别优秀的、推荐参加各级各类大赛的学生，可以进行表彰。

【教学评价】

通过微电影创作活动，再现新民主主义革命时期中国共产党波澜壮阔的历史，加深广播电视编导专业学生对新民主主义革命理论的认识，发挥学生的自觉性，实现理论与实践的结合。微电影创作活动既发挥了广播电视编导专业学生的特长和特点，又激发了他们的创作热情，有助于他们培育和践行社会主义核心价值观，积极投身于社会主义文化强国建设。

第四章
基于校本特色的实践教学方案例举

校本资源是对某一学校所拥有的各种物质要素和精神要素的总称，体现了该校独特的文化底蕴、办学理念和办学特色。综合开发和利用校本资源开展思想政治理论课实践教学，有利于调动学生的主动性和积极性，提升实践教学的实效性。

一是有助于学生树立坚定的理想信念。理想信念具有指向性功能，是保持团结统一的思想基础。共同的理想信念也就意味着共同的价值目标，能够引导人们团结一致，共同奋斗。习近平总书记指出："对马克思主义的信仰，对社会主义和共产主义的信念，是共产党人的政治灵魂，是共产党人经受住任何考验的精神支柱。"①校本资源内容丰富，使用快捷方便。校本资源融入高校思想政治理论课实践教学，利用身边一个个鲜活的教学案例使学生深刻理解"革命理想高于天"的真正内涵，既增强了学生的爱国主义情怀，也坚定了他们对马克思主义的理想信念。

二是有助于学生继承艰苦奋斗的优良作风。艰苦奋斗是中华民族的传统美德，也是我们党在长期的革命和建设过程中形成的优良传统和作风。艰苦奋斗，不仅需要物质层面的勤俭节约，更需要精神层面的开拓、创新和进取。黄淮学院五十多年栉风沐雨，初心不变、砥砺前行，在河南的后发经济地区闯出了一条特色鲜明的应用型本科办学道路，学校也曾被评为"河南发展最迅速的大学"。黄淮学院的办学历史就是一部黄淮人的艰苦奋斗史。把校本资源融入思想政治理论课实践教学，有助于学生切身感受一代代黄淮人艰苦

① 《习近平谈治国理政》（第一卷），外文出版社 2018 年版，第 15 页。

奋斗的历史场景，深刻领悟黄淮人的艰苦奋斗精神，从而增强该类课程的吸引力和感染力，培养学生继承和发扬艰苦奋斗的优良作风。

三是有助于学生了解学校发展成就，坚定“四个自信”。五十多年来，黄淮学院在人才培养和教学科研方面取得的显著的成绩，是改革开放和教育现代化建设的一个缩影。把校本资源融入思想政治理论课实践教学，让学生了解学校五十多年来的发展成就,可以使思想政治理论课更接地气、有底气。让学生更加直观地感受社会主义现代化建设成就，有助于学生坚定“四个自信”，从而增强马克思主义理论的说服力和感染力。

一、校歌传唱：以黄淮学院校歌《奋斗与梦想》为例

【实践主题】

奋斗与梦想。

【对应章节】

《习近平新时代中国特色社会主义思想概论（教学课件）》第二讲“坚持和发展中国特色社会主义的总任务”。

【项目选择】

校歌学习传唱实践活动。

【适用专业】

各专业。

【学情分析】

各专业学生均可开展，可以调动喜欢唱歌的学生参与组织活动。

【实践形式】

校内实践教学。

【教学目标】

通过学习校歌《奋斗与梦想》，理解奋斗与梦想的深刻含义，熟记中国梦的科学内涵，掌握实现中国梦的路径和全面建成社会主义现代化强国“两

步走”战略的具体安排。

【重点难点】

重点：把握中国梦的科学内涵，理解青年梦与中国梦的关系，掌握实现中国梦的路径、社会主义现代化强国的建设目标和“两步走”建成社会主义现代化强国的战略安排。

难点：全面理解个人奋斗与学校发展、中国梦的辩证关系，深刻把握中国梦的科学内涵以及实现中国梦的基本路径。

【资料收集】

➢ 资料一 黄淮学院校歌《奋斗与梦想》。

奋斗与梦想

词：朱占青 曲：李 婷

两河灵秀，文化悠长，我们可爱的校园，屹立在天中大地上。
离别家园，怀抱希望，莘莘学子来自祖国的四方。
挥洒汗水，追逐梦想，我们用奋斗谱写人生进取的乐章。
美丽的黄淮校园，我们青春永驻的地方。
美丽的黄淮校园，我们青春永驻的地方。
天降大任，弘毅自强，我们追逐梦想，用智慧将激情点亮。
书山有路，学海荡桨，成功之花明天为我们绽放。
辛勤耕耘，奋发向上，今天的黄淮学子，明天的国家栋梁。
美丽的黄淮学院，我们永远的精神故乡。
美丽的黄淮学院，我们永远的精神故乡。

（共青团黄淮学院委员会：《黄淮学院庆祝十九大暨第九届校歌合唱比赛补充通知》，载黄淮学院新闻网 2017 年 11 月 6 日，https://www. huanghuai. edu. cn/html/801/2017-11-06/ content-18221. shtml。）

➢ 资料二 黄淮学院第二届合唱文化节暨第十二届校歌合唱比赛隆重举行。

“两河灵秀，文化悠长，我们可爱的校园，屹立在天中大地上……”11 月 17 日，黄淮学院第二届合唱文化节暨第十二届校歌合唱比赛在黄淮学院体育中心隆重举行。

此次活动为“弘扬爱国奋斗精神 建功立业新时代 我为黄淮添光彩”2020年度系列活动第五场，旨在增进广大师生的爱国爱校情感，增强团结奋斗奉献精神，活跃校园文化氛围。

本次活动，校领导与各学院师生组成17个代表队参加。参赛师生服装统一，精神饱满，《奋斗与梦想》《走向复兴》《祖国不会忘记》《不忘初心》……一曲曲激奋人心的经典歌曲，诠释了“除了奋斗、别无选择”的黄淮精神和“唯有创新、方能超越”的黄淮品格。各代表队还奇思妙想地加入了朗诵、舞蹈等多种元素，一个个身着靓装的方队、优美的音乐旋律、娴熟的和声技巧、丰富多彩的表演形式……整个合唱亮点纷呈，引得现场观众掌声不断。最后登台的音乐学院师生共同演绎了《奋斗与梦想》《爱•WILLING》两首歌曲，他们以专业而热情的演唱和对节奏精准的把握，将爱国爱校之情表达得淋漓尽致。

经过评委对各支队伍参赛歌曲的主题、整体节奏、演出效果、队员台风、指挥动作等方面综合评判，文化传媒学院荣获一等奖，外国语学院、医学院、信息工程学院荣获二等奖，艺术设计学院、经济与管理学院、国际教育学院、马克思主义学院、建筑工程学院荣获三等奖，音乐学院获得特别奖，与会校领导为各获奖单位颁奖并合影留念。

校歌是学校办学思想、办学精神和文化内涵的集中体现。本次比赛，彰显了我校师生积极昂扬向上的良好风貌，对于进一步丰富师生校园文化生活，营造积极向上、健康文明的校园文化氛围具有重要意义。

（《黄淮学院第二届合唱文化节暨第十二届校歌合唱比赛隆重举行》，载黄淮学院新闻网 2020 年 11 月 18 日，https://www. huanghuai. edu. cn/html/800/ 2020-11-18/content-22357. shtml。）

【实践过程】

1．任课教师讲解校歌的创作背景和内容主旨

任课教师在熟悉校歌内容，学习校歌的主旨和意义的基础上，为学生讲解校歌的创作背景、创作过程，并组织学生进行初步的讨论交流。

2. 学生利用课余时间学唱校歌

教师将校歌的教学音视频等材料转发给学生，请学生利用课余时间学习演唱《奋斗与梦想》。教师可以安排文艺委员组织集体学习，也可以利用学校组织合唱比赛活动的时段安排学生进行练习。

3. 任课教师组织学生进行小组校歌合唱比赛或展示活动

将班级学生分成若干小组，利用一节课的时间，组织各小组进行校歌合唱比赛或展示活动。也可以利用课前 5 分钟活动实践，每次课选一个小组进行校歌演唱或展示。

4. 开展课堂讨论

合唱比赛或展示活动结束后，教师指导学生分组讨论校歌《奋斗与梦想》，并将青年梦和中国梦进行有机结合。

5. 点评小结

任课教师组织各个小组的代表在课堂上进行校歌演唱学习心得分享。教师对学生的分享进行点评，结合校歌讲解中国梦的相关内容，并总结和辅导答疑。

【成果形式】

图文资料、实践感悟、新闻报道等。

【成绩评定】

任课教师结合校歌演唱情况和分组讨论情况评定实践环节成绩。建议采取教师评分和学生网络投票评分相结合的方式，以小组为单位评定成绩等级或分数。个别非常优秀的学生，教师可以单独酌情给分。

【教学评价】

校歌是学校历史沿革的展现，是一个学校的“主旋律”，是校园文化中最能表达感情的乐章，是学校办学理念、办学精神和办学特色的集中体现。校歌的传唱和讨论学习，增强了学生对学校的归属感和认同感，使他们深刻感悟到了个体与学校之间的密切关系，个人梦、青年梦与中国梦的互联互通，加深了对中国梦内涵的理解，增强了对全面建成社会主义现代化强国战略安排的认识。

二、改革发展：以改革创新中的黄淮学院为例

【实践主题】

改革发展。

【对应章节】

《习近平新时代中国特色社会主义思想概论（教学课件）》第六讲“全面深化改革”。

【项目选择】

对改革创新中的黄淮学院进行走访调研。

【适用专业】

各专业。

【学情分析】

各专业学生均可开展，可以动员学生干部担任小组长组织开展该活动。

【实践形式】

校内实践教学。

【教学目标】

通过走访调研黄淮学院的改革创新和发展变化，学生能够了解学校事业的全面发展，掌握“四个全面”战略布局的主要内容，充分认识到学校的发展变化是党和国家伟大事业成就的体现，是中国共产党领导中国人民艰苦奋斗，勇于创新，协调推进“四个全面”战略布局的结果。

【重点难点】

重点：全面回顾学校的发展变化，把握全面建设社会主义现代化国家的宏伟目标，掌握全面深化改革、全面依法治国、全面从严治党的基本内涵。

难点：深刻认识到改革开放是决定当代中国命运的关键一招；把握全面深化改革的具体要求。

【资料收集】

➢ 资料一 黄淮学院召开建校 50 周年产教融合对接交流会。

五十载立德树人，桃李芬芳；五十载弦歌不辍，步履铿锵。9 月 29 日，

黄淮学院喜迎建校50周年校庆。上午10时，图书馆中州厅群贤毕至、共襄盛事，黄淮学院建校50周年产教融合对接交流会在这里隆重举行。各级领导、来宾、校友300余人齐聚一堂，共叙友情、共谋发展。我校师生员工及海内外校友通过网络直播观看大会。大会由黄淮学院党委副书记王冰主持。

黄淮学院党委副书记、工会主席曹忠义宣读了黄淮学院建校50周年祝贺单位名单。国家、省市有关部门、海外大学和教育机构、社会各界友人、校友和校友会等130多家单位和团体的贺信贺电。

上午10时，伴随着雄壮的国歌声，庆祝大会正式拉开帷幕。

刘先省代表学校向百忙之中拨冗光临大会的嘉宾表示最热烈的欢迎，向海内外的校友和全体黄淮学子，致以节日的问候，向50年来辛勤耕耘、奋斗不息，为学校的建设发展倾注心血的老领导、老同志、全体教职员工表示最崇高的敬意，向长期以来，关心、支持和帮助黄淮学院发展的各级领导、兄弟院校和各界朋友表示最诚挚的感谢。

弦歌不辍五十载，砥砺奋进再出发。刘先省在致辞中深情回顾了黄淮学院建校50年来学校与民族共命运、与时代同步伐的发展历程。黄淮学院50年的历史，是一部不畏艰难的创业史、创新担当的改革史、爬坡过坎的奋斗史。他指出，屹立于天中大地的黄淮学院，诞生于生民急需之际，成长于国家振兴之时，从50年前的卫校初创，师范肇基到沐浴着改革开放春风的三校共生，发展壮大，一代又一代的黄淮人弦歌不辍，自强不息，秉承着“不靠天、不靠地，自己办学靠自己”的坚定信念，始终肩负“办学为民、兴学强市”的光荣使命，在天中大地这片沃土上奋力扎根、顽强生长。进入21世纪，黄淮学院求索图强，在省委省政府的大力支持下，在全市人民的共同努力下，合并升本，结束了驻马店没有本科高校的历史。10年前，面对经济社会发展的新要求，黄淮学院主动转型发展，换道领跑，提出建设特色鲜明的应用型本科高校的办学思路。50年来，黄淮学院的每一步发展都离不开党的领导，离不开驻马店人民的厚爱，离不开社会各界的支持。

回望沧桑已五秩，再踏百年新征程。据了解，此次校庆活动，还安排了校史馆、迎客石和校友林揭牌开放及校友参观和学术报告等系列活动，以全方位展示黄淮学院50年的历史和当下，表达全校师生员工对学校未来发展的美好愿景。此次庆祝大会线上观看人数突破120万人，海内外校友通过网络直播在线上向母校50周岁华诞献上生日的祝福。

（《黄淮学院召开建校50周年产教融合对接交流会》，载黄淮学院新闻网2021年9月29日，https://www.huanghuai.edu.cn/html/800/2021-09-29/ content-24126. shtml。）

➢ 资料二《又乘春风浩荡时——第九届产教融合发展战战略国际论坛综述》，载黄淮学院新闻网2023年1月13日，https://www. huanghuai. edu. cn/html/ 800/2023-01-13/ content- 26728. shtml。

【实践过程】

1．任课教师发布实践任务

任课教师提前设计和布置实践教学任务，主要围绕黄淮学院建校以来的各个领域或某个方面的沧桑巨变开展调研活动，形成相关文稿或资料。

实践活动以小组任务为主,每小组5人左右,可以将黄淮学院人才培养、科学研究、服务社会、文化传承、国际交流、基本建设、机构演变、教师队伍等作为实践活动的具体内容，通过人物访谈、档案查找、调研考察、资料查阅等方式开展实践活动。

活动结束后每小组需要提交不少于2 000字的调研报告和部分图片资料。

2．学生分组收集相关资料，开展相关调研

学生以小组为单位开展活动。每个小组分工合作，做好资料收集、走访调研、汇总分析、撰写报告等工作。

3．实践成果提交和展示

调研结束后，各小组提交调研报告和相关图片资料，任课教师对报告内容进行审查和评价，并评定成绩。选取若干组（或全部小组）进行课堂展示。学生可以通过讨论、提问等方式进行互动。调研报告要求如下。

（1）选题要求：紧紧围绕学校建设发展进行选题。一个班级内各小组的选题原则上不能重复。调研报告题目应该简短、明确。

（2）内容要求：主题突出，内容贴近实际、贴近生活，语言流畅，结构清晰，层次分明，论证充分。

（3）字数要求：不少于2 000字。

（4）结构要求：调研报告要有封面和正文。封面上有题目和小组成员信息，引用的史料或数据要标明出处。

（5）格式要求：正文字体为宋体小四号，行距为 1.5 倍，页边距均为 2.5 厘米，统一用 A4 纸打印，左侧装订。

4．教师点评

教师及时点评并记录学生的走访调研情况，通过学生的分享，导入课程，结合学生调研的内容进行辅导答疑，使学生充分理解我国高等教育在党的领导下取得的辉煌成就；使学生对学校的改革发展、办学治校等各个方面有了更加清晰的认识，更加深入地理解“四个全面”战略布局的内涵和要求。

5. 拓展延伸

任课教师可以通过布置思考题，引导学生深入思考和讨论学校的进一步改革创新，引导学生为学校事业发展建言献策。

此外，任课教师可以把优秀的实践成果上传至课程网站供学生自行学习浏览。特别优秀的实践成果，任课教师可以细致指导学生进一步修改和调研分析，推荐学生参加学校关于校史和校园文化建设的一系列活动。

【成果形式】

调研报告、图片资料等。

【成绩评定】

任课教师要对学生提交的成果进行认真评阅，评阅要有批语、日期、成绩等内容。教师在评定成绩时，可先按百分制打分，最后按比例折合，计入总分。具体评分标准是：观点正确，内容充实，层次清晰，佐证材料充分，可在 85~100 分的范围内给分；观点正确，内容较充实，层次较清晰，证明材料较为充分，可在 75~84 分的范围内给分；观点正确，内容简单，层次不明，可在 60~74 分的范围内给分；不符合基本要求的，在 60 分以下给分；不提交调研实践成果的，成绩按零分计。

【教学评价】

通过走访调研黄淮学院的改革创新和发展变化，学生增强了对学校的归属感和认同感，对改革开放和“四个全面”有了更加深刻的认识和理解。学生通过黄淮学院的沧桑巨变，了解了党带领全国人民从站起来、富起来到强起来的辉煌历程，从而对建设社会主义现代化教育强国，实现民族复兴伟业更加充满信心和力量。

三、最美师生：以“最美黄淮人”评选为例

【实践主题】

个人梦、青年梦、黄淮梦、中国梦。

【适应章节】

《习近平新时代中国特色社会主义思想概论（教学课件）》第二讲“坚持和发展中国特色社会主义总任务”。

【项目选择】

“最美黄淮人”寻访推荐实践活动。

【适用专业】

各专业。

【学情分析】

各专业学生均可开展，可以动员学生干部、寝室长担任小组长组织开展该活动。

【实践形式】

校内实践教学。

【教学目标】

通过发现、寻访、推荐“最美黄淮人”，学生能够掌握中国梦的内涵和实现途径，了解到每位师生都是学校事业发展的贡献者和亲历者，也是学校发展和民族振兴的受益者和共享者；掌握实现社会主义现代化强国的战略安排，充分认识到只有把个人梦、青年梦融入国家梦、民族梦之中，才能汇聚建设大美黄淮、实现中国梦的磅礴力量，激发全体黄淮人奋斗学校发展新征程，实现中华民族伟大复兴的热情和信心。

【重点难点】

重点：掌握中国梦的内涵及其实现路径，理解实现社会主义现代化强国的战略安排和战略导向，把握个人梦和中国梦、个人价值和社会价值的辩证关系。

难点：把握个人梦和中国梦的辩证关系，了解和落实学校事业发展的顶层设计，培养实现教育强国和中华民族伟大复兴中国梦的自觉性。

【资料收集】

➢ 资料一 心有大我、至诚报国。

2017 年 5 月 24 日，习近平总书记在对黄大年同志先进事迹作出重要指示时强调，黄大年同志秉持科技报国理想，把为祖国富强、民族振兴、人民幸福贡献力量作为毕生追求，为我国教育科研事业作出了突出贡献，他的先进事迹感人肺腑，我们要以黄大年同志为榜样，从自己做起，从本职岗位做起，为实现中华民族伟大复兴的中国梦贡献智慧和力量。

黄大年同志青年时期就立下“振兴中华，乃我辈之责”的宏大志向，他常说“我是国家培养出来的，我的归宿在中国”，自觉把个人理想和国家发展融为一体，毅然放弃国外优越条件回到祖国。归国 7 年多，他作为国家多个技术攻关项目的首席专家，带领科技团队只争朝夕、顽强拼搏，取得一系列重大科技成果，填补多项国内技术空白，部分成果达到国际领先水平。他秉持“祖国的需要就是最高需要”的人生信条，叮嘱学生“出去了要回来，出息了要报国”，激励学生树立远大理想和家国情怀，支持资助学生参加国际学术交流，为国家培养出一批“出得去、回得来”的优秀科技人才。他以崇高的爱国情怀、强烈的敬业精神、深厚的学术造诣和高洁的道德品行，赢得学校师生、科研同事和社会各方面广泛赞誉。

（《中共中央关于追授黄大年同志“全国优秀共产党员”称号的决定》，载《光明日报》2017 年 7 月 23 日，第 1 版。）

➢ 资料二 习近平总书记给全国高校黄大年式教师团队代表的回信。

在第三十七个教师节来临之际，中共中央总书记、国家主席、中央军委主席习近平 9 月 8 日给全国高校黄大年式教师团队代表回信，对他们寄予殷切期望，并向全国广大教师致以节日的祝贺和诚挚的祝福。

习近平总书记在回信中表示，你们以黄大年同志为榜样，立足本职岗位，凝聚团队力量，在教书育人、科研创新等方面取得了可喜成绩，我感到很高兴。

习近平总书记强调，好老师要做到学为人师、行为世范。希望你们继续学习弘扬黄大年同志等优秀教师的高尚精神，同全国高校广大教师一道，立德修身，潜心治学，开拓创新，真正把为学、为事、为人统一起来，当好学生成长的引路人，为培养德智体美劳全面发展的社会主义建设者和接班人、全面建设社会主义现代化国家不断作出新贡献。

2017 年，习近平总书记对吉林大学地球探测科学与技术学院教授黄大年的先进事迹作出重要指示。为贯彻落实习近平总书记重要指示精神，教育部 2017 年启动全国高校黄大年式教师团队创建活动，首批认定的 201 个教师团队来自全国 200 所高校，覆盖各学科门类和东中西各省份，我校陈秀云教授牵头的“土木工程教师团队”喜获首批全国高校黄大年式教师团队。

（《习近平给全国高校黄大年式教师团队代表的回信》，载黄淮学院新闻网 2021 年 9 月 10 日，https://www. huanghuai. edu. cn/html/800/2021-09-10/content- 24027. shtml。）

➢ 资料三 我校“土木工程教师团队”入选首批“全国高校黄大年式教师团队”。

近日，教育部公布了首批全国高校黄大年式教师团队（教师函〔2018〕1 号），我校陈秀云教授牵头的“土木工程教师团队”喜获此殊荣。

为引导全国广大教师向黄大年同志学习，教育部发布《关于开展全国高校黄大年式教师团队创建活动的通知》，决定 2017 年年底前认定 200 个“全国高校黄大年式教师团队”。按照教育部和省教育厅文件要求，我校“土木工程教师团队”经过层层遴选入围。据悉，本次公布的“全国高校黄大年式教师团队”共有来自全国高校的 101 个团队，包括黄大年生前所在的吉林大学地球探测与信息技术教师团队。团队负责人基本都是各自领域领军科学家和知名学者，包括数十位两院院士、国家杰出青年、长江学者特聘教授等。

我校“土木工程教师团队”注重思想政治和师德师风建设，加强人才梯队培养，开展了一流的教育教学、科学创新、社会服务和文化传承工作，展现了我校教师的精神风貌。

（《我校“土木工程教师团队”入选首批“全国高校黄大年式教师团队”》，载黄淮学院新闻网 2018 年 3 月 12 日，https://epaper. gmw. cn/gmrb/html/2017-07/ 24/nw. D110000gmrb_20170724_1-01. htm?div=-1。）

➢ 资料四 关于第三届“最美黄淮人”评选网上投票的通知。

为深入学习贯彻习近平新时代中国特色社会主义思想，培育和践行社会主义核心价值观，传承弘扬时代精神，推进文明校园建设，在中国共产党成立 100 周年之际，根据年度工作安排，学校决定开展第三届“最美黄淮人”评选活动，现将我校最美教师、最美学生、最美外服（最美保安、最美保洁、最美宿管、最美餐服）候选人及事迹材料通过网络投票平台予以公布。

请各单位认真组织本单位师生网络投票，确保将最美黄淮人客观公正评选出来。

（《关于第三届“最美黄淮人”评选网上投票的通知》，载黄淮学院新闻网 2021 年 6 月 21 日，https://www. huanghuai. edu. cn/html/801/2021-06-21/content- 23660. shtml。）

【实践过程】

1．任课教师发布实践任务

以 “最美黄淮人”评选活动为契机，任课教师提前设计和布置实践教学任务，主题为发现、寻访、宣传、推荐身边熟悉的“最美黄淮人”，要求学生形成“最美黄淮人”的先进事迹材料或推荐报告。

寻访的“最美黄淮人”类别包括最美教师、最美学生、最美保安、最美保洁、最美宿管、最美餐服等等。

实践活动以宿舍小组或学习小组为单位，每小组 6 人左右，学生可以通过人物访谈、新闻报道、调研考察、资料查阅等方式开展实践活动。

活动结束后，每小组需要提交不少于 800 字的个人先进事迹材料或推荐报告等说明材料。

2．学生分组收集相关资料，寻访最美黄淮人

学生以小组为单位开展活动，讨论确定寻访类别和主要对象。每个小组

成员分工合作，通过走访调研，形成一致意见，并由各个成员撰写材料，最后组长汇总整理并撰写事迹材料。

3．实践成果提交和展示

一周后，各小组提交推荐材料，并准备在课堂上进行展示分享。任课教师对内容进行审查，全部小组进行课堂展示。学生可以通过讨论、提问等方式进行互动。教师点评后，由全体班级成员投票评选本班推荐的人选。

4．教师推荐

教师可以把各班级推荐的“最美黄淮人”评选人选或意见，及时反馈给各推荐单位，作为各推荐单位推荐人选的依据或参考。

5．拓展延伸

学校评选出“最美黄淮人”候选人，并进行网络投票时，任课教师组织各班学生踊跃投票，选定自己认为的“最美黄淮人”。

【成果形式】

推荐报告、先进事迹材料、图片资料等。

【成绩评定】

任课教师对每个小组提交的推荐说明材料认真评阅，并根据学生的认真程度酌情给分。教师也可以结合各班学生的投票，如教师评分占比60%，学生投票评分占比40%，按比例评定每个小组的成绩。

【教学评价】

通过寻访“最美黄淮人”活动，学生更加准确地把握了个人梦、青年梦、家庭梦、学校梦和中国梦、民族梦的辩证关系，加深了对中国梦内涵和实现途径的理解，激发了自己积极投身于建设高水平应用型大学的奋斗热情，也为中国梦、民族梦的实现凝聚了力量，提振了精神。

四、文明校园：以文明校园我先行实践活动为例

【实践主题】

文明校园我先行。

【对应章节】

《习近平新时代中国特色社会主义思想概论（教学课件）》第十一讲“建设社会主义生态文明”。

【项目选择】

“文明校园我先行”实践活动。

【适用专业】

各专业。

【学情分析】

各专业学生均可开展，可根据学生专业特点有针对性地开展文明校园实践活动。

【实践形式】

校内实践教学。

【教学目标】

通过实践教学，引导大学生树立生态文明理念，身体力行践行绿色环保理念，深刻理解和掌握习近平生态文明思想，积极投身文明校园创建活动，以自己的实际行动助力美丽校园、美丽城市、美丽中国建设。

【重点难点】

重点：学习掌握习近平生态文明思想，自觉贯彻落实生态文明理念，掌握文明校园创建的相关知识。

难点：深入学习贯彻习近平生态文明思想，自觉践行美丽中国理念，积极投身文明校园创建。

【资料收集】

➢ 资料一 关于常态化开展文明创建工作的通知。

2021年是新一轮（2021—2023年）全国文明校园、全国文明城市创建及驻马店市深入实施百城建设提质工程推动城市高质量发展三年行动计划的开局之年，为进一步促进创建工作常态长效，提升校园文明创建水平，以更加严格的标准，深入推进“净化、绿化、美化、文化”“四化”校园建设，打造“宜学、宜教、宜业、宜居”的“四宜”校园人文和物质环境，坚持“以校园文明涵养城市文明，以校园文明提升城市文明，以校园发展服务城市发展，以校园发展推动城市发展”。现将常态化开展文明创建有关事项安排如下：

一、高度重视，加大文明创建宣传力度

今年起，文明城市和文明校园创建政策由原来的一年一次考评（复查）调整为动态化日常监管，不定期暗访考核的长效机制。各单位要高度重视，利用多种形式加大对创建工作的宣传教育，营造浓厚的创建氛围。各单位要引导师生自觉遵守河南省文明行为促进条例，开展文明实践活动，大力倡导志愿服务，自觉做全国文明校园、全国文明城市创建的宣传员、践行者。

二、对标要求，扎实开展文明创建工作

各单位要按照《全国高校文明校园测评细则》，重点围绕思想道德建设、领导班子建设、师德师风建设、校园文化建设、校园环境建设、阵地建设管理六个方面，全年度扎实开展好各类创建工作，同时做好创建工作资料存档。

三、规范管理，杜绝违法违规现象

文明创建实行“负面清单”动态化管理，各单位要高标准严要求落实各项创建任务，要严格落实安全稳定和意识形态工作责任制，引导师生员工严格遵守国家法律法规，严防出现严重违法违纪以及严重失信等行为。

四、加强领导，确保创建任务落实落细

各基层党委、党总支书记，各部门主要负责同志是本单位创文工作的第一责任人，做到措施研究到位、人员教育到位、目标落实到位，不折不扣高质量完成工作任务。坚持文明创建工作常态化、长效化。加强督查指导，把创建工作落到实处。

五、常态长效，重点抓好创建关键环节

（1）落实好分包路段开展“星期五环境清洁日”志愿服务活动，每个路段不少于3人；

（2）加大校区、家属区保洁力度，垃圾及时清运，各学院按照划分的责任区每周组织开展义务劳动；

（3）做好校内道路及路牙全面排查，发现破损及时进行维修；

（4）校区、家属区严禁车辆乱停乱放，加强门卫管理，严禁宠物进入校园；

（5）全面整修绿篱和树木，做到绿篱和草坪内无杂草、无杂物；

（6）完善物防、技防、人防、消防设施，确保无占用、堵塞、封闭消防通道现象；

（7）按照创建标准做好图书馆、体育馆日常管理服务工作。

（《关于常态化开展文明创建工作的通知》，载黄淮学院新闻网 2021 年 6 月 9 日，https://www.huanghuai.edu.cn/html/801/2021-06-09/content-23569.shtml。）

➢ 资料二 黄淮学院被授予“河南省文明校园标兵”称号。

日前，中共河南省委、河南省人民政府下发《关于表彰河南省文明城市文明村镇文明单位的决定》，黄淮学院被授予“河南省文明校园标兵”称号。

近年来，黄淮学院党委始终坚持把立德树人作为根本任务，把加强校园精神文明建设作为贯穿学校党的建设和各项事业发展的一条主线，坚持“以校园文明涵养城市文明，以校园文明提升城市文明，以校园发展服务城市发展，以校园发展推动城市发展”；大力开展“净化、绿化、美化、文化”“四化”校园建设活动，全面打造更加“宜学、宜教、宜业、宜居”的“四宜”校园人文和物质环境；扎实做好思想道德建设、领导班子建设、教师队伍建设、校园文化建设、校园环境建设、活动阵地建设 6 项重点工作，按照评测体系 130 条测评标准，全体师生凝心聚力、分工协作、担当作为，形成了全员参与、共治共享的创建氛围，这次获得“河南省文明校园标兵”荣誉，标志着黄淮学院创建省级文明校园、省级文明校园标兵、全国文明校园“三步走”战略实现了新的突破。

（《黄淮学院被授予“河南省文明校园标兵”称号》，载《驻马店日报》2020 年 5 月 16 日，第 2 版。）

【实践过程】

1．任课教师布置实践活动相关任务

任课教师提前布置本次实践教学活动的主题、任务和要求，明确以小组为单位开展实践活动，强调学生要以实际行动投身文明校园创建，践行习近平生态文明思想。

2. 学生选择主题并分组，做好实践准备

教师公布实践活动具体内容，学生自行选择实践内容组建小组或先组建小组再选择内容。教师可以收集一定的背景资料供学生借鉴。各小组根据组内交流情况，做好分工协作，制定实践活动方案。

实践内容包括：垃圾捡拾、校区环保行动、文明行为引导、护河护湖行动、收集废旧电池、环保理念宣传、家属区调研、废水污水处理等。

实践成果包括：图文资料、调研报告、总结提纲、实践感悟、新闻报道等。

3．学生利用课余时间进行实践活动

学生充分利用课余时间，开展文明校园我先行实践活动，助力文明校园创建活动。各小组组长要统筹协调，按照既定的活动内容，安排合适的时间开展活动，并做好资料收集、研讨交流、总结汇总等工作。任课教师可以参与其中一个小组的活动，并及时对各小组进行指导和交流。

4．学生提交实践成果

每个小组的实践成果放在一个文件夹里并以专业班级小组命名，统一报送到指定办公室的电脑上。文件中要注明院系、组别、小组成员的姓名学号及任务分工、组长联系电话、实践成果的内容主题等。同时，每个小组要将实践过程及成果制作成图文并茂的 PPT 或宣传视频，以备交流分享。

5．成果分享

任课教师组织各个小组的代表在课堂上进行实践分享，包括实践过程、实践成果、实践感想等内容，并进行课堂讨论交流。最后教师进行点评和总结。

6．实践延伸

优秀实践成果可以分不同的主题进行网络宣传，利用公众号或自媒体进行推送展示。任课教师可以指导有一定基础和意向的学生，参加学校的社团活动或大学生科研立项活动，部分学生可以参与到任课教师相关的科研项目中。

【成果形式】

图文资料、调研报告、总结提纲、实践感悟、新闻报道等。

【成绩评定】

教师可以根据小组提交的成果和课堂分享的情况酌情评定每个小组的成绩。对于特别优秀的，可以酌情单独给分。

【教学评价】

通过文明校园创建参与活动,学生加深了对习近平生态文明思想的理解，提升了自己服务学校、做文明学子的意识和习惯。在实践活动中，学生还提升了认识社会、服务学校的能力，对于培育和践行社会主义核心价值观，引导和鼓励更多的人积极投身于美丽中国、美丽城市、美丽校园建设，发挥了积极的作用。

五、学校精神：以黄淮学院精神研讨会为例

【实践主题】

弘扬“除了奋斗，别无选择”的学校精神。

【对应章节】

《毛泽东思想和中国特色社会主义理论体系概论（2023 年版）》第二章“新民主主义革命理论”；《习近平新时代中国特色社会主义思想概论（教学课件）》第十六讲“全面从严治党”。

【项目选择】

学校精神研讨会。

【适用专业】

各专业。

【学情分析】

各专业学生均可开展，可根据学生专业有针对性地讨论如何传承学校精神和中国共产党的革命精神。

【实践形式】

课堂实践教学。

【教学目标】

通过实践教学，大学生能够识记学校精神（“除了奋斗，别无选择”），熟悉“厚德、博学、笃行、自强”的校训，自觉践行“唯有创新，方能超越”的“黄淮”品格，并结合课程内容正确理解中国共产党提出新民主主义革命理论的过程，掌握新民主主义革命的历史背景、总路线、基本纲领，以及新民主主义革命道路和基本经验。

【重点难点】

重点：理解和把握近代中国国情，掌握新民主主义革命的总路线和基本纲领，掌握新民主主义革命的道路和基本经验，理解和把握中国革命的三大法宝。

难点：深刻理解并掌握新民主主义革命的总路线，充分认识到新民主主义革命道路的历史意义和时代价值。

【资料收集】

➢ 资料一 《黄淮学院党委书记李国胜：少年心 凌云志 家国情 新青年 追梦人 奋斗者——在 2020 届学生毕业典礼上的讲话》，载黄淮学院新闻网 2020 年 6 月 30 日，https://www. huanghuai. edu. cn/m/800/2020-06-30/content-21831. shtml。

➢ 资料二 《黄淮学院校长刘先省在 2021 届毕业生毕业典礼暨学士学位授予仪式上的讲话》，载黄淮学院新闻网 2021 年 6 月 17 日，https://www. huanghuai. edu. cn/html/800/2021-06-17/content-23635. shtml。

➢ 资料三 《黄淮学院校长刘彦明在 2022 届毕业生毕业典礼暨学士学位授予仪式上的讲话》，载黄淮学院新闻网 2022 年 6 月 5 日，https://www. huanghuai. edu. cn/html/800/2022-06-05/content-25794. shtml。

➢ 资料四 《校长谭贞寄语新生：除了奋斗 别无选择》，载黄淮学院新闻网 2017 年 9 月 27 日，https://www. huanghuai. edu. cn/html/800/2017-09-27/content- 18053. shtml。

【实践过程】

1．任课教师讲解学校精神并布置实践活动任务

首先，任课教师结合古今中外的名人案例，引出学校精神（“除了奋斗，别无选择”），并结合中国共产党的革命斗争精神和伟大建党精神，进一步讲解学校精神，使学生能够理解学校精神的深刻含义。

其次，任课教师布置实践任务，要求通过收集学校成立、发展的历史资料和走访老教师、校友等，进一步理解学校精神的含义及其实践意义，并撰写发言稿，发言稿包括对学校某个方面的发展或奋斗历程的梳理、对学校精神的理解，以及对自己未来发展的规划。发言稿要有统一的格式要求，字数不少于 1 000 字。

2．学生开展实践活动

学生自行开展实践活动，并撰写发言稿，时间为 1~2 周，教师可以适时跟进并及时指导。

3．学生提交发言稿并组织研讨会

学习委员收齐学生发言稿后，提交给任课教师。任课教师指导学生以学习小组或宿舍小组为单位自行组织学校精神学习实践研讨会，并形成研讨记录或小组报告。

4．小组代表汇报交流

任课教师邀请研讨会代表或小组代表在课堂上进行研讨汇报，教师进行点评。

5．任课教师辅导答疑

任课教师结合学校精神，讲解新民主主义革命的历史背景、总路线及基本纲领等内容，并进行辅导答疑，使学生更能深刻理解学校精神（“除了奋斗，别无选择”）的含义。

【成果形式】

发言稿、研讨记录、图文资料、新闻报道等。

【成绩评定】

教师可以根据学生的发言稿、小组的研讨记录或小组报告，以及课堂展示的情况酌情评定成绩。建议发言稿成绩占比 60%，小组报告成绩和课堂展示成绩各占 20%。对于特别优秀的，可以酌情单独给分。

【教学评价】

学校精神研讨实践教学，使大学生进一步认识到了学校的发展变化就是学校精神的直接体现，加深了学生对新民主主义革命主要内容和基本经验的认识，激发了大学生践行学校精神，秉承校训，砥砺黄淮品格的动力和热情。

六、学校历史：以参观校史馆为例

【实践主题】

弦歌不辍，砥砺奋进。

【对应章节】

《毛泽东思想和中国特色社会主义理论体系概论（2023 年版）》第五章“邓小平理论”；《习近平新时代中国特色社会主义思想概论（教学课件）》第六讲“全面深化改革”。

【项目选择】

参观校史馆。

【适用专业】

各专业。

【学情分析】

各专业学生均可开展。

【实践形式】

校内实践教学。

【教学目标】

学生通过参观校史馆，了解学校的办学历史，把握学校的发展壮大、沧桑巨变和内涵提升。同时，结合校史馆展现的学校改革发展的辉煌成就，理解改革开放是决定当代中国命运的关键一招，了解改革开放以来我国取得的一系列历史性成就和历史性变革，深刻把握全面深化改革的目标要求和重大意义，增强“四个意识”，坚定“四个自信”，坚决做到“两个维护”，勇于担当作为，并激发学生对母校的认同感和自豪感，积极投身于中国特色社会主义伟大事业和学校的改革发展。

【重点难点】

重点：了解改革开放的决策过程，全面掌握全面深化改革的目标和主要内容，认识到全面深化改革中的重大关系。

难点：深刻理解并掌握全面深化改革的目标任务，正确认识和处理好全面深化改革中的若干重大关系。

【资料收集】

➢ 资料一 黄淮学院部分新建文化基础设施揭幕。

9 月 29 日上午，在喜迎黄淮学院建校 50 周年之际，黄淮学院隆重举行南校门迎客石、校史馆等新建文化基础设施揭幕仪式。

新落成的黉文广场和校区南大门内外，无数面彩旗迎风招展，热情欢迎各位嘉宾和返校校友。黉文广场孺子牛雕塑，给人以震撼、启示和力量。龙鱼雕塑，拍浪搏击、英姿飒爽。广场东西两侧文化墙，汇聚了部分具有代表性的天中文化、天中历史名人，充分展示了驻马店的厚重历史和灿烂文化。正对大门的迎客石雄浑厚重。新建的校史馆集中展示了学校 50 年的办学成就、陈列了学校 50 年的发展历史、展现了不同时期学校的发展面貌。

刘先省说，矗立于南大门的迎客石，承载着黄淮 17 万校友对母校的拳拳之心和无限眷恋，表达了对母校 50 周年校庆的良好祝愿，也是对学校未来发展的美好希冀。汇聚天中文化的黉文广场，开阔大气、文化厚重，已成为驻马店市新地标。广场内孺子牛雕塑激励全体黄淮人发扬“三牛”精神，甘为“教书育人的孺子牛”、勇做“创新发展的拓荒牛”、争当“艰苦奋斗的老黄牛”。龙鱼雕塑表达了黄淮人卓越的追求、奋进的姿态、自信的豪迈，展现了黄淮师生勇于创新、勤于实践、敢于超越的品格，更是“除了奋斗，别无选择”黄淮精神的生动体现。新建的校史馆，将成为学校文化传播、精神传承的重要平台，也必将成为凝聚全体黄淮人的精神家园。

刘先省说，近年来，学校紧紧围绕“建设特色鲜明的高水平应用型大学”的发展目标，坚持“以校园文明涵养城市文明，以校园文明提升城市文明，以校园发展服务城市发展，以校园发展推动城市发展”，全力服务区域经济社会发展。南校区南大门及相关建设的落成，不仅承载着学校文化的内涵、黄淮精神的传承，也必将成为驻马店市文化景观的一道亮丽风景线，为打造驻马店市文化高地、文明高地、育人高地再添新亮点。

揭幕仪式上，刘先省为捐建黉文广场、校史馆等基础建设的王华伟先生颁发了荣誉证书。仪式结束后，出席揭幕仪式的领导、来宾和校友共同参观了校史馆。

（《黄淮学院部分新建文化基础设施揭幕》，载黄淮学院新闻网 2021 年 9 月 29 日，https://www. huanghuai. edu. cn/html/800/2021-09-29/content-24125. shtml。）

➢ 资料二 国际教育学院举行“漫谈黄淮学院校史 牢记立德树人使命”讲座。

为扎实推进“不忘初心、牢记使命”主题教育，认真开展立德树人讨论，10 月 15 日下午，国际教育学院邀请退休老干部辛长顺副教授在 1 号楼 105 会议室举行了“漫谈黄淮学院校史、牢记立德树人使命”讲座。国际教育学院全体教职工以及学生党员代表认真聆听了辛长顺老师的讲座，并以“立德树人”为主题进行了讨论。

辛长顺老师以办学不忘初心为核心，以黄淮学院校史、立德树人使命为两条主线，讲述了黄淮学院成立发展以来的重要时点、重要人物以及各个阶段取得的成就，通过对比使与会人员充分认识到学校发展历史和取得的成绩，并通过对具体事例进行剖析，深层次揭示了高校开展“不忘育人初心，牢记立德树人使命”教育的重要性。

讲座引发了各位老师的积极讨论，院党总支书记王卫华对讨论进行了总结，指出此次讲座旨在结合学校“不忘初心、牢记使命”主题教育，积极进行“不忘育人初心，牢记立德树人使命”研讨，知校史，明来路，进一步培育爱国爱校情怀，培养德智体美劳全面发展的合格建设者和接班人。讲座使国际教育学院各位老师对学校建立的艰辛历程以及今日取得的成就有了更深刻的体会，将进一步推动国际教育学院立足实际，不断把“不忘初心、牢记使命”主题教育具体落实到树人育人的行动中。

（《国际教育学院举行“漫谈黄淮学院校史牢记立德树人使命”讲座》，载黄淮学院新闻网 2019 年 10 月 18 日，https://www. huanghuai. edu. cn/html/802/ 2019-10-18/content-20813. shtml。

【实践过程】

1. 任课教师布置实践活动任务并提前预约校史馆

任课教师安排学生初步了解学校的历史沿革和发展过程，走访和收集相关资料，结合课程内容寻找自己的关注点，整理归纳自己的问题或思考。同时，任课教师要提前告知学生参观校史馆的相关安排，并提前与校史馆沟通协调相关事宜。

2. 师生集合并讲解具体要求

班委组织本班全体学生在约定的时间于校史馆门口集合，由任课教师和班级负责人负责签到工作。

任课教师明确参观注意事项：

（1）参观人员须服从统一安排，认真阅读并遵守参观须知。

（2）参观人员在校史馆内，严禁破坏校史馆内的陈列展品。

（3）参观过程中跟随组织人员，须保持卫生，不得随意走动。

（4）参观过程中保持安静，不得大声喧哗，注意语言文明。

（5）注意收集资料。

3. 师生共同参观校史馆

集合完毕后，由任课教师和班委组织好秩序，按顺序进入校史馆，跟随讲解员进行参观。

学生聆听讲解员介绍黄淮学院发展史，跟随讲解员参观各个板块，与讲解员进行沟通和交流。听完讲解员介绍后，学生进行一定时间的自由参观和讨论交流。

结束后在校史馆门前集合，拍照留念。

4. 任课教师组织研讨并布置作业

回到课堂，任课教师结合学校历史对课程内容进行讲解，并针对学生的提问或关注点进行交流或答疑，加深学生对学校重大发展事件和课程内容重点难点的理解。

课堂活动结束后，要求学生针对学校自身发展和改革创新撰写感想或提出思考建议。感想建议不少于 800 字。

5. 学生提交参观感想并进行分享

学生参观感想由学习委员收齐后，提交任课教师。任课教师审定后，邀请或抽取部分学生代表在课堂上进行分享汇报，教师进行点评。教师也可以在课前 5 分钟，安排学生依次发言分享。

【成果形式】

参观感想、发言稿、图文资料、新闻报道等。

【成绩评定】

教师可以根据参观过程、参观感想和分享发言情况酌情进行成绩评定。

【教学评价】

通过参观校史馆，学生们进一步认识到了学校事业发展的辉煌成就，是基于深化改革、大胆创新的结果。学校的改革发展就是党和国家事业改革发展的缩影，体现了改革开放是决定当代中国命运的关键一招，也是决定民族复兴的关键一招。同时，学生们也进一步把握了全面深化改革的目标要求和重大意义，坚定了实现社会主义现代化教育强国的信心。

七、黄淮校友：以寻访校友实践活动为例

【实践主题】

探访黄淮校友，感悟自信人生。

【对应章节】

《习近平新时代中国特色社会主义思想概论（教学课件）》第一讲“马克思主义中国化新的飞跃”。

【项目选择】

寻访校友实践活动。

【适用专业】

各专业。

【学情分析】

各专业学生均可开展。

【实践形式】

社会实践教学。

【教学目标】

通过寻访校友实践活动，大学生能够了解到校友的奋斗历程和所取得的个人成就，以及他们在各行各业感受到的新时代党和国家事业所取得的历史性成就，发生的历史性变革，从而对新时代有更加深刻的认识和理解。在此基础上，大学生可以深刻把握习近平新时代中国特色社会主义思想的科学体系和历史地位。

【重点难点】

重点：深入了解校友的奋斗历程和个人感悟，理解并掌握中国特色社会主义进入了新时代，全面掌握习近平新时代中国特色社会主义思想的科学体系及其历史地位。

难点：深刻理解中国特色社会主义进入新时代，全面学习贯彻落实习近平新时代中国特色社会主义思想。

【资料收集】

➢ 资料一 黄淮学院深化产教融合校友座谈会暨校友会成立大会隆重召开。

"花径不曾缘客扫，蓬门今始为君开。"10 月 25、26 日，黄淮轻扫花径，重门洞开，来自五湖四海的 300 多位黄淮学院校友，代表关心支持母校发展的近 16 万历届校友，怀着对母校的深情牵挂，寻根溯源，相聚黄淮，共叙友情、共致青春、共启未来。

26 日上午 8 点，黄淮学院校友会成立大会第一时段会议召开，会议选举产生了黄淮学院校友会会长、副会长、秘书长、理事、常务理事。审议通过了《河南省黄淮学院校友会章程（草案）》《河南省黄淮学院校友会会费收取标准和使用管理办法（草案）》和《黄淮学院校友会第一次会员大会决议（草案）》。

党委书记李国胜作深情致辞。他代表学校党委，向各位领导、各位嘉宾、校友和朋友们的到来，表示最热烈的欢迎。向校友会的成立，表示最诚挚的祝贺。向多年来关心和支持黄淮学院发展的各级领导、各界朋友表示最衷心的感谢。

“你们是母校播撒出去的最为茁壮的种子，是母校放飞在远天翱翔的最为勇敢的鸟儿……”在讲话中，李国胜深情表达校友是母校最为美好的今天和未来，是母校最为宝贵的精神财富。

李国胜指出，回望昨天，我们栉风沐雨、砥砺奋进，共同走过了一段除了奋斗、别无选择的创业之路。他回顾黄淮学院办学历程，诠释校友内涵，感念每一位关心关注、支持帮助黄淮学院的人，高度赞扬一代又一代黄淮人，坚守、执着，自立、自强，敢为人先，超越自我，引领助推黄淮学院谱写了一曲开拓奋进、砥砺歌行的时代华章。

李国胜表示，扎根中原，我们传承精神、守正创新，走出了一条转型创新、特色发展的奋进之路。他历数黄淮学院近年来办学取得成就，并围绕“三个思考”“三个问题”“四项建设”，坚定表达现任领导班子将肩负、担当推动学校高质量发展的历史使命和政治责任，带领全校师生实现黄淮学院教育事业新的跨越。

李国胜表示，展望明天，广大校友是母校未来发展的力量之源、希望之基，黄淮学院的未来必将因校友的聚力而更加美好。他强调，“大学之大，非大楼之大，乃大师之大；大师之大，实乃校友之大。站位新时代，胸怀建成特色鲜明应用型本科高校的初心和梦想，肩负着为地方本科高校转型改革探路的责任和使命，黄淮学院将继续发扬“除了奋斗，别无选择”的黄淮精神，不断砥砺“唯有创新，方能超越”的黄淮品格，充分凝聚包括广大校友在内的全体黄淮人的磅礴力量，成为共同传承黄淮精神、践行黄淮品格的文化共同体，共建一流应用型大学的责任共同体，同心同德、同向同行、共同成长进步的命运共同体，守望相助，勠力同心，共创美好明天和辉煌未来。

最后，李国胜以“回家的路上，永远春风拂面”“众人划桨开大船，众人植树成大林”“气有浩然，学无止境”“立德立言，无问东西”和“躬逢伟大时代，除了奋斗，别无选择”四个福愿，祝愿广大校友坚定传承黄淮精神，忠诚践行黄淮品格，在人生的征途上，书写更加华美的人生篇章。

（《黄淮学院深化产教融合校友座谈会暨校友会成立大会隆重召开》，载黄淮学院新闻网 2019 年 10 月 27 日，https://www. huanghuai. edu. cn/html/800/2019-10-27/content-20860. shtml。）

➢ 资料二 黄淮学院建校 50 周年校友走进校园参观交流。

五秩芳华，弦歌育人。忆往昔，话今朝，展未来。2021 年 9 月 29 日下午，参加学校建校 50 周年庆典的校友们，怀着对母校的无限深情，在校友会等部门负责同志引领下，先后参观了大学生创业园、工程技术中心、建筑工程学院、生物与食品工程学院、大榕树餐厅及校史馆。校友们重走校园路、再叙师生情，更真切地感受母校 50 年发展取得的巨大成就。

九月的黄淮，秋高气爽、丹桂飘香。从入住酒店开来的车辆稳稳地停在大学生创新创业园东大门。大学生创新创业园为师生实习实训、创新创业、项目孵化搭建了综合服务平台，尤其是与市场、行业企业进行深度融合，带动和服务地方经济的发展。创业园先后获得国家级科技企业孵化器、首批国家级众创空间等。走进创业园，在 3D 打印中心、卓匠书社、融园博士交流活动中心等，校友们认真聆听介绍，不时相互探讨，体验科技孵化产品，了解产教融合模式，感受其中的科技魅力与人文气息。气势雄伟的工程技术中心，赢得了校友们连声称赞。该中心是中央财政支持应用型本科产教融合转型发展的重点项目，总投资 1. 6 个亿。旨在进一步加强工程教育，更好开展社会技术服务，推动科学研究，加快科技成果孵化。在嫘祖服装智能制造学院展厅、实验室等，讲解员向校友们介绍了学院定位发展，人才培养等，详细介绍了教学实验设备。在建筑工程学院、生物与食品工程学院，校友们在发展历程和建设成果展示区、建筑工程实验室、啤酒白酒发酵实验室等了解教学科研、人才培养、学科发展，品尝食品科研成果。在整洁明亮，充满设计感的大榕树餐厅，校友们兴奋之情溢于言表。

参观过程中，1999 届工业与民用建筑专业张春友说：“经过五十年的努力奋斗，母校更现代、更漂亮，规模更大了，应用型人才培养不断取得新突破，祝福母校越办越好。”参观结束后，校友们分别到求学时的院系参加校友座谈会，追忆似水年华，共叙师生情谊，气氛热烈而温馨。

大美黄淮，气象万千；同心致远，未来无限。五十载风华正茂，九万里鹏程正举。站在新的时光节点上，风云激荡、战鼓催征，黄淮学院正紧紧围绕打造特色鲜明的高水平应用型大学的发展目标，奋楫扬帆、踏歌前行！

（《黄淮学院建校50周年校友走进校园参观交流》，载黄淮学院新闻网2021 年 9 月 30 日，https://www. huanghuai. edu. cn/html/800/2021-09-30/content- 24135. shtml。）

【实践过程】

1．任课教师提前讲解活动意义和部分校友事迹

任课教师结合课程内容和学校发展实际，向学生强调探访、寻访校友的重要意义和积极作用。如探访优秀校友，有利于在校学生尽早了解社会，树立危机意识与服务社会意识；有利于培养学生对母校的归属感、责任感和自豪感；等等。此外，任课教师可以在课堂上向学生介绍部分校友先进事迹。

2．任课教师布置任务，并提出明确要求

任课教师提前安排布置校友探访寻访活动，提出具体的要求和任务。原则上以学习小组或宿舍为单位，每个小组要探访至少 1 名校友，形成探访记录、探访视频、探访报告。根据实际情况，个别学生可以单独完成探访寻访任务。

任课教师进一步明确探访的目的和内容，要求学生们通过探访校友，了解校友的成功经验和奋斗历程。校友们亲身经历了国家的发展壮大，对此有着深刻的感受和了解，有助于加强学生们对社会问题的认识。

3. 学生开展校友探访寻访活动

学生自主开展探访寻访优秀校友活动，时间可以定为 1~2 周。学生在实践活动过程中要注意时间安排和信息保密，教师及时跟进并指导交流。

4. 学生提交实践成果并进行分享

学生整理归纳总结探访情况，形成走访记录、探访视频、校友报告等等。

任课教师审定后，邀请或抽取部分学生代表在课堂上进行分享汇报，教师进行点评。教师也可以利用课前 5 分钟的时间安排学生依次发言分享。

5. 宣传展示

任课教师对学生成果进行评定，选取优秀的成果，在征得校友和学生同意后进行网络或课程平台展示。

6. 实践拓展

如果条件允许，任课教师可以邀请优秀校友到课堂上来讲思政课或讲述其亲身经历，并与学生们交流。任课教师也可以组织优秀学生代表到部分校友较为集中的地方开展考察学习活动。

【成果形式】

探访报告、走访记录、图文资料、视频资料、新闻报道等。

【成绩评定】

教师可以根据学生提交的探访报告等酌情评定成绩。

【教学评价】

校友是学校发展的重要财富，优秀校友在校园文化建设中具有独特作用。与校友进行面对面的交流，加深了学生对社会和专业的认识，提升了大学生社会实践能力和适应社会的能力。学生结合校友情况和各行各业的发展变化，进一步加深了对习近平新时代中国特色社会主义思想的认识。

第五章
基于地方资源的实践教学方案例举

思想政治理论课实践教学必须贴近大学生所生活的具体社会环境，并使大学生适应其所生活的社会环境。[①]每个地方都有自己悠久的历史和独特的资源，都有秀美的山川河流、灿烂的历史文化、多彩的民俗风情、辉煌的发展成就，这些都可以作为实践教学的重要内容和场景并发挥积极的作用。地方经济社会发展的辉煌成就及其历史文化和自然资源本身就是我国社会主义现代化建设的成果反映和实践证明，也是高校思想政治理论课的有力支撑和有效载体。因此，高校思想政治理论课一定要树立“生活即教育”“社会即学校”的教育教学观念，突出地方文化和本土优势，充分开发和利用地方资源开展实践教学，并根据大学生的思想特点，分阶段、分层次设计实践教学环节，从而使大学生了解国情省情和地方发展实际，认识社会现状，增强建设祖国、服务地方的责任感。[②]

一、红色文化资源

【实践主题】

传承红色基因，弘扬红色文化。

【对应章节】

《毛泽东思想和中国特色社会主义理论体系概论（2023年版）》第二章

---

① 王根顺、吕成祯：《论高等学校课程资源开发的社会学基础》，载《高教发展与评估》2011年第2期，第97-101、123-124页。

② 李铁英：《高校思想政治理论课实践教学探析》，载《教育探索》2014年第9期，第118-190页。

“新民主主义革命理论”。

【项目选择】

家乡红色文化资源宣讲活动。

【适用专业】

各专业。

【学情分析】

各专业学生均可开展，可以根据学生家乡实际情况组织该活动。

【实践形式】

社会实践教学。

【教学目标】

积极引导大学生发掘整理自己家乡所属县（区）乡（镇）的革命文化和红色资源，使他们进一步理解新民主主义革命的历史背景，掌握新民主主义革命理论的主要内容，感悟中国共产党革命精神，继承和发扬中国革命的三大法宝。

【重点难点】

重点：理解新民主主义革命理论的历史背景，掌握新民主主义革命的总路线、基本纲领和基本经验。

难点：深刻理解掌握伟大建党精神和中国共产党人精神谱系，进一步认识新民主主义革命的性质，全面把握新民主主义革命的道路。

【资料收集】

➢ 资料一 挖掘红色资源 传承红色文化——让信仰之光照耀天中大地。

每一次对革命英雄的缅怀，都是精神的洗礼；每一次对红色故事的回眸，都是信念的传承。

竹沟革命烈士陵园中央，革命纪念碑巍峨耸立。72 名在竹沟英勇战斗过、为共产主义事业建树不朽功勋的烈士长眠于此。每年清明时节，人们凝神瞻仰、齐唱国歌、鞠躬默哀、敬献花篮，向革命先烈表达深切缅怀和崇高敬意。

故土复馆祭英雄，忠魂犹在瞰山河。今年清明节，杨靖宇纪念馆正式复馆。杨靖宇将军纪念馆总占地 160 亩，建筑面积 19 000 平方米，包括将军纪念主展馆、将军故居和将军纪念公园三个部分。主展馆大门朝北，双檐斗拱，青瓦石墙，建筑宏伟壮观，整体呈豫南传统民居的风貌特征。广场正中央，10 米高的杨靖宇将军汉白玉雕像巍然屹立。

位于汝河南岸的正阳县油坊店乡雷岗村，1947 年 8 月 25 日刘邓大军南下强渡汝河时，“雷岗战役”在这里打响。当时，刘邓大军千里跃进大别山，途经汝河雷岗渡口时，与国民党军队遭遇，在敌人的重兵围堵下，刘伯承司令员提出了“狭路相逢勇者胜”的战斗口号，激励全军斗志，取得了雷岗战役的重大胜利，促使中国解放战争发生了巨大的转折。2009 年，雷岗战役遗址被列为全国重点红色线路之一。

驻马店是一方孕育红色基因、富有革命传统的热土，是中国共产党开展革命活动、建立党组织较早的地区之一，是红色资源大市。据有关方面调查统计，目前驻马店的革命遗址、遗迹、纪念馆等物质类红色资源多达 253 处，非物质类红色资源 800 余件。驻马店全境属于大别山革命老区，也是大别山精神的重要发祥地之一。

驻马店的每寸土地都流淌着可歌可泣的红色故事。

（《挖掘红色资源传承红色文化——让信仰之光照耀天中大地》，载《天中晚报》，2021 年 6 月 10 日，第 13 版。）

➢ 资料二 中国共产党人精神谱系第一批伟大精神正式发布。

2021 年是中国共产党成立 100 周年。习近平总书记强调，一百年来，中国共产党弘扬伟大建党精神，在长期奋斗中构建起中国共产党人的精神谱系，锤炼出鲜明的政治品格。近日，党中央批准了中央宣传部梳理的第一批纳入中国共产党人精神谱系的伟大精神，在中华人民共和国成立 72 周年之际予以发布。

第一批纳入中国共产党人精神谱系的伟大精神有建党精神；井冈山精神、苏区精神、长征精神、遵义会议精神、延安精神、抗战精神、红岩精神、西柏坡精神、照金精神、东北抗联精神、南泥湾精神、太行精神（吕梁精神）、大别山精神、沂蒙精神、老区精神、张思德精神等等。

这些精神，集中彰显了中华民族和中国人民长期以来形成的伟大创造精神、伟大奋斗精神、伟大团结精神、伟大梦想精神，彰显了一代又一代中国共产党人“为有牺牲多壮志，敢教日月换新天”的奋斗精神。

（《中国共产党人精神谱系第一批伟大精神正式发布》，载《人民日报》2021 年 9 月 30 日，第 1 版。）

【实践过程】

1．任课教师发布实践任务

结合课程内容，任课教师提前布置实践任务。要求学生查阅相关资料，利用假期或周末，实地走访挖掘家乡所属县（区）乡（镇）的红色文化资源，开展微调研和摄影，并制作以自己摄影作品和调研内容为主的 PPT 课件，课件时间控制在 10 分钟左右。

2．学生开展实践资料收集活动

每位学生根据任课教师的要求，利用假期或周末开展资料收集、现场参访、图片视频拍摄、调研走访等活动。如果学生不方便回家，可以请亲朋好友协助收集资料。

3．实践成果提交和展示

在收集资料的基础上，每位学生制作相应的分享交流课件并提前做好演练。

一到两周后，请学生提交课件，任课教师对内容进行审查。审查通过后，随机挑选学生代表进行课堂展示。学生可以通过讨论、提问等方式进行互动。

4．教师点评

教师及时对学生实践成果进行点评，通过学生的分享，导入课程，结合学生讲述的内容进行辅导答疑，使学生充分理解新民主主义革命的历史背景和主要内容，并激励学生永远跟党走，弘扬革命精神，奋斗伟大时代。

5. 拓展延伸

任课教师可以通过布置思考题，引导学生深入思考和讨论实践教学的重难点问题，使学生更加充分地理解教材内容。

由于课堂展示时间有限，任课教师也可以让学生自行录制宣讲视频，统一上传到课程网站或展示平台，请学生有选择地观看或点赞。

【成果形式】

图文资料、宣讲课件等。

【成绩评定】

教师可以根据每位学生提交的成果和课堂分享的情况酌情评定成绩，也可以采用教师评价和学生互评相结合的方式进行成绩评定。

【教学评价】

通过总结宣讲家乡的红色文化资源，大学生把身边的红色故事变成真实生动的教材，激发了自己传承弘扬红色文化的热情，进一步领悟了革命先烈们艰苦奋斗、不怕牺牲的伟大精神，深化了对新民主主义革命总路线、基本纲领、道路和基本经验的认识。

二、文明城市创建

【实践主题】

文明城市，有你有我。

【适应章节】

《习近平新时代中国特色社会主义思想概论（教学课件）》第十一讲“建设社会主义生态文明”。

【项目选择】

“生态文明我先行”实践活动。

【适用专业】

各专业。

【学情分析】

各专业学生均可开展，可以根据学生专业有针对性地组织该活动。

【实践形式】

社会实践教学。

【教学目标】

通过实践教学，引导大学生树立生态文明理念，身体力行践行绿色环保理念，深刻理解和掌握习近平生态文明思想，积极投身文明城市创建活动，以自己的实际行动助力美丽中国建设。

【重点难点】

重点：学习掌握习近平生态文明思想，贯彻生态文明理念，掌握文明城市创建相关知识。

难点:深入学习贯彻习近平生态文明思想,积极投身文明城市创建活动。

【资料收集】

➢ 资料一 画好全民创建同心圆提升全域文明幸福感——驻马店深化全国文明城市创建工作回眸。

时维九月，序属三秋。豫东南黄淮大平原沃野千里、硕果飘香，宿鸭湖生态功能区雁鸭咸集、鱼翔浅底，皇家驿站练江湖片区飞檐斗拱、古色古香。驻马店，一座生态宜居之城、文明美丽之城正在冉冉升起。

2017年，驻马店历经三年奋战，一举创成全国文明城市。从“摘得金牌”那一天起，驻马店站在文明进步的新起点上，唱响“敢于争先、团结拼搏、克难攻坚、善作善成”的创文精神，踏上了文明创建永远在路上的新征程。

自创建全国文明城市以来，驻马店坚持中心城区与县城、村镇文明创建统筹安排、同步推进，建立健全市、县、乡、村四级联创机制，自上而下推进全域创建，绘就全民共建共享“同心圆”。

创建过程中，驻马店严格对照全国文明城市测评体系，拿出“哪壶不开提哪壶”的魄力，聚焦城市最薄弱之处，紧盯背街小巷、老旧楼院、农贸市场等短板弱项，坚持刀刃向内、刮骨疗毒、超越自我，做足“细活”“内功”，让“里子”与“面子”同样光鲜。

启动老旧集贸市场改造升级和新建市场规范达标工作，对内部摊位、消防安全、功能分区、排水排污等进行全面升级改造，开展“诚信经营示范户”评选，全力为市民和商户营造放心舒心安全的消费环境，守法经营、文明规范、诚信服务成为市民点赞的高频词。

加强老旧小区提升、背街小巷改造，通过实施强弱电下地、污水管网疏通、路面白改黑、维修新增路灯等，整体面貌和居住环境焕然一新，人民群众的获得感、幸福感大幅提升，参与支持创文的积极性、主动性显著增强。

随地乱吐乱扔的少了，自觉垃圾分类的多了；乱穿马路的少了，相互礼让的多了；“光盘行动”“公筷公勺”成为日常……在文明创建的深层涵养之下，一朵朵文明之花开遍大街小巷。

越来越多的市民以主人翁的责任感和荣誉感，自觉参与进来，履行社会责任，争做文明创建的参与者、文明言行的践行者、文明社会的守护者。

（《画好全民创建同心圆提升全域文明幸福感——驻马店深化全国文明城市创建工作回眸》，载《驻马店日报》，2020年9月18日，第1版。）

➢ 资料二 醉美宿鸭湖：红草滩 鸟天堂 生态美 景如画。

“到处都是鸟声，到处都是鸟影。大的，小的，花的，黑的，有的站在枝上叫，有的飞起来，有的在扑翅膀……”巴金笔下《鸟的天堂》是小学时学过的一篇课文，清新流畅的文笔，描绘了自然胜景之美，创造出一种清丽悠远的意境，让人记忆犹新。随着驻马店市不断加大对宿鸭湖湿地环境治理和生态功能修复力度，如今，宿鸭湖湿地公园成了白天鹅、大雁、朱鹮、灰鹤、野鸭、白鹭等130多种鸟类的越冬栖息之地，宿鸭湖万鸟云集，成为真正的“鸟的天堂”。

宿鸭湖位于驻马店汝南县，是亚洲最大的人工平原水库，河南最大的湿地保护区，河南最大的候鸟栖息地。

在这里，候鸟翔集，芦苇摇荡，鱼肥水美，白云倒映，醉美夕阳……冬天的宿鸭湖是最热闹的，从遥远的北方飞来越冬的大雁、白天鹅等候鸟，把宿鸭湖的天空铺叙得如一幅幅丰满而灵动的画面，纯净至美，令人沉醉。

经过季节的渲染，宿鸭湖的草滩不断变换色彩，从满目青翠，到红得热烈。湖水里、沼泽边布满红色水草，一片红彤彤的景致映入眼帘，热烈而艳丽，让人不得不惊叹大自然的神奇。

为进一步打造山清水秀宿鸭湖旅游胜地，总投资近31.6亿元的宿鸭湖水库清淤扩容工程项目已经启动，环湖公路建设项目也已开工建设。此项目实施对于提高宿鸭湖水库兴利能力，促进水生态文明建设，改善区域环境，提升汝南县对外形象，具有重要意义。相信在不久的将来，宿鸭湖将会以更加靓丽的姿态展现在世人面前，成为我市一张亮丽的生态名片。

（《醉美宿鸭湖：红草滩鸟天堂生态美景如画》，载驻马店网 2019年12月12日，https://mp. pdnews. cn/Pc/ArtInfoApi/article?id=10071611。）

【实践过程】

1．任课教师布置实践活动相关任务

任课教师提前布置本次实践教学活动的主题、任务和要求，明确以小组为单位开展实践活动，强调学生要以实际行动投身文明城市创建，践行习近平生态文明思想。

2. 学生选择主题并分组，做好实践准备

教师公布实践项目的主要内容分类，并请学生们自行选择实践内容组建小组或先组建小组再选择内容。教师可以收集一定的相关背景资料供学生们选择或借鉴。各小组根据小组内的研讨和交流情况，做好小组内的分工协作，准备实践活动方案。

实践内容分为：城市垃圾捡拾、景区环保行动、文明行为引导、护河护湖行动、收集废旧电池、环保理念宣传、老旧小区调研、废水污水处理等。

实践成果包括：图文资料、调研报告、总结提纲、实践感悟、新闻报道等。

3．学生利用课余时间进行实践活动

学生充分利用课余时间，开展“生态文明我先行”实践活动，助力文明城市建设。各小组组长要统筹协调，按照既定的活动内容，安排合适的时间开展活动，并做好资料收集、研讨交流、总结汇总工作。任课教师可以参与其中一个小组的活动，并通过电话、微信等对各小组进行指导和交流。

4．学生提交实践成果

每个小组的实践成果放在一个文件夹里并以专业、班级、小组命名，统一报送到指定办公室的电脑上，成果文件中要注明学生所在院系、组别、小组成员姓名学号及任务分工、组长联系电话、实践成果的内容主题等。同时，每个小组将实践过程及成果制作成图文并茂的 PPT 或宣传视频，以备交流分享。

5．成果分享

任课教师组织各个小组的代表在课堂上进行实践分享，包括实践过程、实践成果、实践感想等内容，并进行课堂讨论交流。教师进行点评和总结。

6．实践延伸

优秀实践成果可以分为不同的主题进行网络宣传，教师利用公众号或自媒体进行推送展示。任课教师可以指导有一定基础和意向的学生进一步修改实践成果，参加学校的社团活动评选或大学生科研立项活动，部分学生可以参与任课教师相关的项目研究。

【成果形式】

图文资料、调研报告、总结提纲、实践感悟、新闻报道等。

【成绩评定】

教师可以根据小组提交的成果和课堂分享的情况酌情评定每个小组的成绩。对于特别优秀的学生，可以酌情单独给分。

【教学评价】

通过参与“生态文明我先行”实践活动，学生加深了对习近平生态文明思想的理解和落实，提升了服务社会、践行文明的意识和习惯。同时，大学生在实践活动中，也提升了认识社会、适应社会、服务社会的能力。这一实践活动对于学生培育和践行社会主义核心价值观，引导和鼓励更多的人积极投身于美丽中国、美丽城市、美丽校园建设，发挥了积极的作用。

三、经济社会发展

【实践主题】

历史性成就和历史性变革。

【对应章节】

《习近平新时代中国特色社会主义思想概论（教学课件）》第一讲“马克思主义中国化新的飞跃”。

【项目选择】

摄影作品创作。

【适用专业】

各专业。

【学情分析】

各专业学生均可开展，学生可以根据自己的专业特点、兴趣特长有针对性地开展该活动。

【实践形式】

社会实践教学。

【教学目标】

通过实践教学，梳理党的十八大以来以习近平同志为核心的党中央团结带领全党全军和全国各族人民砥砺前行，推动党和国家事业取得历史性成就、发生历史性变革，准确把握社会主要矛盾的变化及其依据，理解新时代的内涵及意义，掌握习近平新时代中国特色社会主义思想回答的时代课题及其核心内容和丰富内涵。

【重点难点】

重点：掌握党的十八大以来党和国家事业取得的历史性成就、发生的历史性变革；认识到世界正经历百年未有之大变局，中华民族伟大复兴正处于关键时期。

难点：深刻把握新时代的内涵及意义，充分理解社会主要矛盾的变化，深刻理解习近平新时代中国特色社会主义思想的核心内容。

【资料收集】

➢ 资料一 新时代十年的伟大变革。

十年来，我们采取一系列战略性举措，推进一系列变革性实践，实现一系列突破性进展，取得一系列标志性成果，经受住了来自政治、经济、意识形态、自然界等方面的风险挑战考验，党和国家事业取得历史性成就、发生历史性变革，推动我国迈上全面建设社会主义现代化国家新征程。

新时代十年的伟大变革，在党史、新中国史、改革开放史、社会主义发展史、中华民族发展史上具有里程碑意义。走过百年奋斗历程的中国共产党在革命性锻造中更加坚强有力，党的政治领导力、思想引领力、群众组织力、社会号召力显著增强，党同人民群众始终保持血肉联系，中国共产党在世界形势深刻变化的历史进程中始终走在时代前列，在应对国内外各种风险和考验的历史进程中始终成为全国人民的主心骨，在坚持和发展中国特色社会主义的历史进程中始终成为坚强领导核心。中国人民的前进动力更加强大、奋斗精神更加昂扬、必胜信念更加坚定，焕发出更为强烈的历史自觉和主动精神，中国共产党和中国人民正信心百倍推进中华民族从站起来、富起来到强起来的伟大飞跃。改革开放和社会主义现代化建设深入推进，书写了经济快速发展和社会长期稳定两大奇迹新篇章，我国发展具备了更为坚实的物质基础、更为完善的制度保证，实现中华民族伟大复兴进入了不可逆转的历史进程。科学社会主义在二十一世纪的中国焕发出新的蓬勃生机，中国式现代化为人类实现现代化提供了新的选择，中国共产党和中国人民为解决人类面临的共同问题提供更多更好的中国智慧、中国方案、中国力量，为人类和平与发展崇高事业作出新的更大的贡献！

（习近平:《高举中国特色社会主义伟大旗帜 为全面建设社会主义现代化国家而团结奋斗——在中国共产党第二十次全国代表大会上的报告》，载《人民日报》2022 年 10 月 26 日，第 1 版。

➢ 资料二 《驻马店：全面小康 天中大地绽新颜》，载百家号 2021 年 5 月 27 日，https://baijiahao. baidu. com/s?id=1700838702721089476&wfr=spider&for=pc。

【实践过程】

1．教师讲解相关内容

以习近平同志为核心的党中央举旗定向、谋篇布局，团结带领全党全国各族人民攻坚克难、砥砺奋进，推动党和国家事业取得了全方位开创性的历史性成就，发生了深层次根本性的历史性变革。任课教师带领学生对这些历史性成就和历史性变革作全面总结和回顾，从理论上分析主要矛盾的变化和新时代的内涵意义，使学生充分认识到中华民族伟大复兴正处于关键时期。

2．任课教师讲解实践要求和任务

任课教师提前布置摄影作品设计的作品主题和要求，强调学生原创设计的作品要与本章节内容相关，范围以就近、方便、安全为原则，给学生留下充足的创作时间。

作品要求：

（1）结合“习近平新时代中国特色社会主义思想概论”课教学内容进行原创设计，主题围绕历史性成就和历史性变革的某个领域某个方向。

（2）如果是利用周末开展实践活动，拍摄地点以市区或市郊范围内为宜。如果是利用假期开展实践活动，拍摄地点以学生家乡所在地县区以下范围内为宜。

（3）摄影作品格式：单张照和组照（每组不超过 4 幅，需标明顺序号）尺寸均为 14 寸（约 30. 48cm×35. 56cm）；除影调处理外，不得利用技术手段擅改影像原貌。单张照片像素不小于 3M。

3. 学生课下进行摄影创作

学生充分利用课余时间，根据自己的实际情况，以某一个方面的成就和变革为切入点，选好角度，开展摄影作品创作，并进行记录，撰写作品说明。

4. 作品报送

学生将摄影作品电子版报送至指定邮箱。摄影作品需要注明作者姓名、所在院系、组别、联系电话、作品的名称。可另附页说明作品名称、内容、创意等。

5. 成果评选

任课教师与其他师生联合组成评委组，评出一等奖、二等奖和三等奖。视情况和条件可以适当给予获奖学生一定的物质奖励。摄影作品评分标准如下。

（1）主题内涵（40 分）：符合要求，主题明确，积极向上，立意清晰。

（2）创意构图（30 分）：构图均衡、和谐、稳定，主题突出，有视觉美。

（3）视觉效果（30 分）：色彩鲜艳饱和，对焦清晰，层次分明，契合内容主题，有较强的感染力。

6. 成果展示

评选出的优秀作品可以分不同的主题进行网络展示和展板展示。

7. 反馈总结

在课堂上，任课教师可以组织部分获奖选手讲解自己创作的作品和创作的历程。学生分享结束后，任课教师进行总结和点评，使学生充分认识到中国共产党的领导是实现中华民族伟大复兴的根本保证，帮助学生坚定“四个自信”，为夺取新时代中国特色社会主义伟大胜利而不懈奋斗。

【成果形式】

图片、作品创作说明等。

【成绩评定】

一等奖获得者本次实践作业可以计满分，二等奖获得者可以计 90 分，三等奖获得者可以计 80 分，参与活动但未获奖的学生本次成绩可以计 70 分，未参与者不计分。

【教学评价】

创作摄影作品，全面直观地展现党的十八大以来我国所发生的历史性变革、取得的历史性成就，使学生认识到新时代党和国家取得的历史性成就是全方位的、开创性的，发生的历史性变革是深层次的、根本性的。通过理论联系实际，用照片反映现实，广大青年学生充分认识到了历史性变革和历史性成就来之不易，经验和启示弥足珍贵，必须始终坚持用党的理论创新成果武装全党、指导实践，必须始终捍卫“两个确立”，做到“两个维护”，必须始终坚持和加强党的全面领导。

四、党史知识竞赛

【实践主题】

党史学习教育。

【对应章节】

《毛泽东思想和中国特色社会主义理论体系概论(2021 年版)》各章节；《习近平新时代中国特色社会主义思想概论（教学课件）》各章节。

【项目选择】

驻马店党史知识竞赛。

【适用专业】

各专业。

【学情分析】

各专业学生均可开展

【实践形式】

课堂实践教学

【教学目标】

通过实践教学，学生们能够了解驻马店党的历史，彰显中国共产党始终坚守的初心使命，从驻马店党的历史中汲取思想的力量、信仰的力量、实践的力量。

【重点难点】

重点：全面了解中共驻马店历史、驻马店重要党史人物、驻马店重要党史事件、驻马店重要红色文化资源。

难点：深入学习驻马店重要党史人物的高尚品格和精神风范，理解并掌握驻马店重要党史事件的过程、内容和历史意义。

【资料收集】

➢ 资料一 驻马店党史办：《中共驻马店历史大事记》，中州古籍出版社 2004 年版。

➢ 资料二 中共驻马店市委党史研究室：《中共驻马店历史》，中共党史出版社 2007 年版。

➢ 资料三 中共驻马店市委党史研究室：《驻马店党史人物》，中共党史出版社 2013 年版。

➢ 资料四 中共驻马店市委党史研究室：《大美天中红色经典》，中共党史出版社 2019 年版。

【实践过程】

1. 师生组建试题库

教师提供相关的参考书籍和党史资料，由师生共同组建试题库。根据题库的规模，师生分工合作，比如教师可以出 10%左右的题目，每位学生出 1%

左右的题目。同时，为了避免题目重复，师生尽可能地按时间段出题，也可以按题目的类型出题，如时间题、人物题、事件题等。题目要适合比赛使用，如选择题、判断题、填空题等。

2. 做好知识竞赛的准备

一是要将题库录入计算机知识竞赛系统或抢答系统，二是要租借竞赛抢答系统和相关设备，三是要提前协调并布置好场地，四是要提前进行演练和设备测试。

3. 开展党史知识竞赛活动

第一阶段，以宿舍或学习小组为单位进行学习、准备和推荐，每个宿舍或小组推荐一名选手参加班级决赛，其他学生要协助宿舍或小组代表进行赛前准备。第二阶段，以班级为单位进行知识竞赛活动。党史知识竞赛可以以现场考试的方式进行，也可以以现场必答、抢答、随机抽取等混合方式进行。

4. 教师进行总结点评

知识竞赛结束后，任课教师对驻马店党史进行总结，对大家的表现进行点评，对学生存在的疑问或难点问题进行补充完善和进一步讲解说明。

5. 拓展实践

在条件允许的情况下，教师可以组织二级学院层面或校级层面的驻马店党史知识竞赛活动。有条件的学校也可以申请一定的经费，对表现优秀的选手或团队进行表彰和奖励。

【成果形式】

知识竞赛成绩。

【成绩评定】

任课教师根据选手的得分情况评选一二三等奖，并酌情认定小组成绩。建议一等奖成绩为优秀，二等奖为良好，三等奖为中等，其他学生为及格。

【教学评价】

大学生通过参与驻马店党史知识竞赛活动，丰富了对党的奋斗历程的认知，以点带面、以小见大，加深了对课程内容的进一步理解，坚定了“四个自信”，并从中汲取了奋斗的力量。

五、文化发展申论

【实践主题】

我为文化强市建设建言献策。

【对应章节】

《习近平新时代中国特色社会主义思想概论（教学课件）》第九讲“建设社会主义文化强国”。

【项目选择】

文化发展申论。

【适用专业】

各专业。

【学情分析】

各专业学生均可开展，学生可以根据自己的专业特点或兴趣特长有针对性地开展该活动。

【实践形式】

社会实践教学

【教学目标】

通过实践教学，学生们能够对学校所在地的文化发展和文化资源有基本的了解,进一步加深对建设社会主义文化强国的认识和理解,掌握文化强市、文化强国建设的基本要求和途径，牢牢掌握马克思主义在意识形态领域的指导地位，积极践行社会主义核心价值观。

【重点难点】

重点:全面了解驻马店文化资源、驻马店文化产业和文化事业发展情况，深刻认识牢牢掌握意识形态工作领导权的重要性，了解建设社会主义文化强国的基本要求，掌握并践行社会主义核心价值观。

难点：深入了解驻马店文化产业和文化事业发展情况，坚持马克思主义在意识形态领域的指导地位，进一步思考文化强市建设的方法路径。

【资料收集】

➢ 资料一 创新实践活动 传承天中文化——市博物馆2020年工作回眸。

2020年，驻马店市博物馆努力克服因新冠肺炎疫情闭馆带来的重重困难，与时俱进、推陈出新，借助数字科技手段，让展柜里的文物“活”起来，吸引越来越多的观众触摸中原文化的历史文脉。

2020年，市博物馆共接待参观人数21万人次，共义务讲解300多场次，通过采取“走出去、请进来”的办法，利用专题展览和丰富多彩的社教活动，在传播中华优秀传统文化和天中文化中取得了可喜成效。

一年来，市博物馆进一步更新服务观念、完善服务措施、优化服务方式、提高服务水平，提升了人民群众对窗口服务单位的满意度。

一、精品展览推陈出新，线上线下有机结合

市博物馆在基本陈列“厚重天中”的基础上，相继推出“宛锋——南阳地区出土青铜剑器展”“镜中花枕上缘——洛阳出土铜镜瓷枕展”“留住记忆——天中民俗文化展”“泱泱汉风——洛阳市文物考古研究院汉代文物特展”等展览，在馆内举办专题展览10多场，并针对精品展制作专题展板，让群众在家门口领略厚重的天中文化。2020年，新冠肺炎疫情防控期间，驻马店市博物馆把展览由线下搬到线上，在微信公众平台举办了线上展览专题陈列“不忘初心、砥砺前行”和基本陈列“厚重天中”重要文物展，借助现代信息技术，让文物“活”起来，让更多群众足不出户就能感受到文物的魅力，真正实现了提升博物馆展览服务水平和满足群众精神文化生活的目标。

二、特色活动有声有色，趣味体验纷至沓来

市博物馆以活动为载体，举办“草长莺飞四月天博物馆内绘纸鸢”“小小讲解员”“巧手剪窗花欢乐迎新年”等主题活动10多次。这些形式多样的教育活动真正把优秀传统文化融入学生的假期生活。

目前，市博物馆的社教活动已经延伸到公共文化服务网络，特意制作了“我们的节日——品味端午传承文明”端午知识网上有奖竞答活动，通过线上答题的形式，增进群众对传统文化的了解，让更多群众足不出户就能感受到端午民俗的独特魅力。

三、“馆校共建”谱写新篇，文博课堂妙趣横生

为充分发挥博物馆作为青少年第二课堂的作用，让更多学生走进、了解博物馆，市博物馆与驻马店市第二十九小学、驻马店市第八小学、驻马店市第四小学、驻马店市第二初级中学等签订了“馆校共建”合作协议，在把广大师生请进来的同时，让讲解员走出去，每月到中小学校开展“文博课堂”，为市内的中小学生提供文博知识和天中历史课外教育。

市博物馆联合驿城区青少年活动中心，精心录制“厚重天中”基本陈列文博课堂系列课程，在“驻马店市教育云”服务平台播放，全市130多万中小学生利用网络详细了解了天中文化。

（《创新实践活动传承天中文化——市博物馆2020年工作回眸》，载《驻马店时报》2021年1月29日，第8版。）

➢ 资料二 驻马店市2022年“文化和自然遗产日”活动周精彩纷呈。

6月11日是2022年“文化和自然遗产日”，今年的主题是“连接现代生活绽放迷人光彩”。在此前后，驻马店市文化广电和旅游局在做好新冠肺炎疫情防控工作的前提下，以迎接党的二十大为主线，组织全市文化广电旅游系统集中开展群众喜闻乐见、参与性强的非遗宣传展示活动，营造浓厚的非遗保护良好社会氛围，充分彰显非遗与现代生活的深刻联系，描绘中华优秀传统文化得以保护、传承、弘扬的美好图景。

一、“非遗集市”让市民收获惬意

端午节期间，驻马店市2022年“文化和自然遗产日”活动周正式启动。“非遗集市”亮相市区大商新玛特。集市特邀请我市面塑、火笔烙画、剪纸、钩编、草编、麦草画、吹糖人等10多位非遗传承人，通过现场制作、现场体验、现场售卖等方式展示驻马店非遗魅力，让市民在端午节期间逛“非遗集市”，不用远行就能收获端午假日惬意。

二、公益培训课体验“指尖上的非遗”

6月10日下午，由驻马店市文化馆主办、驻马店非遗中心承办的“文化美学文创体验”第一期《指尖上的非遗——钩针编织》公益培训课在市文化馆多功能厅开课。培训课上，驻马店市级非遗项目——余氏钩编第四代传承

人余水云，带领学员们在学习“钩编”非遗技艺的过程中体会传统文化的源远流长。

学员们纷纷表示，通过此次非遗体验公益课，不仅重新认识了非遗，了解了非遗文化，而且感受到了非遗与文创结合创新产生的独特魅力。

三、非遗活动进景区文旅融合促传承

6月11日，“文化和自然遗产日”活动周系列主题活动——“小记者走近非遗”在皇家驿站举行。小记者们走进皇家驿站天中文创馆、非遗展示馆参观，并体验了钩编、吹糖人等非遗项目，了解家乡文化，零距离感受非遗文化的魅力。

（《连接现代生活解放迷人光彩我市2022年“文化和自然遗产日”活动周精彩纷呈》，载《天中晚报》2022年6月14日，第10版。）

➢ 资料三 驻马店市举行庆祝建党一百周年大型音乐剧《杨靖宇》汇报演出。

2021年5月20日晚，庆祝建党100周年大型音乐剧《杨靖宇》汇报演出在河南省驻马店市国际会展中心举行。驻马店市委书记陈星和该市广大党员干部一起观看演出，深入推进党史学习教育，深切缅怀革命先烈，让红色基因融入精神血脉，凝聚推进现代化驻马店建设的强大精神力量。

为庆祝中国共产党百年华诞，深入推进党史学习教育走深走实，在驻马店市委、市政府的大力支持下，黄淮学院组织相关单位和人员创作了大型音乐剧《杨靖宇》，并列入河南省“五个一工程”重点创作项目。该剧由上海话剧中心国家一级导演雷国华担任导演，分为“青春探索”“追求真理”“成立农会”“确山暴动”四幕，以英雄杨靖宇的出身和成长经历为主题主线，生动讲述了杨靖宇奔赴东北抗日前线之前，带领确山农民暴动、解放确山县城、建立中国共产党领导下第一个县级农工革命政权的奋斗经历。

黄淮学院党委书记李国胜致开幕词。他说，天地英雄气，千秋尚凛然。崇尚英雄才会产生英雄，争做英雄才能英雄辈出。我们以此剧歌颂英雄、缅怀英雄杨靖宇，因为他是卓越杰出的共产党人，是伟大不朽的民族英雄，是五千年薪火相传、生生不息中华民族精神最坚实的根基、最壮美的体现，是中国共产党人最光辉的先锋、最英勇的典范。让我们在时空中穿越回望历史、在锦绣岁月中致敬英雄，共同祝福我们伟大的祖国、伟大的党和我们共同期待、为之奋斗的美好明天。

舞台上，一幕幕场景感人至深；舞台下，一阵阵掌声经久不息。观看演出的党员干部纷纷表示，要以杨靖宇将军的英勇事迹和崇高精神砥砺初心使命，坚定理想信念，厚植为民情怀，励志担当作为，真正做到学党史、悟思想、办实事、开新局，从百年党史中汲取奋进力量，为建设现代化驻马店作出新的更大贡献。

（《白山黑水铸英魂 碧血丹心照古今庆祝建党一百周年大型音乐剧〈杨靖宇〉汇报演出举行》，载《驻马店日报》2021 年 5 月 21 日，第 1 版。）

➢ 资料四 黄淮学院主创音乐剧《我的竹沟我的路》举行带妆联排。

一曲时代颂，共唱家国梦。9 月 23 日晚，由黄淮学院和确山县委宣传部联合立项的音乐剧《我的竹沟我的路》在确山县工人文化宫举行带妆联排。这是该校为喜迎党的二十大胜利召开倾情奉献的一份厚礼。

河南省文旅厅原一级巡视员李霞，河南省委宣传部结项专家组成员李仲党、黄海碧、吴亚明，驻马店市委宣传部二级巡视员孙书杰，市文联主席韩祖和等到现场观看并进行考评。确山县领导蒋贵印、魏华伟、蒋亚伟观看联排。黄淮学院校领导刘先省、王冰、王东云带领科研处、教务处、党政办公室、党委宣传部负责同志一同观看联排。

音乐剧《我的竹沟我的路》是河南省 2021 年度扶持的重点文艺创作项目。该剧以现代音乐和民族音乐巧妙融合的表现形式，展现中原大地红色革命圣地竹沟的新青年、新风貌、新农村，讴歌与祖国同呼吸共命运，与党同心同向同行的青年一代。该剧既有对本土积淀红色记忆的传承，又有对国家乡村振兴战略的响应，以青年人喜闻乐见的文艺形式，引导广大大学生将个人小梦想融入国家发展大战略之中，以青春之我建设美丽中国。

（《黄淮学院主创音乐剧〈我的竹沟我的路〉举行带妆联排》，载黄淮学院新闻网 2022 年 9 月 28 日，https://www. huanghuai. edu. cn/html/800/2022-09-24/ content-26213. shtml。）

【实践过程】

1．任课教师提前布置实践任务和要求

任课教师提前布置该项实践任务，请学生在一到两周内收集相关资料，开展地方文化发展调查研究，并撰写文化强市建设申论或策论。

建议以单个学生为主开展实践调研和申论策论撰写，内容主要围绕中华优秀传统文化、非物质文化遗产、乡土文化、人文历史、红色文化、革命精神、社会主义核心价值观、传统戏曲、民间音乐、历史人物、革命先烈、革命旧址、文化事业振兴、文化产业创新等某个领域或某个问题展开论述，阐述背景现状和问题原因，提出意见建议或对策途径。

文章的重点是现状的调查、问题的分析和对策建议。字数在 1 000 字左右，教师可以对格式、结构提出具体的要求。

2．任课教师对学生进行辅导

任课教师就申论策论的撰写对学生进行辅导和培训。申论策论的撰写主要考察大学生搜集、处理与课程相关的时政信息的能力和发现、分析、解决问题的能力。申论策论的撰写要求和方法包括：

（1）按照问题+对策的结构进行构思，注意结构完整性，一般用总分结构，突出重点部分，开头结尾做好设计。

（2）全面、有条理、有层次地梳理问题现状，对相关问题进行综合分析，对问题进行分类，包括主次、有无关联、是否亟待解决等。

（3）客观分析原因，探究问题产生的根源，并进行归纳整理。

（4）注意文字的连贯性，巧用关联词和连接词，对策建议要有针对性，有条理，切实可行。

（5）内容要反映出学生对该问题的理解能力和语言表达能力，特别是发现问题和解决问题的能力。字数要符合要求。

3．学生课下进行实践活动并撰写申论策论

学生充分利用课余时间开展实践活动，走访调研，查阅相关资料，参考相关申论作品，在掌握资料并分析总结的基础上，撰写策论。

4．实践成果提交

教师布置任务一到两周后，请学生提交书面或电子版申论策论，由各班学习委员收齐后提交任课教师。同时，每位学生熟悉自己的申论策论内容，准备在课堂上发言交流。

5．开展课堂分享讨论

充分利用课堂时间，开展文化强市建设申论分享讨论，参与分享发言的以提前自愿报名、教师指定和随机选人的方式产生。参与分享的学生依次发言，并回答其他学生的提问。教师可以抽取其他学生进行点评或交流发言，并结合学生发言讲解课程内容，进行辅导答疑。

6. 拓展延伸

有条件和机会时，任课教师可以组织小组代表或优秀学生代表，现场观摩文化活动或相关研讨会。任课教师也可以鼓励或吸收有兴趣的学生开展相关课题的研究。

【成果形式】

申论策论文章等。

【成绩评定】

任课教师根据申论策论文章的质量，结合学生发言的情况，酌情给分。

具体评分标准是：观点正确，内容充实，层次清晰，有一定的创新性或推广应用价值，可在 81~100 分的范围内给分；观点正确，内容较充实，层次较清晰，可在 60~80 分的范围内给分；观点不正确，内容较简单，层次不明晰,可在 60 分以下给分;不提交申论策论者,实践教学环节成绩按零分计。

【教学评价】

在实践教学中大学生根据课程所学内容，针对地方文化事业发展和文化产业创新，以及如何坚持马克思主义在意识形态领域的指导地位和践行社会主义核心价值观，提出了有针对性的思想见解或对策建议，提高了他们收集信息的能力和发现、分析、解决问题的能力。同时，学生对课程内容也有了更好的理解和掌握，为以后的成长发展奠定了基础。

六、纪念场馆参观

【实践主题】

弘扬杨靖宇精神，奋斗新时代伟业。

【对应章节】

《毛泽东思想和中国特色社会主义理论体系概论（2023年版）》第二章“新民主主义革命理论”；《习近平新时代中国特色社会主义思想概论（教学课件）》第十六讲“伟大建党精神”。

【项目选择】

参观杨靖宇将军纪念馆。

【适用专业】

各专业。

【学情分析】

各专业学生均可开展。

【实践形式】

社会实践教学。

【教学目标】

通过参观学习，师生共同缅怀抗日民族英雄杨靖宇将军，学习英雄事迹，感悟伟大精神，在传承红色精神中凝聚奋进力量，在重温光辉历史中激发革命斗志，彰显中国共产党始终坚守的初心使命，从杨靖宇精神中汲取思想的力量、信仰的力量、实践的力量，为全面建设社会主义现代化国家而努力奋斗。

【重点难点】

重点：全面了解杨靖宇将军的一生，学习掌握杨靖宇精神，进一步贯彻落实伟大建党精神。

难点：深刻理解以伟大建党精神为源头的中国共产党人精神谱系，特别是杨靖宇精神与东北抗联精神，从杨靖宇精神中汲取力量，为全面建设社会主义现代化国家而努力奋斗。

【资料收集】

➢ 资料一 杨靖宇纪念馆。

著名抗日民族英雄杨靖宇（1905–1940年），确山县李湾村人。原姓马，名尚德。1927年加入中国共产党，曾任确山县农军总指挥、中共哈尔滨市委第一书记、南满省委书记、东北抗日联军第一路军总司令兼政委等职。1940年2月于吉林省蒙江县被日寇包围，因寡不敌众，壮烈殉国。

杨靖宇将军纪念馆位于河南省驻马店市驿城区古城乡李湾村杨靖宇故居。始建于1966年秋，后在“文化大革命”中停工，1981年扩建后开放，建筑面积为4 466平方米。1995年元月，河南省隆重举行了杨靖宇将军诞辰九十周年纪念大会；中共中央总书记、国家主席江泽民亲自为杨靖宇将军纪念馆题写了馆名。

纪念馆门朝北，砖石结构，建筑宏伟壮观，双檐斗拱，琉璃绿瓦面顶。过了月门是清洁宽敞的庭院，院中芳草盖地，奇花送香，紫竹亭亭，松柏相映。庭院中央，杨靖宇将军的丰身石雕像面南巍然而立。下有高2. 00米，厚0. 80米，宽1. 20米的主大理石底座。上书“杨靖宇将军，1905—1940”字样。南边是一排九间的展厅，陈列有照片、图表、油画等92件展品，较系统地介绍了杨靖宇将军的生平事迹。

（驻马店市人民政府：《杨靖宇纪念馆》，载驻马店人民政府网 2017年7月25日，https://www. zhumadian. gov. cn/html/site_gov/articles/201707/50966. html。

➢ 资料二 《天中人笔下的民族英雄——〈山河传〉新书发布会暨杨靖宇精神研讨会侧记》，载《天中晚报》2021年5月18日，第13版。

【实践过程】

1．任课教师布置实践活动任务

任课教师安排学生初步了解杨靖宇的生平事迹和杨靖宇精神相关的研究，结合课程内容寻找自己的关注点，整理归纳自己的问题或思考。同时，任课教师要布置参观杨靖宇将军纪念馆的具体任务，明确参观结束后，学生要提交不少于 1 000 字的参观感悟。

在有条件的情况下，由任课教师协调马克思主义学院统一组织学生分批分次参观杨靖宇将军纪念馆。如果经费和条件不允许，可以让学生以学习小组或宿舍小组为单位，由组长带队自行前往参观。参观前要做好安全教育工作。

2. 师生集合并讲解具体要求

任课教师协调好车辆和陪同人员，班委组织本班全体学生在约定的时间集合，由任课教师和班干部负责签到工作。如果是以小组为单位，小组组长要提前给任课教师报备，集体乘坐公交车或出租车前往，返回学校后要及时向任课教师报告，任课教师可以参与部分小组的活动。

参观前，任课教师要对全体学生提出参观的具体要求，参考要求如下：

（1）要服从统一安排，认真阅读并遵守参观须知。

（2）要严格遵守国家法律法规，严禁携带易燃、易爆、有毒有害等危险品及宠物进入场馆。

（3）参观过程中跟随组织人员，不得随意走动。

（4）参观过程中保持安静，不得大声喧哗，注意语言文明。

（5）爱护公物，不随意触碰展柜和其他物品，不在展厅内乱涂乱抹、乱贴乱画。

（6）未经管理人员许可不得对藏品进行拍摄或照相。

（7）保持衣着整洁得体，注意收集资料。

3. 师生共同参观杨靖宇将军纪念馆

学生集合完毕后，按时抵达杨靖宇将军纪念馆，由任课教师和班委组织好秩序，按顺序进入纪念馆，跟随讲解员进行参观。

学生认真听讲解员介绍，跟随讲解员参观各个板块，可以与讲解员沟通或相互交流。听完讲解员介绍后，进行一定时间的自由参观和讨论交流。

参观结束后在纪念馆门前集合留念。

4. 学生提交参观感想并进行分享

参观结束后，每位学生撰写自己的参观感想。学生参观感想由学习委员收齐后，提交任课教师。任课教师审定后，邀请或抽取部分学生代表在课堂上进行分享汇报，教师进行点评。教师也可以利用课前 5 分钟的时间安排学生依次发言分享。

【成果形式】

参观感想、思想汇报、演讲稿等。

【成绩评定】

任课教师根据学生的参观感想进行成绩评定。

【教学评价】

通过实地参观杨靖宇将军纪念馆，学生更加直观地了解到杨靖宇将军的英雄事迹，并对杨靖宇精神有了更加深刻的认识和领悟。通过实践活动，学生认识到今天的幸福生活来之不易，更加坚定了学生们学习党的创新理论，发扬党的艰苦奋斗精神，为全面建设社会主义现代化国家努力奋斗的信心和决心。

第六章
基于网络虚拟的实践教学方案例举

网络虚拟实践教学，可以解决传统实践教学面临的人财物等诸多难题，更加适应新时代大学生的学习习惯和生活环境，而且传递的信息更集中、参与的人员更全面、可用的资源更丰富、实践的形式更新颖等，更能发挥各门课程在实践教学环节的特点和优势。高校思想政治理论课和社会联系较为密切，很多内容也适合利用信息化手段拓展其网络学习平台。而且课程网站已经基本建成并投入使用，利用网络开展实践教学也是高校思想政治理论课建设在线开放课程的需要。因此，利用网络平台，突出教育信息化的优势，并根据大学生的实际情况和网络社会特点设计网络虚拟实践教学，可以充分发挥学生学习本课程的主动性和自主性，并能更加方便、快捷、安全、全面地落实实践教学，实现理论联系实际，提高课程的教育教学效果。

一、网络媒体创建

【实践主题】

人类减贫的中国实践。

【对应章节】

《习近平新时代中国特色社会主义思想概论（教学课件）》第十讲“加强以民生为重点的社会建设”。

【项目选择】

创建以脱贫致富或共同富裕为主题的微信公众号。

【适用专业】

各专业。

【学情分析】

各专业学生均可开展，学生可以根据自己的专业特点或兴趣特长有针对性地开展该活动。

【实践形式】

网络虚拟实践教学

【教学目标】

通过实践教学，学生能够认识到中国共产党自诞生之日起，就把为中国人民谋幸福、为中华民族谋复兴作为初心使命，团结带领人民与贫困作斗争。中国共产党的百年发展史，就是消除贫穷与落后、让人民过上好日子的百年奋斗史。通过对脱贫攻坚战取得全面胜利的广泛宣传，彰显中国共产党始终坚守的初心使命和强大政治领导力、思想引领力、群众组织力、社会号召力，彰显中国特色社会主义制度集中力量办大事的优势，进而使学生坚定“四个自信”，强化精神品格，以饱满的姿态投入到全面建设社会主义现代化国家的新征程中去。

【重点难点】

重点：了解中国消除绝对贫困的伟大历程；充分认识到人类减贫的中国探索和实践及其重大历史贡献；全面梳理中国扶贫脱贫的经验做法。

难点：深刻把握中国消除绝对贫困的伟大历程及其历史贡献；进一步认识到党的领导和中国特色社会主义制度的磅礴力量和显著优势。

【资料收集】

➢ 资料一 中华人民共和国国务院新闻办公室:《人类减贫的中国实践》，人民出版社 2021 年版。

➢ 资料二 巩固拓展脱贫攻坚成果 加快推进脱贫地区乡村全面振兴——中央农办负责人就《中共中央国务院关于实现巩固拓展脱贫攻坚成果同乡村振兴有效衔接的意见》答记者问。

近日，《中共中央国务院关于实现巩固拓展脱贫攻坚成果同乡村振兴有效衔接的意见》（以下简称《意见》）公开发布，中央农办负责人就有关情况回答了记者提问。

问：《意见》出台有何背景和意义？

答：《意见》的出台意义重大，一是有助于进一步统一思想认识。二是有助于明确和落实巩固拓展脱贫攻坚成果责任。三是有助于形成脱贫地区乡村振兴合力。

问：实现巩固拓展脱贫攻坚成果同乡村振兴有效衔接的总体要求是什么？

答：《意见》强调，坚持以人民为中心的发展思想，坚持共同富裕方向，将巩固拓展脱贫攻坚成果放在突出位置，建立农村低收入人口和欠发达地区帮扶机制，健全乡村振兴领导体制和工作体系，加快推进脱贫地区乡村产业、人才、文化、生态、组织等全面振兴，为全面建设社会主义现代化国家开好局、起好步奠定坚实基础。

结合当前的形势和任务，《意见》提出实现有效衔接必须遵循的四条主要原则。一是坚持党的全面领导。二是坚持有序调整、平稳过渡。三是坚持群众主体、激发内生动力。四是坚持政府推动引导、社会市场协同发力。

问：如何做好脱贫攻坚与乡村振兴政策的有效衔接？

答：《意见》在保持主要政策总体稳定的基础上，对一些重大政策的调整优化提出了方向性、原则性要求。

做好财政投入政策衔接。

做好金融服务政策衔接。

做好土地支持政策衔接。

做好人才智力支持政策衔接。

（顾仲阳、常钦：《巩固拓展脱贫攻坚成果 加快推进脱贫地区乡村全面振兴——中央农办负责人就〈中共中央国务院关于实现巩固拓展脱贫攻坚成果同乡村振兴有效衔接的意见〉答记者问》，载《人民日报》2021 年 3 月 23 日，第 6 版。）

➢ 资料三 中共中央、国务院《关于支持浙江高质量发展建设共同富裕示范区的意见》（节选）。

共同富裕是社会主义的本质要求，是人民群众的共同期盼。党的十八大以来，以习近平同志为核心的党中央不忘初心、牢记使命，团结带领全党全国各族人民，始终朝着实现共同富裕的目标不懈努力，全面建成小康社会取得伟大历史性成就，特别是决战脱贫攻坚取得全面胜利，困扰中华民族几千年的绝对贫困问题得到历史性解决，为新发展阶段推动共同富裕奠定了坚实基础。

党的十九届五中全会对扎实推动共同富裕作出重大战略部署。实现共同富裕不仅是经济问题，而且是关系党的执政基础的重大政治问题。共同富裕具有鲜明的时代特征和中国特色，是全体人民通过辛勤劳动和相互帮助，普遍达到生活富裕富足、精神自信自强、环境宜居宜业、社会和谐和睦、公共服务普及普惠，实现人的全面发展和社会全面进步，共享改革发展成果和幸福美好生活。

当前，我国发展不平衡不充分问题仍然突出，城乡区域发展和收入分配差距较大，各地区推动共同富裕的基础和条件不尽相同。促进全体人民共同富裕是一项长期艰巨的任务，需要选取部分地区先行先试、作出示范。浙江省在探索解决发展不平衡不充分问题方面取得了明显成效，具备开展共同富裕示范区建设的基础和优势，也存在一些短板弱项，具有广阔的优化空间和发展潜力。支持浙江高质量发展建设共同富裕示范区，有利于通过实践进一步丰富共同富裕的思想内涵，有利于探索破解新时代社会主要矛盾的有效途径，有利于为全国推动共同富裕提供省域范例，有利于打造新时代全面展示中国特色社会主义制度优越性的重要窗口。

（《中共中央 国务院关于支持浙江高质量发展建设共同富裕示范区的意见》，载中国政府网 2021 年 6 月 10 日，http://www. gov. cn/zhengce/2021-06/10/content_ 5616833. htm。）

【实践过程】

1. 师生注册微信公众号

师生共同学习微信公众平台账号的注册流程。由于是以个人、小组或课程为主体，因此师生适合注册“订阅号”公众平台。（个人）注册公众平台步骤如下。

（1）打开微信公众平台官网：https：//mp. weixin. qq. com/，右上角点击“立即注册”。

（2）填写邮箱（未注册过的邮箱），登录您的邮箱，查看激活邮件，填写邮箱验证码激活。

（3）了解订阅号、服务号和企业微信的区别后，选择想要的账号类型，建议选择订阅号。

（4）信息登记，选择个人类型之后，填写身份证信息。

（5）填写账号信息，包括公众号名称、功能介绍，选择运营地区。注册成功，可以开始使用。

公众号注册申请，可以以个人名义进行，也可以组成小组以组长名义注册，教师可以以自己的名义创建课程微信公众号。

2. 请有经验的师生讲解公众号发布信息流程

发布原创文章流程：打开电脑网页上的微信公众平台，登录，再点击新建群发，选择自建图文，然后输入标题和正文，保存并群发就可以了。

转发文章流程：登入微信公众号后台，点击素材管理。在新建的图文素材旁边有一个向下的三角形，点击以后出现新建分享图文和管理图文模板。点击新建分享图文以后出现搜索界面。在搜索框输入关键字，点击搜索按钮，就可以看到搜索内容了。选中要分享的文章，然后选择分享类型，这时分享按钮变为绿色就可以点击了。点击“分享”以后，可以点击“保存”并群发，扫码就可以群发了。

3. 学生发布原创文章或转发文章

学生创建公众号后，学习发布原创主题文章和转发相关文章，并逐步学习排版、编辑、美化等。

4. 完成实践任务

每个公众号发布5篇原创的、包含脱贫致富或共同富裕相关内容的文章，并转发5篇相关的文章，同时有5个以上的关注者即视为完成实践环节任务。

5. 教师浏览查阅相关公众号

教师利用空闲时间浏览查阅学生公众号的内容，并进行点赞、评论或转发。

6. 拓展实践

有条件或有信息专业基础的教师和学生可以共同开发课程专题或思政类APP，以提高课程的吸引力，并吸引学生更加积极地参与到课程学习中来。

【成果形式】

微信公众号等。

【成绩评定】

任课教师根据公众号原创的文章质量及活跃度等情况酌情评定成绩。

【教学评价】

开展和课程内容相关的网络媒体创建活动，不仅可以提升大学生对课程内容的理解应用水平，巩固马克思主义在意识形态领域的指导地位，而且能实现网络技术与教学内容的紧密结合，满足学生的个性需求。这一实践活动也提升了大学生的信息化能力和明辨是非的能力，使课程更加贴近学生。

二、网络作品创作

【实践主题】

民族复兴，筑梦有我。

【对应章节】

《习近平新时代中国特色社会主义思想概论（教学课件）》第二讲“坚持和发展中国特色社会主义总任务”。

【项目选择】

动漫作品设计制作。

【适用专业】

动画类、信息工程类、视觉传达类专业。

【学情分析】

具有动画影视专业背景的学生，思维比较活跃，观察事物有独特的视角，一般接受新生事物的能力较强，具有一定的创新创作能力。该类专业的学生对于思想政治理论课有一定的距离感，通过发挥他们自身专业技能或兴趣特长来加深对课程内容的理解，可以提高本课程的针对性和说服力，也能提高学生的获得感和认可度。

【实践形式】

网络虚拟实践教学。

【教学目标】

通过实践教学，大学生能够进一步理解并熟记中国梦的科学内涵，掌握实现中国梦的路径，并在全面建成社会主义现代化强国战略安排的指引下，积极投身于民族复兴伟业。

【重点难点】

重点：掌握中国梦的科学内涵及实现途径，熟悉全面建成社会主义现代化强国的战略安排，坚持立足新发展阶段、贯彻新发展理念、构建新发展格局。

难点：贯彻落实全面建设社会主义现代化国家的战略导向，积极投身于民族复兴伟业之中。

【资料收集】

➢ 资料一 弘扬抗震救灾精神 为实现中华民族伟大复兴的中国梦注入强大精神动力。

“万众一心、众志成城，不畏艰险、百折不挠，以人为本、尊重科学”的伟大抗震救灾精神是党领导人民攻坚克难、战胜困难的精神力量。在“5·12”汶川地震之后，各地逐步建立和完善了防灾减灾救灾体系，全面提升全社会抵御自然灾害的综合防范能力。

2019 年 6 月 17 日 22 时 55 分，四川宜宾长宁县发生 6.0 级地震，四川、重庆、云南多地震感强烈。这次地震发生时，包括成都主城区在内的四川不少地方的居民都通过电视、应急大喇叭等渠道，在地震波影响到达之前提前收到了预警信息。

2012 年，四川省率先在汶川建立了地震预警试验系统，到 2019 年 10 月，电视地震预警系统已经覆盖了四川所有市州，并在 50 多次破坏性地震中发挥了作用。

2018 年，我国全面启动实施了“国家地震烈度速报与预警工程”，该工程将于 2022 年底完工，届时将建成 15 000 余个站点，将在华北、东南沿海等重点地区实现秒级地震预警，健全我国的防灾减灾体系、加强灾害监测预警和风险防范能力。

坚持以防为主、防抗救相结合，坚持常态减灾和非常态救灾相统一，努力实现从注重灾后救助向注重灾前预防转变，从应对单一灾种向综合减灾转变，从减少灾害损失向减轻灾害风险转变，全面提升全社会抵御自然灾害的综合防范能力。按照这一要求，近年来，各地不断强化应急救灾体系的建立和完善，提高防灾减灾救灾的能力。

2021 年 5 月 14 日，在四川省雅安市举行的“应急使命 · 2021”抗震救灾演习。这场演习模拟了四川突发 7.5 级地震，灾区损失严重，各方力量紧急救灾的过程，演习共动用各类应急力量 6 100 余人，对抗震救灾实战能力进行了一次全面检验。

“5 · 12”汶川特大地震的抗震救灾在公共应急、灾难救助、重大安全保障等方面积累了宝贵的经验，促进了新的应急救灾体系的建立和完善，彰显了“任何困难都难不倒英雄的中国人民”的大无畏气概。弘扬抗震救灾精神，必将为实现中华民族伟大复兴的中国梦注入强大精神动力。

（《弘扬抗震救灾精神为实现中华民族伟大复兴的中国梦注入强大精神动力》，载百家号 2021 年 9 月 13 日，https://baijiahao. baidu. com/s?id=1710774170467 485147& wfr=spider&for=pc。）

➢ 资料二 翟婉明：高铁梦就是我的“中国梦”。

翟婉明，中国科学院院士，美国国家工程院外籍院士，西南交通大学首席教授。2021 年，他被授予“全国优秀共产党员”称号。从入大学求学到现在，翟婉明见证了中国高铁从无到有，再到形成世界最大的高速铁路网，总里程超过 3.8 万公里的历程，也见证了铁路密布、高铁飞驰、天堑变通途的奇迹。

翟婉明主持完成的创新成果“铁道机车车辆-轨道耦合动力学理论体系、关键技术及工程应用”荣获 2005 年度国家科技进步一等奖。

一、创新发展解决世界难题

1981 年，翟婉明刚考上西南交通大学。开学前夕，他乘火车赶赴学校所在地，这是他有生以来第一次坐火车。“没想到大雨致使宝成铁路一段路基塌方。只好绕道，我辗转花了三天四夜，才从老家江苏靖江赶到位于四川峨眉山的学校。”翟婉明回忆说。

首次乘火车的经历让翟婉明深刻认识到中国铁路亟待提高。他上车后发现，车厢被挤得水泄不通，想找个站的地方都难，更别提有空座了。他只好挤站在通道上。“第一次乘火车，我很兴奋，但吃惊地发现，中国铁路竟然如此落后，好像当头挨了一棒。”翟婉明说。穷则思变，这一次经历让他心底萌发了改变中国铁路落后面貌的想法。

考上大学不容易，对翟婉明这样的农村青年更是如此。他深知这一点，倍加珍惜来之不易的求学机会，拿出拼命三郎的劲头，如饥似渴、夜以继日地勤奋钻研。苦心人，天不负，翟婉明很快崭露头角，成绩名列前茅，并一路以“第一”的优异表现完成了本科、硕士、博士的学业，进入中国铁路交通科研的前沿领域。

从就读西南交通大学到留校任教，翟婉明一直从事轨道交通工程领域的科技创新和人才培养工作，成了西南交通大学交通运输工程学科（全国学科评估排名第一）的带头人。

二、战略需求催生高铁科创

谈到中国高铁发展至今遇到的挑战，翟婉明表示，高铁发展初期，我们由于没有任何相关设计和建设的经验，遭遇到多方面挑战。其中，最大的挑战是没有设计标准和建造标准。该难题的解决得益于翟婉明提出根据动力学理论来预测行车的动态性能和大量试验验证，即在高速列车行驶过程中，看行车的性能指标是否满足标准，从而倒推线路设计参数的合理值。如今，中国已经有了高铁的设计规范和设计标准，包括线路平纵断面的设计标准。

高铁工程建设中的另一个难题是，以前桥梁的设计标准只适用于每小时 200 公里以下的行车速度，准确评估高铁列车通过桥梁的安全性至关重要。为此，当时的铁道部成立了联合攻关组，翟婉明出任组长。经过 10 年艰辛努力，翟婉明带领联合攻关组最终提出列车-轨道-桥梁动力相互作用理论，建立了高速列车过桥的动态设计安全评估方法，成功解决了上述难题。

中国高铁科技领域取得上述卓越的成就是翟婉明等科技工作者长期携手努力奋斗的结果，彰显了他们刻苦钻研、矢志不渝勇攀科技高峰的创新精神和奉献精神。

三、新辉煌继续造福全世界

从20世纪90年代起，中国开始了高速列车的研究与探索，诞生了以“神州号”“先锋号”“中华之星”等国产动车组为代表的创新成果。2004年，中国开始全面引进国外高速动车组并创新研制了“和谐号”系列动车组。2012年以来，中国标准高速动车组的自主研制工作深入推进，推动实现了高速列车技术完全自主化。

2016年7月15日，郑徐高铁创造了时速420公里列车交会的世界新纪录。2017年9月21日，具有完全自主知识产权的中国标准动车组“复兴号”在京沪高铁上实现时速350公里商业运营，中国由此成为高速铁路运营速度最高的国家，为中国“高铁走出去”战略的实施提供了强有力支撑。

中国高速铁路网建设突飞猛进。截至2020年底，中国已建成并开通运营超过3.8万公里、“四纵四横”高速铁路网，正在加速编织以“八纵八横”主通道为骨架、区域连接线衔接、城际铁路补充的未来高速铁路网。

“中国高铁已经取得了举世瞩目的辉煌成就。在交通强国战略的指引下，我们有信心、有能力创造新辉煌，引领和推动国际高铁技术继续创新发展，造福世界。高铁梦就是我的‘中国梦’！”翟婉明说。

[《翟婉明：高铁梦就是我的“中国梦”（科教人物坊）》，载《人民日报·海外版》2021年9月13日，第9版。]

➢ 资料三 “中国梦”主题手机（移动终端）动漫创作活动落幕。

一、以新媒体、新形式培育和传播主流价值观

动漫是深受广大人民群众，特别是青少年喜爱的文化形式，作为新媒体动漫的代表，手机（移动终端）动漫随着手机和移动智能终端的日益普及，在人民群众的文化生活中扮演着日益重要的角色。

2013年8月8日，在中国原创手机动漫游戏大赛的举办城市湖南长沙，文化部正式启动了“中国梦”主题手机（移动终端）动漫创作活动。经过4

个多月的作品征集和评选，本次活动于日前落幕，20部优秀手机（移动终端）动漫原创作品获扶持。“中国梦”主题创作活动选择的正是最容易入手的手机（移动终端）动漫，形式短小精悍，制作相对简便，大大激发了动漫人的创作激情。在作品征集的3个月里，收到了总计3 356部作品，其中，手机（移动终端）漫画1996部，动画1 360部。

“以动漫的形式，以手机和移动终端为载体，以鲜活生动的笔触，描绘和表现每个动漫人、普通中国人对于国家富强、民族振兴、人民幸福的梦想的理解和感受，这也是我们积极推进工作手段创新的具体举措。”该活动主办方有关负责人表示，运用群众喜闻乐见的方式，搭建群众便于参与的平台，开辟群众乐于参与的渠道，有利于增强工作的吸引力和感染力，通过平民化的新媒体动漫形式将“中国梦”的内涵创意发挥出来，能有力推进培育和践行社会主义核心价值观工作，在舆论宣传的新阵地上取得了很好的效果。

二、广泛调动社会各界积极性

这次主题创作活动承办单位的选择具有广泛的代表性和涵盖面，不仅有电信运营商、互联网服务商，还有高校；不仅涉及专业院校、动漫企业，还波及广大的草根爱好者，最大限度地调动了相关单位的创作资源并考虑到新媒体和手机、移动终端的传播特点和受众面。

从参赛作品的地域属性来看，由于线上投稿的优势，大部分作品来自动漫文化较为普及的城市，如北京、广州等；而由于城市和地区的文化活跃程度不同，参赛作品的基数也呈现差异化——北京、上海、广州等城市参赛作品基数大，山东、吉林、湖南、天津等地次之，其余地区则在此基础上递减。

据结果分析，北京有8部作品获扶持，占总量的40%，而作品基数并不高的天津、浙江则分别有3部和2部作品入围，占比为15%和10%，其余为吉林、山东、湖南、湖北、江苏、上海和广东各一部。从获扶持作品来源看，个人原创手机动漫作品有7部，学院和团体创作作品各占2部，其他9部则来自7家成熟的动漫企业。

[《新动漫 新媒体 新梦想“中国梦”主题手机（移动终端）动漫创作活动落幕》，载《中国文化报》2014年1月15日，第6版。]

【实践过程】

1．教师讲解相关内容

开展“民族复兴，筑梦有我”主题实践活动，任课教师要把中国梦的内涵，以及将新时代青年的使命担当讲清楚。2012 年 11 月 29 日，习近平总书记在参观《复兴之路》展览发表讲话时，首次提出实现中华民族伟大复兴的中国梦。广大青年要勇敢肩负起时代赋予的重任，立足新发展阶段、贯彻新发展理念、构建新发展格局，在全面建设社会主义现代化强国新征程中努力奋斗，在实现中国梦的生动实践中放飞青春梦想。

2．任课教师布置实践任务

任课教师布置动漫作品设计的主题和要求，强调学生设计的相关作品应具有原创性。教师要给学生留下充足的创作时间。

作品要求：

（1）结合教材内容进行原创设计，作品内容要与“民族复兴，强国有我”的主题相关，反映中国共产党领导中国人民为实现中华民族伟大复兴中国梦而奋斗的历史进程，表达青年大学生投身实现中国梦伟大实践的积极愿望。

（2）动画作品格式：学生提供 MP4、MPG、AVI 或 MOV 格式文件；原始分辨率不小于 800×600 像素（建议文件压缩到 1G 以下）。

（3）漫画类作品规格：画稿要求使用 A4 标准绘图纸或漫画原稿纸，或者 A4 复印纸。画稿四周请保留各 2cm 空白，画面要求清晰、标明页数。

3．学生课下进行创作

学生充分利用课余时间，根据自己专业特点和实际情况，以小组或个人为单位，选好角度，开展动漫作品创作，并进行记录，撰写作品说明。

4. 作品报送

学生将作品电子版报送至指定邮箱，纸质作品报送至指定办公室或指定人员。作品需要注明作者姓名、所在院系、组别、联系电话、作品的名称，可另附页标注作品名称、内容、创意等。

5．成果评选

任课教师与其他师生联合组成评委组，评出一等奖、二等奖和三等奖。评分标准如下。

（1）主题内涵（40 分）：符合要求，主题明确，积极向上，立意清晰。

（2）创意结构（30 分）：结构完整，有创意创新，逻辑契合，主题突出。

（3）视觉效果（30 分）：有视觉效果，色彩饱和，对焦清晰，层次分明，有较强的感染力。

6．成果展示

评选出的优秀作品可以分不同的主题进行网络展示。

7. 反馈总结

在课堂上，任课教师可以组织部分获奖选手讲解自己创作的作品和创作的历程。在学生分享后，任课教师进行总结和点评，使学生充分认识到没有中国共产党就没有新中国，就没有中华民族伟大复兴。广大青年要坚定“四个自信”，做到“两个维护”，积极投身到中国梦的实践探索中，旗帜鲜明当先锋，不懈奋斗践初心！

【成果形式】

视频、文稿等。

【成绩评定】

一等奖获得者可以计满分或优秀，二等奖获得者可以计 90 分或认定为优秀、良好，三等奖获得者可以计 80 分或认定为良好、中等，参与但未获奖的学生本次成绩可以计 70 分或认定为中等，未参与者不计分。对于特别优秀的作品，任课教师可以酌情给予其他奖励，并推荐学生参加各级各类竞赛评比活动。

【教学评价】

通过组织动漫作品设计创作活动，充分发挥了学生的专业特长优势，增强了学生的专业技术能力、组织协调能力，实现了思政课和专业课的有机融合。通过对“中国梦”系列原创动漫作品的展示、讲解和宣传，使参与学生对“中国梦”和强国战略了有更加深刻的理解，进一步激发了新时代大学生的奋斗热情。

三、网络舆情评论

【实践主题】

理性合理追星，建设文化强国

【对应章节】

《习近平新时代中国特色社会主义思想概论（教学课件）》第九讲“建设社会主义文化强国”。

【项目选择】

倡导社会主义核心价值观，净化“饭圈”乱象舆情评论。

【适用专业】

各专业。

【学情分析】

各专业学生均可开展，学生可以根据自己的专业特点或兴趣特长有针对性地开展活动。

【实践形式】

网络虚拟实践教学

【教学目标】

通过实践活动，学生能够充分认识到意识形态斗争无处不在，严重冲击着社会主流价值观。通过网络实践教学，学生能够进一步掌握社会主义核心价值观的主要内容，明确建设社会主义文化强国的基本要求和基本途径，坚决抵制西方意识形态的渗透和不良价值观念的影响，自觉为建设社会主义文化强国贡献力量。

【重点难点】

重点：培育和践行社会主义核心价值观，掌握建设社会主义文化强国的具体路径，充分认识到牢牢掌握意识形态工作领导权的重要性，树立正确的世界观、人生观、价值观。

难点：深刻认识到意识形态领域斗争的复杂性和严峻性，积极投身于社会主义文化强国建设。

【资料收集】

➢ 资料一 中纪委就“饭圈”乱象发声。

2021 年 9 月 14 日，中共中央纪律检查委员会就“饭圈”乱象发声，表示治理“饭圈”乱象须多管齐下。

文章表示，“饭圈”乱象形成畸形价值观，对青少年危害极大；而乱象的背后，则是资本逐利偶像经济的脱缰失控与畸形产业链。要彻底解决“饭圈”乱象，不是哪一方可以单独完成，需要“五力共治”，即监管部门的监管力、平台企业的约束力、明星和制片方的自律力、粉丝的自制力和评论家的批判力。

某些现象的出现只不过是大江东流时夹带着的泥沙,但如果不加以纠正，就会使负面的声音掩盖真正的“好声音”，带坏社会风气。只有标本兼治，才能营造一个健康、良好、清朗的生态环境，才能使神圣的精神文化和高尚的人格操守站在时代前沿，引领风气之先！

（《治理“饭圈”乱象须多管齐下》，载中央纪委国家监委网 2021 年 9 月 14 日 ,https://www.ccdi.gov.cn/yaowenn/202109/t20210914_145870.html。）

➢ 资料二 青少年理性追星倡议书。

亲爱的同学们：

追星，是指青少年在青春期为寻求认同感，对心中偶像或者娱乐打造的明星所进行的崇拜支持类行为的一种表达。随着信息技术的发展，青少年追逐明星是一个很普遍的现象,每一个年代的人都有每一个年代人心中的明星。

其实“追星”并不是什么坏事，如果选择好的“星”作为自己学习的榜样，可以使人在自己的生活中有了目标、有了动力，从而激发斗志，并获得了成功。

但是在现实中，有一部分人追星的态度却误入歧途，他们追星时失去了理智，失去了自我，失去了人生的目标和追求，不但浪费金钱，更浪费了学习的宝贵时间。

风朗气清的网络环境，需要大家齐心维护。为此，我们积极响应中央网信办“清朗”系列专项行动号召，真诚地发出如下倡议：

1. 文明上网、和谐讨论。对自己的一言一行负责，坚决抵制网络暴力，共同维护健康有序的网络环境。言语是刀，每个人都应该谨慎对待。

2. 理智追星、冷静发言。拒绝一切拉踩引战、谩骂互撕、挑动对立等不良行为。要相互信任、共同成长，以积极向上的态度与自己的偶像一起传递社会正能量。

3. 遵纪守法，明辨是非。互联网不是法外之地，面对各种网络信息，要始终保持独立思考的态度，增强社会责任意识，坚决对极端言行说不。

4. 拒绝非理性应援打投、“饭圈”集资等现象。不炫富攀比，追星应量力而行，同时提高警惕，谨防上当受骗。

5. 杜绝一切非法盗摄行为，不干扰公共场合秩序。理智追星，以积极向上的面貌与艺人一同传递正能量。

文明有序的网络环境需要我们大家共同维护，健康有序的粉丝文化更需要大家共同努力创造。我们愿与大家一起，主动作为，积极发声，让粉丝文化迸发出更多正能量，未来请一起努力！

（贵溪市网信中心：《青少年理性追星倡议书》，载贵溪市人民政府网 2021 年 9 月 8 日，http://www. guixi. gov. cn/art/2021/9/8/art_6225_1136597. html。）

➢ 资料三 粉丝追星倒奶事件舆情观察：恶性逐利引发公众愤怒。

一、舆情简述

2021 年 4 月 28 日晚，事关《青春有你 3》选秀节目，一段为“打投”牛奶被倒入下水道相关信息，开始在社交平台中“饭圈”类博主内小范围传播。

为选秀节目打投的牛奶，瓶盖上有二维码，一个二维码能投一票，为了给自己的偶像刷票，粉丝疯狂购买牛奶，只为了瓶盖上的那一个二维码。扫完二维码后，竟然雇人倒掉，那是新鲜牛奶，没有任何质量问题，已经倒掉了 27 万瓶。

4 月 29 日，反食品浪费法正式实施，与此同时，“打投”奶被倒视频在网上热传；5 月 4 日下午，新华社发文怒批牛奶被倒掉；同日，北京广电局责令爱奇艺暂停《青春有你》第三季后续录制；5 月 5 日，爱奇艺回应被责令停录《青春有你》第三季：暂停节目录制，整改存在问题；5 月 6 日晚，爱奇艺就“倒奶视频”致歉，《青春有你 3》停止录制；5 月 7 日，《青春有你 3》赞助商蒙牛就倒奶事件致歉：完全支持并积极配合爱奇艺及节目组的整改措施，确保妥善处理。

二、舆情观察

1. 舆情传播网民正面情绪极低

为何网民在传播该舆情事件中，正面情绪较低？对此，新华社的文章指出了根源所在：“大量牛奶被倒”的背后，是以浪费和挥霍为代价的吸睛牟利，是对劳动的不尊重、对法律的亵渎和蔑视，其最终结果是误导、侵蚀青年人的追求和三观，不只是把牛奶倒沟里，而是把青年人带沟里！

2. 舆论质问谁在操纵这种肆无忌惮的浪费

被倒掉的 27 万瓶牛奶背后是不理智的追星行为和开盖“才能支持”偶像的游戏规则。因此，多数网民追问：粉丝为偶像打投的不理智行为应该被批评，但背后的操纵者才是最应该被“拷打”的对象。

其实不仅仅是《青春有你 3》，近年来，男、女团选秀节目的赞助商多是奶制品，这也催生出了行业乱象。利用投票与牛奶挂钩，形成了独特的“奶票”模式，不仅诱导粉丝倾囊相助，还滋生出“黄牛”囤积牛奶、倒卖“奶票”等怪象。奶制品成为一种拖累的背后，暴露出选秀节目策划存在导向问题，过度追逐经济利益，用“奶票”诱导粉丝无度花钱，而漠视社会效益。

3. 饭圈文化备受争议

粉丝们投入大量的时间、金钱和精力，这种现象在中国艺术研究院学者孙佳山看来，是“饭圈文化”越来越强调流量明星与粉丝个体成长的“伴生性”，甚至将粉丝与流量明星打造成“老母亲养儿子”式的关系。

4. 浪费带来青少年价值观问题

倾倒牛奶事件反映出的，不仅仅是资本逐利和其背后产业链的存在，在某些程度上体现了青少年价值观导向的偏向，产生了极大的社会负面影响。

三、舆情短评

平台、商家和粉丝，一个愿打一个愿挨，但是，没有想到，因为一桶桶倾倒的牛奶引出了公众的愤怒。因此，选秀不是简单的造星。选秀，应该首先秀出社会责任感，秀出价值观，秀出公俗良序。

这才是一个选秀节目应该给这个时代留下的东西。

（《粉丝追星倒奶事件舆情观察：恶性逐利引发公众愤怒》，载民主与法制网 2021 年 5 月 10 日，http://www.mzyfz.com/html/1293/2021-05-10/ content-1481231. html。）

【实践过程】

1. 教师讲解舆情背景

任课教师根据新出现的热点舆情，结合课程的内容以及相关的报道，向学生们讲解舆情的基本情况、发生的背景及原因，主要的观点和评论，重点讲解“粉丝倒奶打投事件”的恶劣影响以及背后的利益收割，对不良和负面的舆论进行简单的批判和揭露。

2. 教师布置网络舆情评论要求

任课教师对学生参与网络舆情评论提出要求，并布置任务。

（1）评论主题坚持积极健康向上，践行社会主义核心价值观，有利于引导形成崇德尚艺、见贤思齐的良好风气。

（2）每个学生可以根据自身的专业特长和兴趣认知来确定评论切入点，教师也可以拟定一些评论主题，如文明上网、加强监管、平台约束、明星自律、粉丝自爱、理性追星、相互信任、共同成长、遵纪守法、明辨是非、拒绝攀比、谨防上当等供学生参考。引导学生从不同的角度发表评论。

（3）学生就该话题在指定平台上发起主帖，或在相应的讨论中跟帖。学生也可以在教师发起的网络讨论中跟帖评论。每个学生必须发表评论，发帖可以不用实名。

（4）评论字数在 150 字以上。

3. 提交实践成果。

每位学生将自己的评论或帖子截图，并以自己姓名、学号、专业、班级命名后发送到指定邮箱或上传至指定的作业收集链接。

4. 教师总结点评

任课教师根据学生的发言或跟帖，结合明星逃税、吸毒等事件，再组织一次课堂讨论，并进行总结点评。教师要对学生评论中存在的错误内容进行正面引导和批评纠正，形成良好的舆论氛围。要重点分析类似事件的深层次原因和恶劣的影响，倡导学生理性追星，学习和践行社会主义核心价值观，用社会主义先进文化引领社会风尚。

5. 实践延伸

教师可以请学生继续跟帖评论，并对评论中出现的消极错误言论进行正面引导和批评纠正。同时，提醒学生文明用语、冷静发言，拒绝人身攻击等不良行为。

【成果形式】

网络评论、网络文章等。

【成绩评定】

任课教师根据学生的评论质量及点赞或转发等情况酌情评定成绩。

【教学评价】

大学生通过参与撰写发布积极健康向上的评论，加深了对社会主义核心价值观和文化强国建设等课程内容的理解和运用，能巩固和提升自己的马克思主义理论水平，也能从亲身实践中理解网络意识形态斗争的激烈。师生通过跟帖、回复等形式开展专题性的网络讨论和互动，便于任课教师深入了解学生的思想动态，对学生的思想、行为进行监督、引导和纠正，坚持正确舆论导向，牢牢掌握网络实践教学的主动权和话语权。

四、虚拟场馆参观

【实践主题】

钓鱼岛是中国的固有领土。

【对应章节】

《习近平新时代中国特色社会主义思想概论（教学课件）》第十五讲“推动构建人类命运共同体”。

【实践项目】

参观中国钓鱼岛数字博物馆。

【适用专业】

各专业。

【学情分析】

各专业学生均可开展。

【教学目标】

通过实践活动，学生能够进一步了解钓鱼岛的基本情况，熟悉钓鱼岛主权属于中国的法律和历史依据。在掌握钓鱼岛问题形成的历史背景的基础上，明确无论日本对钓鱼岛采取何种单方面举措，都不能改变钓鱼岛及其附属岛屿属于中国的事实。中国政府维护国家领土主权的决心和意志坚定不移，捍卫世界反法西斯战争胜利成果的决心毫不动摇。同时，通过实践活动，学生能够掌握习近平外交思想的核心要义，坚持独立自主的和平外交政策。

【重点难点】

重点：全面学习习近平外交思想，了解钓鱼岛问题的来龙去脉和钓鱼岛的基本情况，进一步明确和理解中国的立场，梳理掌握钓鱼岛属于中国的法律和历史依据。

难点：深入学习贯彻习近平外交思想，梳理掌握钓鱼岛问题的来龙去脉，深刻把握中美关系、中日关系的历史和未来发展的正确方向，进一步思考钓鱼岛问题的未来走向。

【资料发展】

➢ 资料一 周永生《〈波茨坦公告〉和〈开罗宣言〉的现实意义》，载《当代世界》2015 年第 9 期，第 12-15 页。

➢ 资料二 中国驻越南使馆就日本防卫大臣岸信夫访越期间发表攻击中国言论表明立场。

据中国驻越南大使馆网站消息，日本防卫大臣岸信夫日前访问越南期间，肆意发表攻击中国言论，指责中国在钓鱼岛海域“试图以实力改变现状”，污蔑中国实施《海警法》加剧东海、南海紧张局势，并就台湾问题粗暴干涉中国内政，中方对此坚决反对。来而不往非礼也，中国驻越南大使馆严正阐明以下立场，以正视听。

第一，中国颁布《海警法》是例行国内立法，不针对特定国家，完全符合国际法和国际实践，事实上包括日本在内的多个国家早就制定实施了类似法规。中国与有关国家完全有能力、有智慧共同维护好南海和平稳定。

第二，钓鱼岛及其附属岛屿是中国的固有领土，19世纪末，被日本通过甲午战争和《马关条约》非法窃取和割占。二战日本战败投降后，根据《开罗宣言》和《波茨坦公告》等国际法律文件，钓鱼岛作为台湾的附属岛屿回归中国。但美日不顾中方坚决反对，非法将其纳入“托管”和“施政”范围，日本企图继续霸占钓鱼岛。中日在实现邦交正常化和缔结《中日和平友好条约》时，双方就搁置争议，将“钓鱼岛问题放一放，留待以后解决”达成谅解和共识，构成了钓鱼岛问题的现状，这也是中方在钓鱼岛问题上长期保持克制，暂未在有关海域行使巡航执法等固有权力的基础和前提。近些年来，日方不断对钓鱼岛采取单方面行动，通过在钓鱼岛海域非法行使“执法权”，实施所谓“国有化”和政要公开表态等，单方面撕毁了中日搁置争议的政治共识，这使得中方长期保持克制的前提不复存在。事实不容置疑，在钓鱼岛海域以实力改变现状的不是中方，而恰恰是日方。日方不要贼喊捉贼，倒打一耙。

第三，日本是世界上最没有资格置喙台湾问题的国家。我们奉劝日方不要好了伤疤忘了疼，不要低估中国人民捍卫国家主权和领土完整的坚强决心、坚定意志和强大能力。

（《中国驻越南使馆就日本防卫大臣岸信夫访越期间发表攻击中国言论表明立场》，载中华人民共和国驻越南社会主义共和国大使馆官网2021年9月13日，http://vn. china-embassy. gov. cn/sgxw/202109/t20210913_9993285. htm。）

➢ 资料三 日本右翼想“突入钓鱼岛”，中国海警出手。

据新加坡《联合早报》网站9月16日报道，日本右翼势力近日企图乘坐快艇突入钓鱼岛实施所谓“登岛行动”，被中国海警船驱离。

据报道，日本石垣岛八重山渔业协会的 5 艘渔船出现在钓鱼岛附近，船上搭载着日本右翼分子，他们企图乘坐快艇，突入钓鱼岛实施登岛行动。中国出动 4 艘海警船，将日本船只阻止在钓鱼岛海域外围。

（《日本右翼想“突入钓鱼岛”，中国海警出手》，载百家号 2021 年 9 月 18 日，https://baijiahao. baidu. com/s?id=1711234898855354123&wfr=spider&for=pc。）

【实践过程】

1. 教师初步讲解相关理论和背景知识

任课教师在课堂上讲解习近平外交思想，初步梳理钓鱼岛问题的来龙去脉，介绍相关背景知识。师生可以就中美、中日、美日关系进行交流讨论。

2. 教师发布实践任务并提出相关要求

（1）请学生在两周内利用课余时间，登入中国钓鱼岛数字博物馆（www. diaoyudao. org. cn），自主完成至少 30 分钟的虚拟参观，并收集学习相关资料。

（2）参观方式：打开网站，点击右侧：中国钓鱼岛数字博物馆，开始浏览，进入后点击眼睛图标、播放图标和右上角放大图标等可以观看具体内容资料。中国钓鱼岛数字博物馆由序厅和三个展厅组成，展陈内容包括历史图片、视频资料、文献资料、各类模型、动画故事等，并设有讲解员、馆长问答等互动环节，生动地展示了钓鱼岛主权属于中国的法律和历史依据。

（3）学生以个体为单位自主参观，并按学号段分不同的角度或主题完成参观后的作业任务。如以“钓鱼岛的过去”（学号 1~10 号）、“钓鱼岛的现状”（学号 11~20 号）、“钓鱼岛的未来”（学号 21~30 号）、“民间保钓运动”（学号 31~40 号）、“中美关系”（学号 41~50 号）、“中日关系”（学号 51~60 号）、“钓鱼岛是中国的固有领土”（学号 61~70 号）、“维护地区和平稳定”（学号 71~80 号）等为切入点自拟题目，制作 10 张左右的 ppt，准备 10 分钟左右的讲课稿，以备展示和分享。

（4）参观时拍照或截图两张，分别显示进入中国钓鱼岛数字博物馆的时间和结束参观的时间。

3. 学生完成自主网络参观

学生利用课余时间，积极在网上参观中国钓鱼岛数字博物馆，并完成相关配套作业任务。

4. 完成实践任务并提交。

两周后，学生将实践作业，包括课件、讲稿、图片等统一发送至指定邮箱或提交到指定平台。

5. 进行课堂展示分享

学生完成实践环节并提交成果后，任课教师组织开展课堂分享展示。由于课堂时间有限，分享展示可以以抢答参与和随机选人参与相结合的方式进行，也可以由任课教师直接指定学生参加。

【成果形式】

课件、讲稿、图片等。

【成绩评定】

任课教师根据学生互评和教师评价相结合的方式，给予学生实践成绩。

【教学评价】

虚拟场馆参观实践是充分利用网上虚拟仿真的博物馆、纪念馆、科技馆等开展的实践教学活动。这种实践互动，有效解决了思政课实践教学在人力、物力、财力和时间、空间上的限制，能够有效保证学生的参与度和覆盖面。学生通过参观中国钓鱼岛数字博物馆，可以身临其境地感受钓鱼岛的地理环境，了解钓鱼岛问题的来龙去脉，进一步认识钓鱼岛是中国的固有领土这一无可争辩的事实。

五、课程网络直播

【实践主题】

课程网络宣讲。

【对应章节】

《毛泽东思想和中国特色社会主义理论体系概论（2023年版）》各章节；

《习近平新时代中国特色社会主义思想概论（教学课件）》各章节。

【项目选择】

这节内容我来讲。

【适用专业】

各专业。

【学情分析】

各专业学生均可开展，学生可以根据专业特长和熟悉领域开展该活动。

【实践形式】

网络虚拟实践教学。

【教学目标】

通过实践教学，学生能够全面学习课程内容，并对课程内容进行归纳总结，自觉成为课程内容的网络宣讲员，进一步深化对马克思主义中国化时代化理论成果的认识和掌握，并带动更多的人坚定“四个自信”，做到“两个维护”，以饱满的姿态投身全面建设社会主义现代化国家新征程。

【重点难点】

重点：掌握马克思主义中国化的内涵和理论成果，全面学习贯彻习近平新时代中国特色社会主义思想。

难点：全面梳理教学内容要点，不断提高表达的准确性和吸引力；注重互动中的问题回答和方向引导。

【实践过程】

1. 明确直播要求，确定直播平台

任课教师要明确网络直播实践教学的目标是提高课程学习效果和学生理论应用能力，直播的内容要围绕课程内容进行，坚持马克思主义在意识形态领域的指导地位，坚持正确的舆论导向。同时，师生共同确定直播平台。

2. 组建直播团队，确定网络直播主题

为了突出实践课程教学效果，增强大学生团队协作意识，教师需要搭建好网络直播团队。为了更好更全面地开展课程网络直播，教师可以根据课程内容，将班级学生分成 8~16 个小组，每组 5~10 人，每组选定一章作为自己小组的直播内容。学生可自行确定自己的团队名称、成员以及分工等。

为了更聚焦、更深入地把握课程内容，提高直播的效果和影响力，小组直播的内容可以围绕与章节相关的某个贴近实际、贴近时政的具体热点展开。

3. 确定直播时间，发布网络直播预告

教师可以按课程教学的进度和各小组的任务，每周安排一个小组进行直播。

每个小组要提前确定好直播的时间，并及时发布网络直播的预告，吸引更多观众，增强网络直播的受众面和影响力。学生在直播之前要设计好直播预案，选择合适的直播平台，策划好直播的内容，直播的内容文稿要经过任课教师的审查。

4. 学生按期进行直播

在前期准备充分的情况下，学生按期进行直播。在直播过程中，学生要按照事先准备好的直播脚本，围绕其主要内容进行直播。在直播过程中，学生要与观众进行互动，根据观众的意见反馈和评论及时调整直播的声音、画质等。在与观众互动的同时，学生要避免脱离预定的实践主题、直播内容杂乱无章等情况的出现。教师也要进入直播间，及时对有可能出现的偏离主题的内容进行引导和纠正，对某些疑难问题进行补充说明。

5. 积极宣传，扩大影响

对于学生提交的优秀直播作品，教师可以进行网络展示和投票评选，一是扩大优秀直播作品的影响力和覆盖面，二是评选出的优秀直播作品和大学生“网络红人”，提高学生学习热情，扩大课程影响力。

【成果形式】

直播录像、课件、讲稿等。

【成绩评定】

教师根据学生直播内容、效果等综合表现进行成绩的评定。

【教学评价】

教师运用网络直播技术，开展实践教学，提升了课程的亲和力、吸引力和有效性，提高了学生的获得感，激发了学生的学习热情和主动性。网络直播平台还存在着不可控制的负面效应和局限性，因此，师生需要谨慎应对，及时防范和化解直播中可能出现的风险。

参考文献

一、学术著作类

[1] 马克思，恩格斯. 马克思恩格斯全集：第 3 卷[M]. 北京：人民出版社，2002.
[2] 马克思，恩格斯. 马克思恩格斯全集：第 25 卷[M]. 北京：人民出版社，2001.
[3] 马克思，恩格斯. 马克思恩格斯文集：第 1 卷[M]. 北京：人民出版社，2009.
[4] 马克思，恩格斯. 马克思恩格斯文集：第 8 卷[M]. 北京：人民出版社，2009.
[5] 马克思，恩格斯. 马克思恩格斯选集：第 1 卷[M]. 北京：人民出版社，2012.
[6] 马克思，恩格斯. 马克思恩格斯选集：第 2 卷[M]. 北京：人民出版社，2012.
[7] 马克思，恩格斯. 马克思恩格斯选集：第 3 卷[M]. 北京：人民出版社，2012.
[8] 马克思，恩格斯. 马克思恩格斯选集：第 4 卷[M]. 北京：人民出版社，2012.
[9] 马克思，恩格斯. 马克思恩格斯论教育[M]. 北京：人民教育出版社，1985.
[10] 列宁. 列宁选集：第 1 卷[M]. 北京：人民出版社，2012.
[11] 列宁. 列宁选集：第 2 卷[M]. 北京：人民出版社，2012.
[12] 列宁. 列宁选集：第 3 卷[M]. 北京：人民出版社，2012.
[13] 列宁. 列宁选集：第 4 卷[M]. 北京：人民出版社，2012.
[14] 毛泽东. 毛泽东选集：第 1 卷[M]. 北京：人民出版社，1991.

[15] 毛泽东. 毛泽东选集：第 2 卷[M]. 北京：人民出版社，1991.
[16] 毛泽东. 毛泽东选集：第 3 卷[M]. 北京：人民出版社，1991.
[17] 毛泽东. 毛泽东选集：第 4 卷[M]. 北京：人民出版社，1991.
[18] 邓小平. 邓小平文选：第 1 卷[M]. 北京：人民出版社，1994.
[19] 邓小平. 邓小平文选：第 2 卷[M]. 北京：人民出版社，1994.
[20] 邓小平. 邓小平文选：第 3 卷[M]. 北京：人民出版社， 1993.
[21] 江泽民. 江泽民文选：第 1 卷[M]. 北京：人民出版社，2006.
[22] 江泽民. 江泽民文选：第 2 卷[M]. 北京：人民出版社，2006.
[23] 江泽民. 江泽民文选：第 3 卷[M]. 北京：人民出版社，2006.
[24] 胡锦涛. 胡锦涛文选：第 1 卷[M]. 北京：人民出版社，2016.
[25] 胡锦涛. 胡锦涛文选：第 2 卷[M]. 北京：人民出版社，2016.
[26] 胡锦涛. 胡锦涛文选：第 3 卷[M]. 北京：人民出版社，2016.
[27] 胡锦涛. 胡锦涛文选：第 4 卷[M]. 北京：人民出版社，2016.
[28] 习近平. 习近平谈治国理政：第 1 卷[M]. 北京：外文出版社，2018.
[29] 习近平. 习近平谈治国理政：第 2 卷[M]. 北京：外文出版社，2017.
[30] 习近平. 习近平谈治国理政：第 3 卷[M]. 北京：外文出版社，2020.
[31] 习近平. 习近平谈治国理政：第 4 卷[M]. 北京：外文出版社，2022.
[32] 习近平. 在哲学社会科学工作座谈会上的讲话[M]. 北京：人民出版社，2016.
[33] 习近平. 论党的青年工作[M]. 北京：中央文献出版社，2022.
[34] 中共中央文献研究室. 习近平关于实现中华民族伟大复兴的中国梦论述摘编[M]. 北京：中央文献出版社，2013.
[35] 中共中央宣传部. 习近平新时代中国特色社会主义思想学习纲要[M]. 北京：学习出版社，2019.
[36] 中共中央文献研究室. 习近平关于科技创新论述摘编[M]. 北京：中央文献出版社，2016.
[37] 中共中央关于全面深化改革若干重大问题的决定[M]. 北京：人民出版社，2013.
[38] 教育部思想政治工作司. 加强和改进大学生思想政治教育重要文献选编（1978-2008）[M]. 北京：中国人民大学出版社，2008.

[39] 陶行知. 陶行知全集[M]. 长沙：湖南教育出版社，1984.
[40] 费尔巴哈. 费尔巴哈哲学著作选集[M]. 荣震华，李金山，译. 北京：商务印书馆，1984.
[41] 顾明远. 教育大辞典[M]. 上海：上海教育出版社，1990.
[42] 冯刚，张晓平，苏洁. 中国共产党高校思想政治教育发展史[M]. 北京：人民出版社，2021.
[43] 陈钢. 高校思想政治理论课实践教学实用教程[M]. 北京：高等教育出版社，2018.
[44] 戴钢书，等. 高校思想政治理论课实践教学论[M]. 北京：中国人民大学出版社，2015.
[45] 陈万柏，张耀灿. 思想政治教育学原理[M]. 2 版. 北京：高等教育出版社，2007.
[46] 骑郁廷. 精神动力论[M]. 武汉：武汉大学出版社，2003.
[47] 董晓红. 地方应用型本科高校实践教学体系研究[M]. 北京：经济科学出版社，2020.
[48] 王兆良. 实践教学论高校思想政治理论课“实践教学全覆盖”研究[M]. 合肥：合肥工业大学出版社，2022.
[49] 刘宝杰，杨世宏. 高校思想政治理论课实践教学：理论与实践[M]. 北京：光明日报出版社，2021.
[50] 胡绪明. 高校思想政治理论课实践教学案例与课程设计[M]. 天津：天津人民出版社，2021.
[51] 徐正飞. 互联网背景下的思政教学理论与实践[M]. 北京：九州出版社，2022.

二、报纸文献类

[1] 胡锦涛. 在庆祝清华大学建校 100 周年大会上的讲话[N]. 人民日报，2011-04-25（2）。
[2] 习近平. 高举中国特色社会主义伟大旗帜 为全面建设社会主义现代化国家而团结奋斗——在中国共产党第二十次全国代表大会上的报告[N]. 人民日报，2022-10-26（1）.

[3] 习近平. 用新时代中国特色社会主义思想铸魂育人 贯彻党的教育方针落实立德树人根本任务[N]. 人民日报，2019-03-19（1）.
[4] 习近平. 在同各界优秀青年代表座谈时的讲话[N]. 人民日报，2013-05-05（2）.
[5] 习近平首次点评“95 后”大学生[N]. 人民日报，2017-01-03（2）.
[6] 柴葳. 推动高校思政理论课综合改革创新[N]. 中国教育报，2015-10-23（3）.
[7] “‘大思政课’我们要善用之”[N]. 人民日报，2021-03-07（1）.
[8] 曲波. 新时代劳动教育的思想意涵与实践要义[N]. 光明日报，2019-05-06（6）.
[9] 李景治. 中国特色社会主义优势在国际比较中彰显[N]. 人民日报，2016-05-12（7）.
[10] 王茂涛. 思政课如何汲取地方资源[N]. 中国教育报，2019-03-18（6）.
[11] 本报评论员. 这是一堂深刻的思政课[N]. 光明日报，2020-09-17（2）.
[12] 邓晖，周世祥. 写好立德树人“大文章”[N]. 光明日报，2022-03-18（7）.
[13] 杜环欢. 构建思政课虚拟实践教学体系[N]. 中国社会科学报，2022-11-11（A11）.
[14] 金正波. 建设大课堂 搭建大平台[N]. 人民日报，2022-08-26（6）.

三、期刊论文类

[1] 李松林，李会先. 关于高校思想政治理论课实践教学的几点思考[J]. 思想教育研究，2006（7）.
[2] 黄国俊，钟利民，胡艳. 用科学发展观指导新时期思想政治理论课的实践教学[J]. 江西科技师范学院学报，2009（6）.
[3] 骆郁廷，史姗姗. 论马克思主义实践育人的德育思想及其现实价值[J]. 马克思主义研究，2013（10）.
[4] 马奇柯. 国外大学生社会实践的经验和启示[J]. 中国青年研究，2003（3）.

[5] 陈红，孙雯. 高校思想政治理论课网络虚拟实践教学研究[J]. 思想理论教育导刊，2016（8）.
[6] 庞超. 新时代高校思想政治理论课网络实践教学体系的构建与完善研究[J]. 山西高等学校社会科学学报，2019（3）.
[7] 刘会强. 虚拟实践教学：高校思想政治理论课与网络的深度融合[J]. 思想教育研究，2011（5）.
[8] 王根顺，吕成祯. 论高等学校课程资源开发的社会学基础[J]. 高教发展与评估，2011（2）.
[9] 李铁英，高校思想政治理论课实践教学探析[J]. 教育探索，2014(9).
[10] 龙迎伟，王利华. 全要素驱动的高校思政课研讨式实践教学改革与探索[J]. 中国高等教育，2018（22）.
[11] 王贵. 思政课一体化建设中的劳动教育育人实践[J]. 思想政治课教学，2020（7）.
[12] 陶利江. 论高校思政课实践教学深度体验的层次结构、制约因素及破解路径[J]. 河南社会科学，2020（11）.
[13] 陈爱萍. 高校思政课实践教学及其协同育人机制构建路径探究[J]. 思想政治课研究，2020（6）.
[14] 郑声文. 构建应用型本科高校思政课“123”实践教学体系研究[J]. 扬州大学学报（高教研究版），2020（6）.
[15] 包丽颖. 信息技术与高校思政课教学深度融合的实践探索[J]. 中国高等教育，2021（23）.
[16] 姬赟璐，王东. 参与体验与协同共享：思政课实践教学本质要求与机制创新[J]. 内蒙古师范大学学报（教育科学版），2021（6）.
[17] 向小琴，苏聪丽. 劳动教育融入高中思政课教学存在的问题、原因及实践策略[J]. 教育与教学研究，2021（12）.
[18] 周增为. “大思政课”建设中实践教学基地的价值意蕴和关键问题[J]. 人民教育，2022（18）.
[19] 田永静，郝依凡. “大思政课”实践教学的探索与实践[J]. 北京教育（德育），2022（10）.
[20] 郑洁，苏雅雯. 红色文化资源融入高校思政课的内在逻辑、价值意蕴与实践路径[J]. 思想政治课研究，2022（6）.

四、学位论文类

[1] 汪馨兰. 高校思想政治理论课实践教学研究[D]. 成都：电子科技大学，2013.

[2] 甘霖. 高校实践育人研究[D]. 武汉：武汉大学，2014.

[3] 曾素林. 论实践教育——基于实证方法和国际比较[D]. 武汉：华中师范大学，2013.

[4] 宋成鑫. 高校思想政治理论课实践教学模式创新研究[D]. 哈尔滨：东北林业大学，2012.

[5] 张一璠. 高校思想政治理论教育内容与组织形式研究[D]. 长春：东北师范大学，2017.

[6] 李梁. 信息技术与思政课教育教学的深度融合研究[D]. 上海：上海大学，2017.

[7] 王爱莲. 高校思想政治理论课内涵式发展研究[D]. 长春：东北师范大学，2020.

[8] 叶丹. 基于在线开放课程的高校思想政治理论课混合式教学模式研究[D]. 武汉：武汉大学，2019.

[9] 熊祎. 新时代高校思政课实践教学模式研究[D]. 重庆：四川外国语大学，2022.

[10] 唐萍. 基于红色VR场馆的高校思政课实践教学设计与应用[D]. 新乡：河南师范大学，2019.

后记

实践性、社会性是高校思想政治理论课的显著特征，中国化时代化马克思主义相关课程作为重要的思政课程，自然要反映思政课的属性和特征，体现出思政课实践育人的发展性课程目标，并不断提高大学生运用课程内容分析问题、解决问题的能力和认知社会、适应社会、服务社会的能力，“让青春在全面建设社会主义现代化国家的火热实践中绽放绚丽之花”[①]。发达国家高校开设的理论课普遍不多，而实践课程和实践环节却很多，课堂教学与实践教学的比例一般超过 1：3。[②]我国的《普通高校思想政治理论课建设体系创新计划》也强调，要“坚持理论与实际相结合，创新推动学生实践教学和教师实践研修”[③]。这表明课程相关资源只有落实到实践教学活动中去才能发挥其实质性作用。高校思想政治理论课要通过总体把握和整合归纳，实现师生共同开发的多元课程资源，并将课程资源最终统一于、落实于实践教学活动中。这就要求高校思政课教师在课程实施过程中要更加重视实践环节的设计，积极吸收和融合各种配套资源，在实践教学过程中应用和落实课程建设的成果，沿着学生专业—校本特色—地方资源—网络虚拟的逻辑，形成较为完整的全覆盖多元化立体式的实践教学体系，从实践的角度提高“毛泽东思想和中国特色社会主义理论体系概论”“习近平新时代中国特色社会主义思想概论”等思想政治理论课的教育教学效果，助力于大学生思想政治素质的巩固和发展。

本书的编写是黄淮学院思想政治理论课教师多年来实践教学经验的初步总结和反映，得到了黄淮学院教务处、马克思主义学院的全力支持，列入了河南省教育厅本科高校大学生校外实践教育基地建设项目和黄淮学院校级规

---

① 习近平：《高举中国特色社会主义伟大旗帜 为全面建设社会主义现代化国家而团结奋斗——在中国共产党第二十次全国代表大会上的报告》，载《人民日报》2022 年 10 月 26 日，第 1 版。

② 吴潜涛，徐柏才，阎占定：《高校思想政治教育的理论与实践》，人民出版社 2012 年版，第 317 页。

③ 柴葳：《推动高校思政理论课综合改革创新》，《中国教育报》2015 年 10 月 23 日，第 3 版。

划教材立项建设计划,也是2020年度教育部高校思想政治理论课教师研究专项一般项目“融媒体时代思政课实践教学资源谱系开发与利用研究”（项目批准号：20JDSZK124）的研究成果。

在本书的写作过程中，参考了许多专家、学者、同行的研究实践成果，在此致以诚挚谢意。感谢黄淮学院马克思主义学院全体同仁对本书做的大量指导和协助工作。同时也感谢黄淮学院各学院学生，为我们提供了很多思想政治理论课实践教学的作业成果和思考建议，为本书的编写提供了有力的支撑。

限于编者水平，书中难免有不妥之处，恳请各位读者批评指正。

编者

2023年6月